Graham Jones

Klickologie

Graham Jones

Klickologie

Die Psychologie des Onlineshoppings

Übersetzung aus dem amerikanischen Englisch von Bärbel Knill

REDLINE | VERLAG

Bibliografische Information der Deutschen Nationalbibliothek:
Die Deutsche Nationalbibliothek verzeichnet diese Publikation in der Deutschen Nationalbibliografie; detaillierte bibliografische Daten sind im Internet über **http://d-nb.de** abrufbar.

Für Fragen und Anregungen:
info@redline-verlag.de

1. Auflage 2015

Die englische Originalausgabe erschien 2014 bei Nicholas Brealey Publishing unter dem Titel *Click.ology*.

Übersetzung: Bärbel Knill
Redaktion: Jana Stahl, Heidelberg
Umschlaggestaltung: Pamela Machleidt, München
Umschlagabbildung unter Verwendung von shutterstock.com
Satz: EDV-Fotosatz Huber/Verlagsservice G. Pfeifer, Germering
Druck: CPI books GmbH, Leck
Printed in Germany

ISBN Print 978-3-86881-561-0
ISBN E-Book (PDF) 978-3-86414-676-3
ISBN E-Book (EPUB, Mobi) 978-3-86414-675-6

Inhalt

Einleitung

Millionen Menschen weltweit shoppen regelmäßig online. Im Jahr 2012 wurden mehr als eine Billion Dollar für Waren im Onlinehandel ausgegeben – und dabei sind noch nicht die großen Summen für das Buchen von Reisetickets oder Kaufen von Dienstleistungen wie Buchhaltung, Rechtsauskünfte oder Beratung berücksichtigt. Weltweit entfallen etwa 10 Prozent der Käufe auf den Onlinehandel, und die Zukunftsprognose geht von einer Verdoppelung bis zum Jahr 2015 aus. Genau genommen ist die Weltwirtschaft bereits jetzt abhängig vom Internethandel aller Arten.

Bis vor Kurzem führten die USA den Onlinehandel an, aber andere Teile dieser Welt holen allmählich auf. In Europa finden etwa 10 Prozent der Käufe online statt, und Großbritannien ist mit 13 Prozent Tabellenführer. Mittlerweile deckt der asiatisch-pazifische Raum ein Drittel aller Onlinekäufe ab. Voraussichtlich werden im Jahr 2016 40 Prozent aller Onlinekäufe dort durchgeführt, wohingegen Europa gerade einmal 20 Prozent erreichen soll.

Trotz – oder vielleicht auch wegen – der Milliarden von Dollar, Euro, Yen, Rubel, Rupien, Pesos oder Pfund, die online ausgegeben werden, steht die Welt des Shoppings an einem Scheideweg. Weil viele traditionelle, eingesessene Unternehmen feststellen, dass das, was schon lange offline funktioniert, nicht zwangsläufig auch online klappt und umgekehrt: Das, was sie tun, kommt schlichtweg nicht gut an – es macht nicht »Klick«. Erschwerend kommt hinzu, dass es kaum bewährte Ratschläge gibt, wie ein Onlineshop effizient und effektiv gemacht werden kann. Dieses Buch soll helfen, die Wissenslücke zu schließen. Und da es dabei auch um die Psychologie hinter dem Onlineshopping geht, richtet sich dieses Buch an interessierte Konsumenten ebenso wie an den Händler oder den Marketingexperten.

Gestützt auf meine 15-jährige Erfahrung als Spezialist für Internetpsychologie, in denen ich webbasiertes Konsumverhalten analysierte und verstehen lernte, wie sich Menschen online verhalten, bietet Ihnen dieses Buch Einblick in die Denkweise des Onlineshoppers, deckt die uns unbewusst beeinflussenden Aspekte einer Website auf und zeigt, wie Sie als Händler oder Marketingexperte Kundenbindung herstellen können. Die Ideen in diesem Buch sind in meinem Fünf-Punkte CLICK-System zusammengefasst, mit dem Ihr Onlinehandel sowohl die praktischen als auch die psychologischen Bedürfnisse Ihrer Kunden berücksichtigt – Komfort, Sympathie, Information, Kundenzuschnitt und Kompetenz.

Ob Sie nun die Website eines kleinen Geschäfts oder eines Großunternehmens betreiben, ob Sie ausschließlich online oder mit einer Mischung aus online und offline agieren, dieses Buch wird Ihnen zeigen, was online funktioniert. Es hilft Ihnen, Ihre Kunden zu verstehen und den Kontakt zu ihnen herzustellen, und es gewährleistet, dass Sie eine Internetkauferfahrung liefern, die für Ihre Kunden funktioniert – und für Sie.

Ich beginne mit einem Blick darauf, warum Menschen überhaupt kaufen, online oder offline. In diesem Buch werde ich die Ähnlichkeiten und Unterschiede zwischen der Art und Weise aufzeigen, wie wir online einkaufen und wie wir das in der »echten Welt« tun, und was wir daraus lernen können. In beiden Situationen kaufen die Menschen nur selten etwas, weil sie es müssen. Wie Kapitel 1 verdeutlicht, kaufen die meisten Menschen aus psychologischen Gründen oder sozialem Antrieb ein. Beim Shoppen geht es weniger um das »Erwerben« als um das »Sein«.

Aber warum sollten Menschen online shoppen? In Kapitel 2 betrachte ich die Gründe, warum viele Menschen das Onlineshoppen gegenüber dem Offlineshoppen in der echten Welt bevorzugen. Ein Großteil der Diskussion über Onlineshopping konzentriert sich darauf, wie bequem und praktisch der Kauf im Internet ist. Das ist jedoch oberflächlich betrachtet, denn die wahre Motivation liegt sehr viel tiefer. Wie dieses Kapitel zeigt, bevorzugen Menschen das Onlineshopping, weil es Kontrolle und das Versprechen einer echten Auswahl verheißt. Das sind starke psychologische Motivatoren.

Außerdem ist die praktische Seite dessen, wie wir online shoppen, weit davon entfernt, einfach zu sein. Dies wird in Kapitel 3 besprochen, wo gezeigt wird, dass es zwar alle möglichen Arten von Pfaden und Routen durch einen Onlineshop gibt, der Händler jedoch nur wenige Sekunden hat, um das Interesse des Käufers zu gewinnen: ein Klick und er ist wieder weg. Zudem führte die Entwicklung neuer Geräte wie Tablets dazu, dass sich Shopper online anders verhalten als noch vor wenigen Jahren. So kann man jetzt zum Beispiel von überall aus kaufen – im Zug, beim Warten auf den Bus oder im Café – und das bedeutet, dass sehr viel mehr aus einer Laune heraus gekauft wird als je zuvor.

Ein entscheidender Faktor für Käufer ist der Preisvergleich. Das Internet ermöglicht einen Vergleich beim Kaufen, der in der echten Welt nicht so leicht zu bewerkstelligen ist. In Kapitel 4 beschäftige ich mich mit der Psychologie des Preisvergleichens und zeige, wie manchmal der »offensichtliche« Weg des Auspreisens von Onlineprodukten bei Weitem nicht der effektivste ist.

Einer der Gründe, warum Onlinehändler weniger verkaufen, als sie könnten, ist der sogenannte Warenkorbabbruch. Die Leute füllen ihren Warenkorb, und wenn sie gerade bezahlen wollen, ändern sie ihre Meinung und verlassen die Website. Einer der Hauptfaktoren hinter diesem Phänomen sind unerwartete Zahlungsprobleme, auf die ich in Kapitel 5 eingehe. Außerdem gebe ich Tipps, wie Sie aus den Prinzipien des Offlinehandels lernen und dabei die Verkaufszahlen maximieren können.

Internetshopper wollen die Kontrolle und bevorzugen es, Waren zurückschicken zu können. Onlineshops, bei denen die Rücksendung problemlos zu handhaben ist, laufen gut. In Kapitel 6 untersuche ich, ob das einzige echte Unterscheidungsmerkmal bei Onlineshops im Umfang des angebotenen Kundenservices besteht, bei dem ein unkompliziertes Rücksendesystem nur ein Aspekt ist.

Genauso wichtig ist für Onlineshopper, dass ihre Erwerbungen von anderen für gut befunden werden und dass ihr Kauferlebnis wahrgenommen wird. Die soziale Seite des Shoppens wird oft unterschätzt, dabei ist sie ein starker Motivator. In Kapitel 7 erkläre ich, warum Websites, die dem Einkaufserlebnis ein soziales Element hinzufügen, die erfolgreichsten sind. Das Ganze hat allerdings auch eine Kehrseite – wenn bei Ihrem Service auch nur eine Kleinigkeit schiefgeht, werden Ihre Käufer das sehr schnell über ihre sozialen Netzwerke publik machen.

Ein weiteres Schlüsselthema, das bei meinen Gesprächen mit Händlern immer wieder angesprochen wird, ist die Notwendigkeit, sofort Vertrauen herzustellen. Aufmerksame Internetshopper halten Ausschau nach Hinweisen, dass Ihr Onlineshop vertrauenswürdig ist. Können sie diese Hinweise nicht finden, verlassen sie binnen Sekunden die Website. Im Unterschied zu realen Läden haben Sie online nicht die Zeit, über eine nette Unterhaltung eine Beziehung zum Kunden aufzubauen: Die Menschen halten Ausschau nach unmittelbaren, sichtbaren Zeichen für Vertrauenswürdigkeit. Kapitel 8 geht darauf ein, wie diese hergestellt werden können. Kritiken, Ratings und Gütesiegel sind wichtig – aber das, worauf Onlineshopper als Erstes achten, wird von den meisten Händlern vergessen. Dieses Kapitel zeigt Ihnen, worauf es ankommt.

Vertrauen in den individuellen Shop ist das eine, aber Onlineshopper müssen dem Internet insgesamt trauen. Internetshopper wurden bereits häufig Opfer von Betrug, Diebstahl von Kreditkartendaten und einer Menge weiterer krimineller Aktivitäten, die das Vertrauen der Menschen in das Internet verringern. In Kapitel 9 analysiere ich die Methoden skrupelloser Internethändler, die das Vertrauen in den gesamten Internethandel missbrauchen, und zeige, wie Sie sich von den »bösen Buben« abgrenzen können.

Jedes Kapitel enthält Tipps und Ratschläge, wie sich Ihr Onlinehandel die psychologischen Aspekte des Einzelhandels zunutze machen kann, und die meisten bieten ein »Konzept«, damit Ihr Onlineshop möglichst gut funktioniert. Kapitel 10 bedient sich dieser Konzepte, um die wesentlichen Schritte zum perfekten Onlineshop ausführlich zu beschreiben.

Aber wo liegt die Zukunft des Einzelhandels? Einige Analysten behaupten, dass Onlineshopping zur Norm werden wird – mit Milliarden Menschen, die es bevorzugen, nahezu alles, was sie brauchen, online zu kaufen. Andere argumentieren, dass wir irgendwann die Nase voll haben von versteckten Kosten oder mangelhafter Technik und lieber wieder in echten Geschäften einkaufen gehen. Wenn online jedoch – wie ich es in Kapitel 11 beschreibe – von Offlinegeschäften gelernt wird und umgekehrt, können beide Seiten in der sich schnell verändernden Handelslandschaft gedeihen. Wenn Unternehmen aber nicht offen für Veränderungen sind und aufhören, sich Neuerungen anzupassen, werden sie nicht überleben, unabhängig davon, ob sie on- oder offline sind. Kapitel 12 fasst zusammen, wie Sie mit dem CLICK-System online erfolgreich sein können.

Als Händler – groß oder klein – oder als Marketingexperte in der Web-Abteilung eines Unternehmens können Sie stellenweise in dieses Buch eintauchen und einzelne Kapitel lesen – wenn Sie wollen. Das Gleiche gilt, wenn Sie sich für die Welt der Konsumentenpsychologie im Internet oder die Veränderungen der Handelslandschaft interessieren. Als Händler oder Marketingexperte werden Sie den größten Nutzen jedoch dann aus diesem Buch ziehen, wenn Sie die Informationen umsetzen. Ihre Kunden nehmen nicht nur einen Aspekt Ihres Onlineshops wahr, sondern das gesamte Kauferlebnis. Deshalb wird es nur begrenzt Wirkung zeigen, sich lediglich mit einem oder zwei Kapiteln dieses Buches zu beschäftigen. Manchmal können allerdings auch einzelne Veränderungen Wirkung zeigen. Auf meinen Vorschlag hin änderte einer meiner Klienten lediglich eine Sache auf seiner Website. Das Resultat war eine Explosion der Verkaufszahlen.

Wenn diese Firma so großen Nutzen aus der Umsetzung eines Kapitels ziehen konnte, überlegen Sie nur, wie viele Vorteile es Ihnen bringt, das ganze Buch zu lesen.

Wenn Ihr Unternehmen durch Umsetzen der Prinzipien des CLICK-Systems die Erfahrung und Psychologie im Online- wie auch im Offlinehandel nutzen kann, wird es wahre Klickologie demonstrieren.

Das CLICK-System

Convenient (komfortabel)

Komfort bezieht sich nicht nur auf den Moment des »Online-Seins«. Es betrifft vielmehr eine Menge Faktoren, einschließlich Abwicklung von Verkäufen. Führt diese zu Problemen oder Verzögerungen, kann sie den Komfort des Kunden beeinträchtigen. Menschen nehmen vordergründigen Komfort bewusst wahr, sie achten auf Lieferbedingungen oder Sichtbarkeit des Warenkorbs. Aber unbewusst achten sie auf eine tiefere Ebene des Komforts wie einfache Navigation, die wahrgenommene Geschwindigkeit der Website und die Komplexität der Sprache. Auch der Komfort einer großen, relevanten Auswahl ist entscheidend.

Likeable (sympathisch)

Wie sehr mögen Ihre Kunden Ihren Shop? Finden Sie sich problemlos zurecht? Können Sie nach Produkten suchen? Ist Ihre Seite benutzerfreundlich und leicht erreichbar? Ist die Bandbreite des Warenangebotes umfangreich genug? Werden die Kunden ihren Freunden davon erzählen? Sind Ihre allgemeinen Geschäftsbedingungen nutzerfreundlich? Das sind nur einige Punkte, die entscheiden, ob Menschen Ihren Shop mögen.

Tun sie das nicht, oder haben sie den Eindruck, dass Sie keinen Wert auf sie als Kunde legen, dann kaufen sie auch nichts bei Ihnen.

Informative (informativ)

Wie viele Produktinformationen enthält Ihre Website? Können Kunden Anleitungen oder Verpackungsbeispiele herunterladen? Bieten Sie Berichte zu Themen an, die für Ihre Produkte relevant sind? Kunden nutzen das Web, um so viele Informationen wie möglich einzuholen, die für ihre Kaufentscheidung relevant sind. Falls Ihre Website keine hinreichende Informationsquelle darstellt, wird sich das negativ auf Ihre Verkaufszahlen auswirken.

Customized (kundenspezifisch)

Wie gut ist Ihr Onlinekundenservice? Können Kunden bei Bedarf Kontakt zu Ihnen aufnehmen, wann und wie sie es wünschen? Bieten Sie eine flexible Zustellung an, zu den Bedingungen des Kunden? Gute Onlineshops tun das, und die Kunden erwarten das zunehmend.

Knowledgeable (kompetent)

Wenn Kunden mit Ihnen Kontakt aufnehmen, wie gut sind dann Ihre Mitarbeiter darin, Fragen zu beantworten? Lässt Ihre Website erkennen, dass Sie in dem Metier firm sind? Erwecken Sie den Anschein, Experte auf Ihrem Gebiet zu sein? Kunden werden von Shops angezogen, die Sachkenntnis demonstrieren und dadurch Vertrauen wecken.

1. Warum kaufen Menschen?

Während ich hier sitze und diesen Text schreibe, starrt mich ein Gorillababy an. Keine Angst, es ist kein echter Gorilla, sondern ein Stofftier. Als ich vor vielen Jahren mit meinem Universitätsstudium über das menschliche Verhalten begann, besuchte ich ein Seminar über Primatenkunde, wozu auch das Studium von Halbaffen wie Gorillas gehörte. Bestandteil des Seminars war ein Tag bei der Zoological Society in London, wo ich dem berühmtesten Bewohner des Regent's Park, Guy dem Gorilla, Auge in Auge gegenüberstand. Von dem Moment an bewunderte ich diese Kreaturen, und als ich die niedliche, 15 Zentimeter große Figur dieses Babygorillas sah, kaufte ich sie sofort. Natürlich brauchte ich keinen Babygorilla aus Stoff – es war »ein Wunsch und keine Notwendigkeit« – trotzdem kaufte ich ihn.

Im Vergleich dazu eine ganz andere Situation: Neulich habe ich mit meinem 13-jährigen Sohn Abendessen gekocht und bemerkt, dass uns eine Rezeptzutat fehlte. Als wir einkaufen waren, hatten wir es versäumt, etwas zu kaufen, das wir brauchten – das wir »benötigten«.

Sie denken vielleicht, dass Menschen kaufen, weil sie Dinge brauchen, aber wie diese Geschichten zeigen, ist das nicht zwangsläufig der Fall. Häufig kaufen wir etwas, weil es uns gefällt, und umgekehrt versäumen wir häufig, etwas zu kaufen, was wir eigentlich brauchen. In diesem Kapitel untersuche ich die verschiedenen Gründe, die uns dazu bringen, etwas zu kaufen, sei es online oder offline: Aus der Notwendigkeit heraus kaufen, aus dem Wunsch heraus kaufen, kaufen, weil andere uns beauftragen, und aus sozialem Antrieb kaufen.

Aus der Notwendigkeit heraus kaufen

Natürlich kaufen wir einige Dinge, weil wir sie brauchen. So müssen wir zum Beispiel Lebensmittel kaufen, um zu überleben. Natürlich gibt es auf dieser Welt auch einige Selbstversorger, die ihre Nahrung selbst anbauen und Nutztierzucht betreiben. Aber in den Nationen mit entwickelten Volkswirtschaften ist das eher selten. Auch wenn wir direkt zum Bauern gehen, statt in den Supermarkt oder zum Tante-Emma-Laden, müssen wir Lebensmittel immer noch kaufen.

Wenn wir das zum Leben Notwendige einkaufen, landet jedoch häufig nicht nur das im Einkaufskorb, was wir tatsächlich brauchen. Wir lassen uns in hohem Maße verführen, mehr als nötig zu kaufen und dabei Dinge auszuwählen, von denen wir nicht einmal wussten, dass wir sie haben wollen. Tatsächlich sind etwa 70 Prozent dessen, was wir in Supermärkten kaufen, ungeplante Erwerbungen.[1] In seinem Buch *Consumer.ology* erwähnt Philip Graves seine Gespräche mit Frauen, die routinemäßig Einkaufslisten schreiben, aber ständig vergessen, die Liste mitzunehmen.[2] Das legt die Vermutung nahe, dass die Liste selbst gar nicht so wichtig ist und dass sich sogar organisierte Einkäufer ablenken lassen und Dinge kaufen, die sie nicht unbedingt brauchen.

Gleichzeitig stellt sich doch die Frage, ob wir überhaupt diese reiche Auswahl brauchen, die uns heute zur Verfügung steht. Nehmen wir zum Beispiel Schuhe. Irgendeine Art von Schuh müssen Sie anziehen, und vielleicht brauchen Sie auch verschiedene Paare für unterschiedliche Funktionen: schicke Schuhe für die Arbeit, ein Paar bequeme zum Laufen, robuste für die Gartenarbeit und Sportschuhe. Demgegenüber steht die Tatsache, dass Wikipedia 136 verschiedene große Schuhmarken auflistet, von denen jede Dutzende von Stilen und Varianten anbietet. Allein bei Sportschuhen habe ich in einem Sportbekleidungsgeschäft 200 verschiedene Arten nur in den Regalen mit »Angeboten« gezählt, ohne die Hunderte von Alternativen, die es zum regulären Preis gab. Die breite Auswahl an Stilen und Preisen bei vielen Produkten animiert uns dazu, mehr als nur das zu kaufen, was wir brauchen, nämlich das, was uns gefällt und wonach es uns verlangt.

Die Zeit, die wir mit Einkaufen verbringen, ist ein weiterer Indikator dafür, wie wir die Prioritäten bei unseren Kaufaktivitäten setzen. Eine Studie von GE Money stellte fest, dass britische Frauen jedes Jahr fast 400 Stunden mit Shoppen verbringen, dass aber weniger als ein Viertel davon auf »Lebensnotwendiges« entfällt – Dinge, die sie oder ihre Familie brauchen.[3] Die Zeit, die wir in das Einkaufen von Dingen investieren, die wir wirklich benötigen, ist vergleichsweise unbedeutend, was nahelegt, dass diese Dinge für uns von geringem Interesse oder gar geringer Bedeutung sind.

Fast alle Käufe betreffen Dinge, die wir nicht brauchen. Lebensnotwendiges macht nur einen winzigen Teil dessen aus, was Menschen kaufen.

Aus dem Wunsch heraus kaufen

Eine Studie der BMO Financial Group in Kanada fand zum Beispiel heraus, dass sechs von zehn Kanadiern Dinge kaufen, die sie nicht brauchen, und dass vier von zehn Dinge kaufen, die sie anschließend nie benutzen.[4] Warum? Sie tun es, um sich aufzumuntern. Die Studie deckte zudem die Tatsache auf, dass Kanadier im Schnitt jeden Monat 310 Dollar für Dinge ausgeben, die sie sich wünschen, aber nicht wirklich brauchen. Das entspricht etwa 60 Prozent ihres gesamten Einkaufsvolumens.

Kanada steht auf Rang 27 der Top-50-Nationen, deren Verbraucherausgaben von der Marktforschungsagentur Euromonitor analysiert wurden, und repräsentiert den Durchschnitt weltweiter Einkaufsgewohnheiten. Laut dieser Analyse geben Kanadier rund ein Drittel ihres Geldes fürs Shoppen aus. In Saudi-Arabien entfallen fast 50 Prozent der Verbraucherausgaben aufs Shopping, wohingegen es in Singapur kaum mehr als ein Fünftel ist. Hohe Eigentums- und Transportkosten bedeuten, dass ein größerer Anteil der Ausgaben auf diese Punkte entfällt.[5] Aber nicht einmal in Singapur kann man sich an Orten wie der Orchard Road bewegen, ohne von Modegeschäften oder Juwelieren in Versuchung geführt zu werden.

Reisen wir weiter nach Marokko, wo die Suks von Marrakesch dasselbe tun, Stapel von Teppichen oder Berge von Süßigkeiten aufbauen, um uns zu locken, selbst wenn wir eigentlich gar nicht den Wunsch verspüren, etwas zu kaufen. Auf der ganzen Welt nutzen Einzelhändler die Tatsache, dass wir zu Spontankäufen neigen, wenn uns etwas gefällt.

Es geht dabei um Gefühle. Dr. Ian Zimmermann erklärt diesen Prozess wie folgt: Wenn wir etwas ins Regal zurückstellen und uns entscheiden, es nicht zu kaufen, dann »weisen wir die Idee zurück, durch den Kauf dieses Produktes glücklicher, angesehener oder vollständiger zu sein.[6]« Wir kaufen Dinge, weil sie uns gefallen, aber der Prozess, an etwas »Gefallen zu finden«, ist tiefer begründet. Wir spüren eine Verbundenheit mit den Dingen, die wir uns wünschen, weil wir uns gut fühlen, wenn wir sie haben. Ein Teil dieses Prozesses besteht darin, was der Besitz des Gegenstandes für unsere Identität bewirkt.

Unsere Ich-Identität ist ein steter Kampf. Er beginnt in der Kindheit und bestimmt unsere Teenagerzeit, in der wir uns bemühen herauszufinden, wer wir sind und wodurch wir uns von anderen Menschen unterscheiden. Gleichzeitig haben wir jedoch ein starkes Bedürfnis, von anderen akzeptiert zu werden, zu der Gruppe zu passen. Das führt zu einem Konflikt zwischen dem Bedürfnis nach Individualität und dem Bedürfnis, Teil einer Gruppe zu sein. Dinge zu kaufen kann dazu beitragen, diese Spannung zu lösen. Wenn wir etwas kaufen, das uns gefällt, dann liegt das oft daran, dass es zu unserer individuellen Art passt. Gleichzeitig sind die Gegenstände, die wir besitzen, wie Teile unserer Persönlichkeits-»Uniform« und fungieren als symbolische Verweise auf die Art Mensch, die wir sind, und die Art Gruppe, der wir angehören wollen.

Menschen kaufen Dinge, um ihre Persönlichkeit zur Geltung zu bringen und ihre Identität zu bilden.

Denken wir nur an das iPhone von Apple. Die Forschung hat festgestellt, dass es bei Menschen, deren Persönlichkeit ein stärkeres Maß an Extrovertiertheit aufweist, als wahrscheinlicher gilt, ein solches Gerät zu besitzen.[7] Unternehmen, die Smartphones verkaufen, nutzen psychologische Profile, damit sie den Kunden im Laden der Art Telefon zuordnen können, die er sich vermutlich am meisten wünscht. Das iPhone ist ein enormer wirtschaftlicher Erfolg. Deshalb überrascht es Sie vielleicht, zu erfahren, dass die meisten Menschen eigentlich gar kein iPhone haben wollen. Laut einer Studie möchte nur einer von drei Amerikanern ein iPhone.[8] Die verbleibenden zwei Drittel fühlen sich nicht von einem iPhone angesprochen, weil es nicht zu ihrer Persönlichkeit passt. Sie bevorzugen nicht nur eine andere Art von Telefon, sie haben es nicht nötig, als Mitglied des »iPhone-Klubs« angesehen zu werden. Menschen, die jedoch Mitglied dieses Klubs sein wollen – als Bestandteil ihrer Identität – »müssen« ein iPhone besitzen. Es ist ein Abzeichen, ein Symbol, das bestätigt: »Ich gehöre zu dieser technisch versierten Gruppe.« Wenn diese Menschen sich als Teil der Gruppe fühlen, sind sie zufriedener mit sich.

All diese Faktoren bedeuten, dass Sie vermutlich Ihre Verkaufszahlen steigern werden, wenn sich Ihr Onlineshop auf die Wünsche der

Menschen statt auf ihre Bedürfnisse konzentriert. Amazon tut das zum Beispiel mit seinem Empfehlungssystem, das die Kunden mit Listen von Dingen versorgt, die ihnen mit Sicherheit gefallen, weil sie ihren bisherigen Käufen ähneln.

Kaufen, weil wir dazu aufgefordert werden

Einen Großteil der Zeit kaufen wir nicht für uns selbst ein, sondern im Auftrag von jemandem. Wie viele Male waren Sie gerade auf dem Weg zur Haustür, als Ihr Partner gerufen hat: »Wenn du eh in der Stadt bist, könntest du mir …?« Familienmitglieder können uns um Besorgungen bitten, aber ebenso Nachbarn, Freunde oder Arbeitskollegen.

Für Einzelhändler kann das unglaublich frustrierend sein. Ein Kunde entspricht einem bestimmten Profil, der Verkäufer weiß also, mit was für einem Menschen er es zu tun hat, er kennt dessen Gewohnheiten und Interessen; und dann kauft ein bestimmter Kunde plötzlich etwas, das völlig untypisch für ihn ist. Das liegt daran, dass er das Produkt nicht für sich kauft. Online wird dieses Problem noch verschärft, da es unmöglich ist nachzufragen, warum ein bestimmtes Produkt gekauft wird.

Kürzlich leitete ich einen Workshop für Vorstandsvorsitzende mittelgroßer Unternehmen. Ich diskutierte mit ihnen über die Möglichkeit eines Einzelhändlers wie Amazon, Websites zu personalisieren und mit exakt den Produkten individuell einzurichten, die für den jeweiligen Kunden interessant sind. Amazon erzielt das mit »Cookies«, kleinen Textdateien auf Ihrem Computer, die die Website erkennen lassen, wer Sie sind, sobald Sie sich einloggen. Basierend auf Ihrem bisherigen Kaufverhalten und Ihrer Nutzung der Website können Ihnen Produktvorschläge unterbreitet werden. Die Vorstandsvorsitzenden wiesen mich jedoch darauf hin, dass das nur funktioniert, wenn jemand Amazon ausschließlich für persönliche Käufe nutzt. Sobald Sie zum Beispiel Geschenke bestellen oder im Auftrag von Familienmitgliedern etwas kaufen, wird es schwierig mit personenbezogenen Empfehlungen. Das System kann nicht erfassen, dass Sie vielleicht im Auftrag eines anderen kaufen und nicht für sich selbst, und die üblichen psychologischen Tricks, die Händler einsetzen können – wie das Wecken von Wünschen –, werden nicht funktionieren.

Angenommen, Ihr Partner hat Sie gebeten, in ein Bekleidungsgeschäft zu gehen und ein Halstuch für die Schwiegermutter zum Geburtstag zu kaufen. Sie wissen, in welchen Laden Sie gehen müssen, wonach Sie suchen und welche Farbe in Betracht kommt. Da Sie selbst aber keine Halstücher tragen, werden keine noch so großen Bemühungen vonseiten des Verkäufers Sie dazu bewegen, mehr zu erwerben als das, weswegen Sie hergekommen sind. Sämtliche Werbeaktivitäten wären an die Art von Person gerichtet, für die Sie das Halstuch kaufen, jedoch nicht an Sie selbst. Weil ein beträchtlicher Anteil dessen, was Kunden kaufen, nicht für sie selbst bestimmt ist, sondern für jemand anderen, können Händler oft nur schwer Fuß fassen.

> Wenn Menschen im Auftrag anderer etwas kaufen, sind sie weniger anfällig für die Versuchung, noch mehr zu kaufen.

Wenn Sie Ihren Onlineshop einrichten, sollten Sie sich bewusst sein, dass manche Leute nur schnell etwas kaufen wollen, weil sie im Auftrag eines anderen handeln oder ihnen gesagt wurde, einen bestimmten Gegenstand für ihr Büro oder zu Hause zu besorgen. Diese Käufer wollen nicht mit Empfehlungen oder zusätzlichen Produkten konfrontiert werden. Sie wollen nur Ihren Onlineshop besuchen, das gesuchte Produkt finden und kaufen. Und all das mit möglichst wenigen Schritten. Die britische Handelsgruppe Argos ermöglicht das, indem potenzielle Käufer eine Produktnummer aus ihrem Katalog eingeben können und dann direkt zur Kaufseite dieses speziellen Produktes geführt werden.

Aus sozialem Antrieb kaufen

Der vierte Kaufgrund ist geselliger Natur. Der britische Einzelhandelsunternehmer Theo Paphitis bezeichnet in einem Interview mit den *Manchester Evening News* Einkaufen gar als Freizeitbeschäftigung. Er war jedoch nicht der Erste, der darauf hingewiesen hat. Bereits 1726 beschreibt Daniel Defoe seine Beobachtungen zum Kaufverhalten:

> »Mir ist zu Ohren gekommen, dass einige Damen, die durchaus Ansehen genießen, sich ihre Kutschen bringen ließen und einen ganzen Nachmittag in der Ludgate Street oder Covent Garden verbrachten, wo sie ausschließlich der Zerstreuung frönten, einen Stoffhändler nach dem anderen aufzusuchen, sich die feinen Seidenstoffe vorlegen ließen, mit den Gesellen und Ladenbesitzern schäkerten und keinen Grund und noch weniger die Absicht hegten, irgendetwas zu kaufen, nicht einmal Geld mitgenommen hatten, um etwas kaufen zu können, falls sie den Wunsch verspüren sollten.«[9]

Händler begannen schon bald, Nutzen aus dem sozialen Aspekt des Shoppings zu ziehen und bauten Kaufhäuser, in dem sich die Menschen umschauen, Zeit mit Freunden verbringen und im Restaurant einen Tee trinken oder gar eine ganze Mahlzeit zu sich nehmen konnten. Das erste Kaufhaus der Welt wurde 1743 in Derby, Mittelengland, eröffnet. Unter dem Namen Bennetts wird in den ursprünglichen Räumlichkeiten bis heute Handel getrieben. 1838 wurde in Sydney, Australien, das Kaufhaus David Jones eröffnet, das älteste Warenhaus seiner Art, das immer noch unter demselben Namen existiert.[10] In den USA ist Macy's in New York seit 1858 »der Ort zum Einkaufen«, und am Roten Platz in Moskau zieht GUM seit den späten 1890ern Kunden an. Diese Geschäfte haben die Zeiten überdauert, und ihnen ist eine Sache gemeinsam: Sie haben soziale Funktionen.

Als Harry Selfridge sein gleichnamiges Kaufhaus in Londons Oxford Street eröffnete, integrierte er Möglichkeiten zur Freizeitgestaltung wie ein Schreibzimmer, einen Ruheraum, eine Bibliothek sowie verschiedene Restaurants. Ziel war, Selfridge weniger zu einem Warenhaus als vielmehr zu einem geschätzten Aufenthaltsort zu machen. Diese Vorstellung wurde weitergeführt durch Nutzung der Räumlichkeiten für gesellschaftliche Veranstaltungen, einschließlich der ersten öffentlichen Präsentation des Fernsehens im April 1925 durch John Logie Baird.

Kaufhäuser und Einkaufszentren sind nach wie vor Freizeitattraktionen. Sie haben Kinos, Restaurants, Kinderspielbereiche und bieten Unterhaltung. Zur Mall of America in Bloomington, Minnesota, einem der größten Einkaufszentren der Welt, gehören der weltweit größte Indoor-Vergnügungspark, ein Aquarium, ein 13-stöckiges Hotel, 14 Kinos, ein Bahnhof, ein Comedy-Klub und 50 Restaurants sowie 520 Geschäfte. Jedes Jahr finden hier 400 Veranstaltungen statt. Diese Mall ist so beliebt, dass sie jährlich 40 Millionen Besucher anzieht – mehr als doppelt so viele wie Disney's Magic Kingdom in Florida.

Aber auch, wenn wir von diesen ausgedehnten Malls absehen und uns der Haupt- oder Einkaufsstraße zuwenden, stoßen wir auf unzählige Coffeeshops, Cafés, Restaurants und andere Treffpunkte, eingebettet zwischen den Geschäften. Sozialisierung ist ein Schlüsselmerkmal von Shopping.

Dieses Konzept wird online erweitert, indem Menschen über die Social-Media-Seiten Twitter oder Facebook mit ihren Freunden darüber chatten können, was sie gerade gekauft haben. Auf ähnliche

Weise tummeln sich auf Instagram und Pinterest Menschen, die Fotos ihrer Erwerbungen posten.

Ich habe einmal etliche Stunden in einer Cafeteria in Nordengland gesessen, zusammen mit ein paar anderen Psychologen, und unauffällig das Verhalten der Käufer beobachtet, die hereinkamen, um einen Kaffee zu trinken. Wenn die Menschen allein waren, öffneten sie nur selten ihre Einkaufstüten, um sich anzuschauen, was sie gekauft hatten. Waren sie jedoch mit anderen zusammen, so holten sie oft Waren aus den Tüten, um ihre Erwerbungen den Freunden zu zeigen. Das unterscheidet sich nicht sonderlich davon, ein Foto zu machen und es auf Facebook zu stellen.

In einer Studie über Supermarktkunden in Katar konnten die Forscher die Menschen entsprechend ihres Kaufverhaltens verschiedenen Gruppen zuordnen. Sogar in einem Supermarkt bestanden die beiden Hauptverhaltensweisen in Selbstbelohnung und Shopping aus sozialem Antrieb.[11]

KONZEPT

Es ist wichtig, die tieferen Beweggründe zu verstehen, aus denen Menschen kaufen. Sie müssen eine Onlinekauferfahrung bieten, über die Sie Ihre Kunden auf dieser psychischen Ebene erreichen.

1. Richten Sie Ihren Onlineshop auf die Wünsche und Sehnsüchte Ihrer Kunden und nicht unbedingt auf deren Bedürfnisse aus.
2. Stellen Sie sicher, dass Ihr Einkaufssystem »Schnellkäufe« zulässt, bei dem jemand, der genau weiß, was er will, unkompliziert und ohne Ablenkung kaufen kann. Damit erfüllen Sie die Bedürfnisse von Menschen, die für jemand anderen kaufen.
3. Integrieren Sie soziale Netzwerkfunktionen, die es den Menschen erleichtern, Freunden von ihren Einkäufen zu erzählen.

2. Warum kaufen Menschen online?

Wegbereiter der Idee, via Computer zu kaufen, war der britische Erfinder Michael Aldrich. Er arbeitete bei Redifon Computers, die später umbenannt wurden in Rediffusion. Sein erster Kunde war Thomson Holidays, die 1981 Computer für den Austausch von Fernschreiben (Telex) nutzten, der damals vorherrschenden Methode, Urlaubsbuchungen zu bestätigen. Drei Jahre später, im Juni 1984, kaufte die 72-jährige Jane Snowball mithilfe eines elektronischen Systems, das an ihren Telefonanschluss und einen Fernsehbildschirm angeschlossen war, einige Produkte im Tesco Supermarkt in Gateshead, im Nordosten Englands.[12]

Nahezu ein Vierteljahrhundert später wollten Aldrichs Enkelkinder wissen, ob ihr Großvater wirklich das Onlineshoppen erfunden hatte. Aldrich ging seine alten Aufzeichnungen und Dateien durch, kontaktierte ein paar ehemalige Arbeitskollegen und fand schließlich heraus, dass Lawrence McGinty, zu der Zeit Wissenschaftsredakteur bei ITN (Independent Television News) den allerersten Nutzer des »Teleshoppings«, wie es damals hieß, interviewt hatte. Lawrence recherchierte im Archiv und fand das Interview mit Jane Snowball, die in dem Gespräch eingeräumt hatte, dass dieses System zwar bequem sei, sie es aber vermisse, ihre Freunde im örtlichen Supermarkt zu treffen. Dennoch waren die älteren Menschen in Gateshead am elektronischen Einkaufen interessiert, da es sehr viel komfortabler war, sich die Lebensmittel liefern zu lassen, statt ins Geschäft zu gehen. McGinty hatte lokalisiert, was für die Kunden zu einem der Hauptvorteile des Onlineshoppings werden sollte – Komfort.

Zeitgleich mit der Tesco-Initiative in Großbritannien führte das amerikanische Unternehmen CompuServe bei 130.000 seiner Abonnenten die »Electronic Mall« ein. Die Mall umfasste 80 verschiedene Anbieter, die einen Katalog zur Verfügung stellten, aus dem Produkte via E-Mail bestellt werden konnten. Im November 1984 berichtete die Zeitschrift *Marketing News*, dass der Markt für eine solche Dienstleistung »recht träge« sei, wofür man vor allem einen Mangel an technischen Kenntnissen bei den potenziellen Nutzern verantwortlich machte.[13] Das System war zwar ein Versprechen dessen, was kommen würde, bot aber nur begrenzten Komfort, da es den Nutzern abverlangte, technisch versiert zu sein.

Es sollte noch ein Jahrzehnt vergehen, bevor es mit dem Onlineshopping richtig losging. Bis zu diesem Zeitpunkt war die Technik langsam und umständlich, und erst mit der Erfindung des World Wide Web durch Tim Berners-Lee im Jahr 1989 und seiner ersten Website, die 1991 in Betrieb ging, wurde elektronisches Einkaufen praktikabler. Dennoch sollten weitere drei Jahre vergehen, bis Pizza Hut als erstes Unternehmen Kunden anbot, über ihr webgestütztes Bestellsystem online zu bestellen, sodass Fast-Food-Liebhaber schneller zu ihrem Essen kamen.

Am 27. April 1995 verkaufte WHSmith in London das erste Buch übers Internet. Später im selben Jahr öffnete Amazon seine elektronischen Türen für das Publikum, und das Internet entwickelte sich schnell zu einer wichtigen kommerziellen Einrichtung. Während all dieser Entwicklungen lag das Augenmerk stets auf dem Komfort. Ziel war, den Menschen Einkaufsmöglichkeiten zu bieten, wann immer sie wollten, 24 Stunden am Tag, sieben Tage die Woche.

In einer an der Universität von Wisconsin-Milwaukee durchgeführten Studie wurde die Idee des Komforts in Relation gesetzt zu dem Risiko bei Onlinekäufen.[14] In vielen Fällen überwiegt der Komfort das Risiko. Die Leute sind bereit, ein gesteigertes Risiko einzugehen – zum Beispiel durch Speicherung von Kreditkartendetails – im Austausch für mehr Komfort. Außerdem identifizierte die Untersuchung verschiedene Aspekte von Komfort, die für Käufer wichtig sind, einschließlich der Bequemlichkeit, mit der Bestellungen im Vergleich zu alternativen Modellen wie dem Telefon getätigt werden können, die Einfachheit der Bezahlung und der einfache Zugang zu ergänzenden Produktinformationen.

Das menschliche Gehirn funktioniert so, dass es uns Dinge mit dem kleinstmöglichen Aufwand tun lässt. Der Wunsch nach Komfort ist ein uralter Überlebensmechanismus des Menschen, der uns hilft, Anstrengungen zu verringern.

Das Verlangen nach größerem Komfort wird auch durch Veränderungen der Arbeitsbedingungen bedingt. Weltweit wird die Lebensweise der Menschen zunehmend komplexer: Portfoliokarrieren, Zweitjobs, Selbstständigkeit und ein immer größerer Frauenanteil bei den Berufstätigen. Zum Beispiel ist in Europa die Zahl der Menschen mit einem Zweitjob von 2001 bis 2011 um 25 Prozent gestiegen. Für viel beschäftigte Menschen ist das Internet ein Segen.

TIPP: Konzentrieren Sie sich bei Ihrem Onlineshop auf maximalen Komfort, und Sie werden mehr verkaufen.

Käufer möchten Zeit sparen

Ein Aspekt von Komfort hat für Onlinekäufer besondere Bedeutung: die Zeitersparnis. Eine Studie von Pew Internet, einer führenden Forschungsgruppe, die untersucht, wie Menschen das Web und die Internettechnologie nutzen, zeigte, dass 68 Prozent der US-Bürger glauben, dass es zeitsparend sei, online einzukaufen.[15]

Wie jedoch Paco Underhill, ein Pionier der Psychologie des Kaufverhaltens, gezeigt hat, wird unsere zeitliche Wahrnehmung beim Einkaufen auf verschiedene Weise verzerrt.[16] Underhill betrachtete bei seiner Arbeit den Zeitfaktor in Bezug auf Ladengeschäfte in der echten Welt. Eine seiner wichtigsten Entdeckungen war, dass wir glauben, weniger Zeit in einem Geschäft verbracht zu haben, wenn wir in irgendeiner Form interagieren. Wenn man bedenkt, dass Onlineshops häufig eine Fülle interaktiver Möglichkeiten aufweisen – wie Bewertungen oder Suchsysteme –, deckt sich aller Wahrscheinlichkeit nach unser Wunsch, Zeit zu sparen, nicht mit der Zeitmenge, die wir tatsächlich in einem Onlineshop verbracht haben. Wir sehen uns die verschiedensten Produkte an und lesen zum Beispiel Bewertungen.

Laut Alexa, einer Website, die Webaktivität misst, verbringen Menschen bei jedem Besuch von eBay.com etwa 16 Minuten dort und sehen sich im Schnitt 17 Seiten an. Und das ist nur ein Shop in einem Land. Hinzu kommt, dass wir bei den meisten Besuchen eines Onlineshops gar nichts kaufen, sondern erst, nachdem wir mehrmals zu der Website zurückgekehrt sind. Die Gesamtzeit, die wir mit Suchen, Finden und dem Besuchen alternativer Onlineshops verbracht haben, kann sich zu mehr Zeit addieren, als es beim traditionellen Einkaufen der Fall gewesen wäre.

Darüber hinaus zeigte eine Studie von Marketing Charts, dass 50 Prozent der Menschen drei Viertel ihrer gesamten Onlineshopping-Zeit mit dem Suchen von Dingen verbringen, die sie später dann in einem konventionellen Laden kaufen. Anders ausgedrückt packen die Menschen durch das Recherchieren zusätzliche Zeit obendrauf. Tatsächlich hat diese Studie festgestellt, dass einer von drei Menschen »ein paar Tage« damit verbringt, online Produkte zu recherchieren, die er in Offlinegeschäften zu kaufen beabsichtigt. Das ist wohl kaum eine Zeitersparnis, da wir in konventionellen Geschäften auch nicht annähernd so ausgiebig recherchieren und nach

Alternativen suchen. Da uns diese Option online aber zur Verfügung steht, nutzen wir sie, wodurch unsere Zeit im Vergleich zu einem Besuch im konventionellen Laden jedoch weitaus mehr strapaziert werden kann.

Warum glauben Menschen also, dass Onlineshopping Zeit spart, wenn häufig das Gegenteil der Fall ist? Wie wir gesehen haben, ist einer der Gründe, dass die interaktive Natur des Webs unser Zeitempfinden verzerrt. Ein weiterer Faktor ist jedoch unsere emotionale Befindlichkeit. Wenn wir uns vollends auf eine selbstbestimmte Aufgabe konzentrieren, wie das Betrachten von uns interessierenden Produkten auf Websites, verlieren wir das Zeitgefühl und verbringen mehr Zeit damit, als wir glauben.

Es gibt weitere Faktoren, wie das vom Bildschirm ausgehende Licht, das die Ausschüttung von Neurotransmittern in unserem Gehirn beeinflussen kann und ebenfalls dafür sorgt, dass wir die Zeit aus den Augen verlieren. Die Zirbeldrüse inmitten unseres Gehirns produziert das Hormon Melatonin, das sich auf unseren Schlaf-/Wachrhythmus auswirkt. Die Produktion wird beeinflusst durch die Menge an Lichteinfall, was wiederum Auswirkungen darauf hat, wie wach wir sind. Das wirkt sich auf eine Menge kognitiver Phänomene aus, einschließlich unseres Gefühls für die verstreichende Zeit. So können wir davon überzeugt sein, lediglich eine oder zwei Minuten auf einer Website verbracht zu haben, wenn es in Wahrheit fünf Minuten waren.

TIPP: Bieten Sie in Ihrem Onlineshop interaktive Möglichkeiten. Die Besucher werden denken, weniger Zeit bei Ihnen zu verbringen und somit das Gefühl, Zeit zu sparen, verstärken.

Als Händler wollen Sie nicht, dass Besucher nur kurz in Ihrem Onlineshop verweilen und möglicherweise nicht sehen, was es dort alles zu kaufen gibt. Dann entgeht Ihnen nämlich die Chance, Ihren Umsatz durch Upselling oder Cross-Selling zu steigern. Gleichzeitig müssen Betreiber von Onlineshops den Kunden jedoch das Gefühl geben, dass das System schnell sei, damit es ihnen so vorkommt, als würden sie nicht lange brauchen, da die Wahrnehmung des Zeitsparens große Anziehungskraft hat. Eine Möglichkeit, dies zu erreichen, liegt in der Wahl der Hintergrundfarbe für den Bildschirm, da sich gezeigt hat, dass die Wahrnehmung hiervon beeinflusst wird.[17] Zum Beispiel bringt Gelb auf einer Website die Menschen dazu, schneller zu reagieren, während Blau ihre Reaktionen eher verlangsamt. Wählen Sie die richtige Bildschirmfarbe, und Ihre Besucher denken, ihr Einkaufsbummel sei schnell vorbei; wählen Sie die falsche Farbe, und die Kunden glauben womöglich, der Einkauf würde zu viel Zeit in Anspruch nehmen.

Käufer wollen niedrige Preise (manchmal)

Internetkäufer sind auch daran interessiert, Geld zu sparen. Wegen der niedrigen Infrastrukturkosten des webbasierten Handels kann ein Onlineshop kostengünstiger eingerichtet werden als ein traditionelles Geschäft. Die Einsparungen können an die Kunden weitergegeben werden. Zum Beispiel müssen Onlinehändler kein Geld für das Einrichten konventioneller Ladengeschäfte ausgeben, um durch das Erscheinungsbild Kunden anzuziehen. Alles, was sie brauchen, ist ein Lager. Sie benötigen weniger Personal, und auch die Vertriebskosten können niedriger ausfallen.

Viele Onlinehändler nutzen diesen kostensparenden Aspekt. Zum Beispiel garantiert in den USA der Heimwerkermarkt Lowe's online »jeden Tag niedrige Preise« und hilft den Besuchern, sich nur auf diesen Grund zu konzentrieren, aus dem sie im Internet shoppen. In Australien und Neuseeland gibt das Onlinekaufhaus OO die Garantie, dass Kunden alles zum niedrigsten Preis bekommen: »Wir bieten erstaunlich niedrige Preise für ein ständig wachsendes Angebot an Produkten und Marken, freuen Sie sich also, genau das zu bekommen, was Sie wollen – und zwar zum Schnäppchenpreis.« Auf ähnliche Weise konzentriert sich der größte Onlineshop auf den Philippinen HalloHalloMall.com auf Angebote und Rabatte und bietet seinen Kunden die bestmöglichen Preise. In Großbritannien hat der Computerhandel PCWorld einen »Web Only«-Preis, bei dem Sie für ein Produkt weniger zahlen als in den Filialen.

Webkäufer sind jedoch nicht immer auf Niedrigpreise aus. Angenommen, Sie wollen eine Luxusjacht kaufen: Würden Sie dann wirklich die aus der »Schnäppchenabteilung« wollen? Auch wenn viele Umfragen zum Onlineshopping darauf hinweisen, dass Käufer das Web nutzen, um Angebote zu finden, ist das nur ein Teil der Geschichte. Viele Menschen nutzen Onlineshops, um in hochpreisigen Markengeschäften wie Gucci oder McLaren einzukaufen. Folglich gilt also nicht zwangsläufig, dass Sie sich als Onlinehändler unbedingt auf niedrige Preise konzentrieren müssen: Es hängt vielmehr davon ab, was und an wen Sie verkaufen.

Interessanterweise legt die Forschung den Schluss nahe, dass Menschen, die viel Geld ausgeben und sich Luxusmarken leisten können, sehr glücklich sein können mit Produkten von geringerem Wert. Das in Chicago ansässige Beverage Testing Institute zeigte, dass der litauische Wodka Gera, zu 17,99 Dollar der Liter, oben auf einer Liste von 75 Marken stand, die sich im Handel befanden. Nahezu am Ende der Liste stand Mystt, ein Produkt der in Colorado ansässigen Firma Shadow Beverage, ein Premiumprodukt, das zum Zeitpunkt des Tests für 75 Dollar der Liter gehandelt wurde. Auch wenn die Menschen von Premiummarken angezogen werden, so ist die günstigere Variante häufig völlig ausreichend. Das hat folgenden Grund: Um als hochpreisig erkannt zu werden, muss die Premiummarke noch etwas anderes bieten – soziale Akzeptanz.

Käufer wollen, was andere kaufen

Ein starker psychologischer Faktor beim Einkaufen ist der »Social Proof« (deutsch: der soziale Beweis. Wir beweisen gern, dass wir zu »unserer Gruppe« oder »Clique« dazugehören, indem wir dasselbe kaufen, was auch jeder andere aus der Gruppe erwirbt. Das hilft, unsere Mitgliedschaft in dieser Gruppe zu bestätigen oder unsere Akzeptanz als Mitglied zu stärken – die Tatsache, dass wir gemocht werden. So entscheiden sich junge Mütter gern für denselben Kinderwagen wie andere Mütter in ihrer Stadt oder Nachbarschaft; Teenager wollen ihre Kleidung in demselben Geschäft kaufen wie ihre Freunde, andernfalls fühlen sie sich innerhalb ihrer Clique nicht akzeptiert. Amazon war einer der ersten Onlineshops, der das erkannt hat. Am unteren Rand jeder Seite sehen Sie Vorschläge mit der Überschrift: Kunden, die diesen Artikel gekauft haben, kauften auch …«.

Soziale Netzwerke spielen in diesem Bereich eine wichtige Rolle, denn wie wir im vorhergehenden Kapitel gesehen haben, können Menschen ihre Freunde unmittelbar über getätigte Käufe informieren. Das ist Bestandteil dessen, was das Web für Käufer so attraktiv macht: Es hilft ihnen sicherzustellen, dass sie die »richtigen« Produkte kaufen, jene Produkte, die auch von ihrer Gruppe gekauft werden.

Bevor es das Internetshopping gab, war dieser Prozess mühselig und langsam, sodass Gruppenmitglieder es häufig verpassten, die richtigen Produkte zu erstehen. Nun können sie tagesaktuelle Informationen darüber erhalten, was die anderen Mitglieder ihrer Gruppe kaufen, und somit ihre Mitgliedschaft bewahren und weiterhin akzeptiert werden.

Auf diese Weise einer sozialen Gruppe anzugehören, aktiviert auch das Wettbewerbsverhalten. Menschen zeigen gern, dass sie die Ersten waren, die etwas gekauft haben, oder dass sie den letzten vorhandenen Artikel ergattern konnten. Social Add-ons zu Onlineverkaufsseiten wie eine Twitter-Einbindung, die das Verschicken eines Tweets sofort nach Verkaufsabschluss ermöglicht, sind eine gute Methode, Wettbewerbsverhalten zu entfachen. Auf ähnliche Weise kann mit dem Facebook-Plug-in »like« die Zustimmung zu einem Produkt, das ein anderer gekauft hat, demonstriert werden. Dadurch kann sich der Käufer innerhalb seiner Gruppe hervortun.

TIPP: Ermöglichen Sie es Ihren Kunden, mit Social-Media-Add-ons Wettbewerbsverhalten auszuleben.

Wissenschaftliche Forschungen bestätigen, dass Konkurrenzdenken ein Schlüsselfaktor unseres Kaufverhaltens ist.[18] Käufer lieben es, andere Käufer zu übertrumpfen. Sie wollen sagen können, dass sie das gleiche Produkt zu einem wesentlich günstigeren Preis erstanden haben. Oder dass ihr Artikel innerhalb weniger Stunden geliefert wurde oder dass dieser Artikel so begehrt ist, dass er nirgendwo mehr zu bekommen ist – und sie den letzten kaufen konnten. Offlinedinnerpartys (oder Onlinechatseiten) sind geprägt von Gesprächen, bei denen Menschen mit ihren Erwerbungen prahlen.

FALLSTUDIE: 202

Kaboodle, gegründet im Jahr 2007, war eine der ersten Social-Shopping-Seiten. Die Kunden können dort Konten einrichten, in denen sie die Produkte auflisten, die sie in einem bestimmten Shop gekauft haben, oder Produkte auf sogenannten Styleboards zusammenstellen.

Etwa 70 Prozent der Besucher dieser Website sind weiblich und die meisten Listen beziehen sich auf Mode, Einrichtung und Stil. Jeder Nutzer erstellt verschiedene Styleboards oder Listen entsprechend der individuel-

len Vorlieben. Andere Teilnehmer können ihnen dann folgen (»follow«), was bedeutet, dass diese Follower sofort informiert werden, wenn etwas Neues gekauft und dem Styleboard oder der Liste hinzugefügt wurde. Über ein Kommentarsystem können sich die User zudem austauschen.

Laut Alexa erreichte Kaboodle Mitte 2013 nur ein Viertel der Anzahl von Menschen, die es im Jahr 2011 waren. Das lässt vermuten, dass die Seite trotz ihrer Popularität von spontaneren Möglichkeiten, andere über Käufe zu informieren (wie Facebook und Twitter), überholt wurde.

Käufer wollen schnelle Vergleiche

Ein Bereich, in dem das Konkurrenzdenken von Käufern zum Ausdruck kommt, ist das Vergleichen von Angeboten. Es gibt verschiedene Websites, die Preise vergleichen und ihnen helfen, das beste Angebot für den gewünschten Artikel zu finden. Diesen Websites liegt der Gedanke zugrunde, dass Menschen daran interessiert sind, den niedrigsten Preis für etwas zu bezahlen. Genau dadurch, dass den Kunden gezeigt wird, wie sie Geld sparen können, wird diese Dienstleistung beworben. Das ist aber nur ein Grund, warum Menschen diese Seiten gerne nutzen.

Vergleichende Seiten sind auch deshalb so beliebt, weil sie den Leuten helfen, Produkte zu einem besseren Preis zu finden als andere. Diese Seiten können Ihre Verkaufszahlen erhöhen, indem sie den Kunden zusätzliche Möglichkeiten bieten, wettbewerbsorientiert zu kaufen, indem sie zum Beispiel Listen von Freunden zeigen, die gerade etwas über diese Seite gekauft haben. Und falls Sie nicht glauben, dass es wettbewerbsorientiertes Kaufen gibt, dann haben Sie noch nie von eBay gehört.

Käufer möchten Auswahl

Laut dem *Guinnessbuch der Rekorde* wird die weltweit größte Buchhandlung von Barnes & Noble in New York betrieben. Dort gibt es knapp 21 Kilometer Regale, ausreichend für 249.600 Bücher. Das Problem für Barnes & Noble besteht darin, dass allein in den USA jedes Jahr 328.000 neue Bücher erscheinen. Wollte man alle erhältlichen Bücher ausstellen, müsste das Geschäft 520-mal so groß sein.

Deshalb stehen die meisten Bücher nicht in den Regalen, auch wenn dies die weltweit größte Buchhandlung ist.

Dieses Problem wiederholt sich bei jedem konventionellen Geschäft. Es gibt einfach nicht genügend physischen Raum in einem Modegeschäft, um jede Art von Kleid in jeder Größe vorrätig zu haben. Genauso wenig kann ein Schuhgeschäft sämtliche Modelle und Größen auf Lager haben (auch wenn die Schuhabteilung von Selfridges in London mit über 250 Marken schon ganz gut dasteht). Welches konventionelle Geschäft Sie auch immer aufsuchen, es kann nur eine begrenzte Auswahl anbieten. Was wir bekommen, ist lediglich die Illusion der Wahl.

Online können wir jedoch die ganze Palette haben. Der weltweit größte Onlineshop ist Alibaba, ein chinesisches Unternehmen, bei dem man nahezu alles erwerben kann. Tatsächlich übertreffen die Gesamtumsätze die von Amazon und eBay zusammengenommen. Erreicht wird das durch eine riesige Produktpalette in allen möglichen Kategorien, auf die über eine umfassende Suchmaschine leicht zugegriffen werden kann.

Auch ohne Alibaba wird eine Suchmaschine unter den Tausenden Websites im Netz aller Wahrscheinlichkeit nach finden, wonach Sie suchen. Anders ausgedrückt bietet das Internet den Kunden eine echte Auswahl.

Über Jahrhunderte mussten sich Händler auf das Anbieten von gefragten Produkten beschränken: diejenigen, die sich am besten verkaufen. Gehen Sie in irgendein großes Kaufhaus, und Sie werden von den 100 Millionen tatsächlich erhältlichen CDs und DVDs die Top 100 im Sortiment finden. Um den Platz im Regal kämpfen viele Produkte.

Der Musik-Identifikationsdienst Shazam hat über 27 Millionen Titel in seinem Verzeichnis. Oder nehmen Sie Gracenote, zugehörig zur Sony Corporation, die mehr als 130 Millionen Musiktitel in ihrer Datenbank hat. Das reicht für 13 Millionen Alben. Und das Gracenote-Verzeichnis arbeitet nur mit Titeln, die die Menschen auch wirklich spielen. Ein Teil dieser Musik erhält beträchtliche Aufmerksamkeit – zum Beispiel die Top 100 –, aber der 130-millionste Titel wird nur wenige Male im Jahr gespielt.

Für Händler ist das ein echtes Problem. Einige Produkte werden zwar verlangt, aber nur von wenigen Menschen auf dieser Welt. Wenn Sie diese Produkte in Ihrem Musikgeschäft in Chicago vorrätig haben, die potenziellen Käufer jedoch in Adelaide leben, werden Ihnen Umsätze entgehen. Je weniger Käufer es für ein Produkt gibt, desto größer sind die logistischen Probleme. Dieser Mechanismus ist in der Wirtschaft bekannt als »Long Tail« (deutsch: Langer Ausläufer) und wurde von dem früheren Journalisten beim Technologie-Magazin *Wired,* Chris Anderson, populär gemacht.

Wenn Sie sich ein typisches Balkendiagramm mit einem Long Tail zu Verkaufszahlen ansehen (Abbildung 1), werden Sie feststellen, dass die meisten Verkäufe im ersten Teil des Diagramms liegen – dem Kopf. Für weniger bekannte Produkte fallen die Balken kleiner aus. Wenn Sie jedoch alle Balken des Long Tails addieren (Abbildung 2) repräsentieren diese mehr Verkäufe als die Spitzenprodukte.

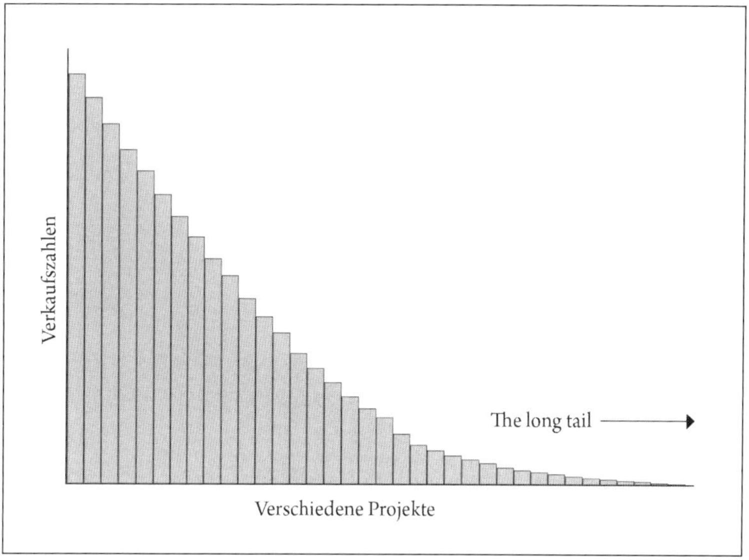

Long Tail

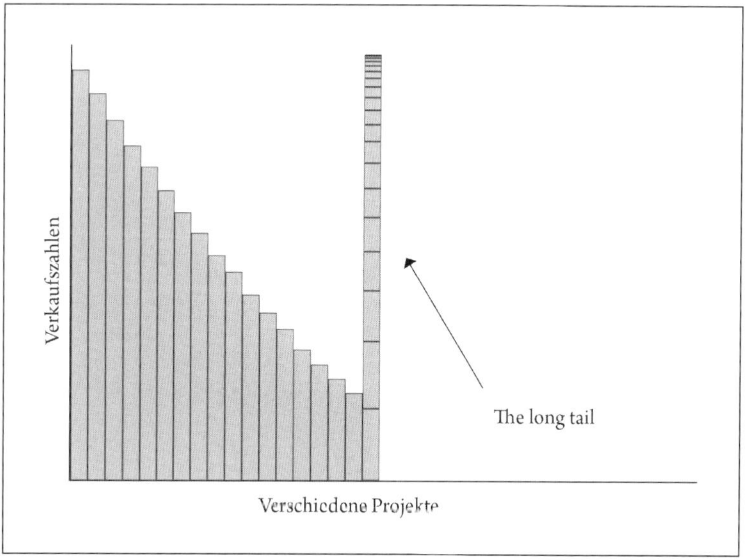

Long Tail zusammengefasst

Das bedeutet zwei Dinge. Wenn Händler ihre logistischen Schwierigkeiten beheben und die Probleme mit dem Platz in den Regalen lösen könnten, würden sie über die Gesamtsumme des Long Tails mehr verdienen als mit den populären Produkten. Zweitens repräsentiert der lange Ausläufer eine echte Auswahl. Die Kunden können kaufen, was sie wollen, statt gezwungen zu sein, populäre Produkte zu kaufen oder mit wenig Auswahl Vorlieb zu nehmen.

Käufer haben gern die Kontrolle: Sie möchten aussuchen und nicht kaufen müssen, was der Händler zu verkaufen entschieden hat. Ladenbesitzer behaupten gern, dass sie eine große Auswahl vorrätig haben, aber wie diese Beispiele zeigen, bieten solche Händler nur die Illusion der Auswahl aufgrund der Beschränkungen bei Logistik und Lagerkapazität.

Das Internet löst jedoch beide Probleme und erfüllt dadurch den Wunsch des Käufers, wählen zu können. Es spielt keine Rolle, wo auf der Welt sich die Long-Tail-Käufer befinden, sie können eine Website aufsuchen, die ihnen genau das verkauft, was sie erwerben wollen. Und wenn Händler eine große Palette anbieten wollen, spielt es keine Rolle, dass sie nicht alles lagern können, denn sie haben die Möglichkeit, alles über ihre Website zu verkaufen und es sich erst danach liefern zu lassen. Aus diesem Grund strömen Käufer in Scharen zum Internet, statt in konventionelle Geschäfte zu gehen, weil sie hier eine echte Auswahl und dadurch Kontrolle haben – ein Schlüsselelement von Komfort.

Käufer möchten rasche Verfügbarkeit

Beim Konzept des langen Ausläufers geht es nicht nur um Auswahl, sondern auch um Verfügbarkeit, ein weiterer entscheidender Grund für Onlinekäufe. Was auch immer jemand haben möchte, irgendwo ist es sehr wahrscheinlich zu bekommen. Statt darauf zu warten, dass ein konventionelles Geschäft ihnen ein bestimmtes Produkt besorgt, können Onlineshopper herausfinden, wer das Produkt vorrätig hat.

Bei den Forschungen zu seiner Doktorarbeit an der Erasmus Universität in Rotterdam entdeckte Laurens Scott, dass der Mangel an Verfügbarkeit von Produkten (offline) in Supermärkten ein signifikanter Grund für Verärgerung bei Kunden ist.[19] Online kann diese Frustration größtenteils ausgeräumt werden, denn wenn ein Shop ein bestimmtes Produkt nicht führt, kann der Kunde innerhalb von Sekunden ein oder zwei andere Shops aufsuchen. Die Verfügbarkeit liegt nur einen Klick entfernt.

Dennoch konzentrieren sich die meisten traditionellen Händler nicht auf diesen Schlüsselaspekt des Onlineshoppings. Viele von ihnen sind stattdessen vollauf damit beschäftigt, eine Kopie ihrer Offlineshops einzurichten, und demonstrieren dabei nicht die zur Wahl stehende Sortimentsbreite und -tiefe. Sie schaffen die Onlineversion eines Shops, dessen Offlineversion die Kunden frustriert. Zum Beispiel präsentieren konventionelle Geschäfte ihre Produkte häufig nicht nach Kategorien, sondern nach Themen geordnet. Ein Kaufhaus hat beispielsweise ein Schlafzimmer in der Ausstellung, samt Möbeln, Bettzeug, Vorhängen und Zubehör. Online suchen die meisten Menschen jedoch nach etwas Bestimmtem. Sie wollen etwa sämtliche Nachttischlampen vergleichen können. Manchmal funktionieren jedoch beide Vorgehensweisen.

FALLSTUDIE: MARISOTA

Marisota ist ein Onlinebekleidungsgeschäft des Versandhandels J. D. Williams. Die Website richtet sich vor allem an Frauen ab Kleidergröße 44 und hat die sogenannten großen Größen im Sortiment sowie Mode für Männer. Die Website ist sehr beliebt und steht laut Alexa in Großbritannien auf Rang 3000. Einer der Gründe für die Beliebtheit ist, dass nur wenige Modegeschäfte in den Einkaufsstraßen ein Angebot an großen Größen führen. Hinzu kommt die Scham, nach einer größeren Größe zu fragen und dann feststellen zu müssen, dass man für das Warenangebot in diesem Geschäft zu dick ist. Online große Größen zu kaufen, ist wesentlich angenehmer und weniger peinlich. Marisota macht genau das für Frauen einfach.

Die Website ist aufgeschlüsselt in traditionelle Bekleidungskategorien wie Mäntel, Kleider, Oberteile, Wäsche, Hüte, Handschuhe. Sie nimmt sich jedoch auch ein Beispiel am Offlinehandel, indem sie Themen präsentiert wie »Mutter der Braut«, »Maritimer Look« oder »Businesskleidung«, wobei verschiedenste Produkte aus unterschiedlichen Kategorien in einem Mini-Shop zusammengebracht werden. Auf diese Weise sieht der Kunde ein Kleidungsstück als Teil eines Ensembles und muss nicht von Kategorie zu Kategorie springen, um das Gesuchte zu finden.

Auf Anhieb das zu bekommen, was man will, ist ein Schlüsselaspekt von Verfügbarkeit. Das hat jedoch nicht erst mit dem Internet angefangen.

Anfang des 20. Jahrhunderts ging der Kunde in ein Geschäft und wartete dort in der Schlange, bis er von einem Verkäufer hinter der Theke bedient wurde. Er oder sie nahm die Bestellung entgegen und holte die gewünschten Artikel. Man konnte im Geschäft warten, bis alle Artikel auf der Liste zusammengesucht waren, oder man ließ sich die Waren später nach Hause liefern. Ich erinnere mich noch daran, als kleines Kind in den 1960ern mit meiner Mutter in Großbritannien in den örtlichen Lebensmittelladen zu gehen, die Liste abzugeben, die Rechnung zu bekommen und dann zu der Dame mitten im Laden zu gehen, die in einer Art Glasvitrine saß, und bei ihr zu bezahlen. Dann verließen wir den Laden ohne Waren. Am nächsten Tag kam ein junger Mann mit dem Fahrrad, an dem vorne ein großer Korb befestigt war, zu unserem Haus. In dem Korb befand sich ein Karton mit unseren Einkäufen, den er in die Küche trug.

Clarence Saunders, Gründer des Selbstbedienungsmarktes Piggly Wiggly in Memphis, Tennessee, war der Erste, der es im Jahr 1916 den Kunden erlaubte, die gewünschten Waren selbst auszusuchen und an einer zentralen Kasse zu bezahlen.[20] In den 1930er-Jahren wurden diese Selbstbedienungsmärkte in den USA beliebter und in den 1950ern auch in Großbritannien. Aber nicht vor den 1990er-Jahren verbreitete sich die Idee des Selbstbedienungsladens weltweit, seither erleben die Entwicklungsländer eine starke Zunahme an Selbstbedienungsläden, weil diese bei den Menschen gut ankommen. Aber warum? Schließlich müssen wir nun die Arbeit selbst tun. Der Geschäftsinhaber füllt nur noch die Regale, sitzt an der Kasse und nimmt das Geld entgegen. Wir wählen die Produkte selbst aus, schieben sie in unserem Einkaufswagen durch den Laden oder tragen sie in einem Korb, und sobald wir bezahlt haben, packen wir alles selbst in Tüten oder Taschen und bringen es nach Hause. Bevor es die Selbstbedienungssupermärkte gab, wurde all das von den Angestellten der Geschäfte erledigt.

Der wahre Grund, warum wir das Selbstbedienungssystem lieben, besteht darin, dass wir das, was wir wollen, zum gewünschten Zeitpunkt bekommen, was für gewöhnlich *jetzt* ist. Der Reiz liegt in der Verfügbarkeit: Wenn wir etwas kaufen wollen, mögen wir nicht länger als unbedingt nötig darauf warten. Aber sogar hierbei gibt es feine Unterschiede.

Eine klassische Studie zu Wartezeiten, 1994 in der Schweiz durchgeführt, verglich, wie Menschen reagieren, wenn sie am Postschalter in der Schlange warten müssen, und wenn sie bei Migros, einer gängigen Supermarktkette, warten müssen. Wie sich herausstellte, ärgerte es die Menschen, in der Post zu warten, während sie eine höhere Bereitschaft an den Tag legten, im Supermarkt zu warten.[21] Die Studie war darauf ausgerichtet, inwiefern Wartezeiten die Stimmung des Käufers beeinflussen, und dabei stellte sich heraus, dass die Menschen weniger Wartetoleranz aufbringen, wenn sie genau wissen, was sie wollen – aus einer begrenzten Menge an Waren. Dann wollen sie das Produkt umso schneller, ohne Wartezeiten.

Interessanterweise führen uns die Onlinesupermärkte in die Zeit vor den SB-Märkten zurück: Sie nehmen unsere Einkaufslisten entgegen und liefern die Waren in Kartons. Das Liefern mag zwar nicht so unmittelbar sein, als würden wir die Waren direkt mit nach Hause nehmen, aber wir schaffen es, eine Zeitnische von einer oder zwei Stunden anzugeben, die für uns angenehm und mit unseren anderen Aktivitäten vereinbar ist.

Käufer möchten Lieferung zu ihren Bedingungen

Die Lieferoptionen der meisten Onlineshops sind meistens stärker an den Bedürfnissen der Kunden orientiert, als dies bei konventionellen Geschäften der Fall ist. Ein Problem bei konventionellen Geschäften ist, dass man nur die Ware mit nach Hause nehmen kann, die vorrätig ist. Falls der Artikel erst bestellt werden muss, ist der Kunde genötigt, den Laden ein zweites Mal aufzusuchen, um den Artikel abzuholen. Oder wenn Sie einen größeren Gegenstand wie einen Kühlschrank kaufen, wird Ihnen mitgeteilt, wann das Gerät geliefert wird. Sie haben wenig Einfluss auf diesen Termin, und viele Geschäfte geben für die Lieferung ein Zeitfenster von einem halben Tag oder mehr an.

Bei Onlinehändlern sieht der Fall meistens anders aus. Bei Amazon UK zum Beispiel kann man wählen zwischen der Lieferung am darauffolgenden Tag oder innerhalb der nächsten Tage, entweder nach Hause oder an eine andere angegebene Adresse. Man kann auch angeben, dass die Ware an eine Abholstation (zum Beispiel Postfiliale) geliefert wird. Sie sind dann nicht gezwungen, zu Hause auf das Paket zu warten oder es bei der Filiale des Paketdienstes abholen zu müssen, weil erfolglos versucht wurde, Ihnen das Paket zu-

zustellen. Stattdessen können Sie das Paket abholen, wann es Ihnen zeitlich passt. Der Onlinebekleidungsshop Asos bietet ähnliche Flexibilität durch die Zusammenarbeit mit der Zustellfirma Collect+ (vergleichbar mit Hermes Paket Shops), die Tausende von Abholpunkten in örtlichen Geschäften anbieten und auch Rücksendungen entgegennehmen.[22] eBay bietet in manchen Regionen Lieferung am selben Tag an, ebenso wie die US-Kette Walmart.

Solche Entwicklungen gewährleisten, dass Onlinekäufer die Kontrolle darüber haben, wann und wo sie ihre Ware in Empfang nehmen. Zudem gewöhnen sie sich daran, dass Lieferungen an ihre Bedürfnisse angepasst werden, was traditionellen Händlern immer noch schwerfällt.

KONZEPT

Menschen finden Onlineshopping aus wesentlichen Gründen reizvoll. Wenn Ihr Onlineshop auf diese Punkte abzielt, schaffen Sie die Basis für ein gut gehendes Geschäft.

1. Komfort hervorheben. Stellen Sie sicher, dass Produkte leicht zu finden sind und die Lieferung so kurzfristig wie möglich erfolgt.
2. Sorgen Sie dafür, dass Ihr Onlineshop schnell funktioniert oder es auf die Käufer zumindest so wirkt.
3. Stellen Sie Niedrigpreise nur ins Blickfeld, wenn es das ist, wonach der Kunde sucht. Der Preis ist nicht immer der wichtigste Aspekt für den Kunden.
4. Kunden wollen das, was auch ihre Freunde kaufen. Bieten Sie also die Möglichkeit, sich über Social-Media-Add-ons auszutauschen.
5. Sprechen Sie das Konkurrenzdenken des Käufers an, indem Sie es ihm ermöglichen, das gekaufte Produkt anderen zu zeigen.
6. Bieten Sie die größtmögliche Auswahl.
7. Sorgen Sie für eine Vielzahl von Liefermöglichkeiten, sodass der Kunde ein gekauftes Produkt zu seinen Bedingungen erhält, wann und wo er will.

3. Wie kaufen Menschen online?

Als ich im Jahr 1999 das Buch *Travel and Holiday on the Internet* schrieb, erzählte ich darin die Geschichte von meinem ersten Ausflug in die Welt des Onlineshoppings:

> Am 12. April 1994 trat ich zögernd an die Rezeption des Hotels Metropole in Genf mit Blick auf den berühmten Genfer See. Ich war ein wenig nervös, weil ich bei der Buchung des Zimmers mit niemandem gesprochen, sondern einen amerikanischen Hotelreservierungsservice in Anspruch genommen hatte, der gerade erst bei CompuServe angelaufen war. Einerseits machte ich mir Sorgen, dass die elektronische Zimmersuche fruchtlos verlaufen könnte, andererseits war ich gespannt, zu sehen, ob dieses System funktionierte. Gott sei Dank tat es das, und ich konnte ein paar Nächte den Komfort von Zimmer 203 genießen.
>
> Dies war mein erster Vorstoß in das Onlinebuchen von Reisen, und seither konnte ich eine Revolution bei der Arbeitsweise dieser Systeme beobachten. Noch vor gut fünf Jahren gab es nur Onlinedienste wie CompuServe, America Online (AOL) und Dialog. Seither wurden diese einzelnen Netzwerke vom Internet insgesamt abgelöst, das noch größere Reisemöglichkeiten anbietet, als es vor einigen Jahren für möglich gehalten wurde.
>
> 1994 bestand der Hotelbuchungsservice aus einem reinen Textservice, der aussah wie die Schwarz-Weiß-Version von Teletext. Verglichen mit den heutigen Buchungssystemen war diese Version zwar außergewöhnlich langsam, aber schon

damals erstaunlich reibungslos. Man konnte mit dem CompuServe-System weltweit nach freien Hotelzimmern suchen. Natürlich fragte das System nicht sämtliche Hotels ab, sondern nur diejenigen, die sich bei dem Service registriert hatten. Trotzdem konnte man den Namen einer Stadt und die gewünschte Anzahl von Sternen eingeben und erhielt innerhalb weniger Minuten eine Liste verfügbarer Zimmer. Dann musste man das gewünschte auswählen und einige Details zum geplanten Aufenthalt eingeben, bevor der Preis angezeigt wurde. War dieser akzeptabel, konnte man die Buchung vornehmen. Die einzige Bestätigung dieser Buchung, die man in der Hand hatte, war der Ausdruck (wenn man daran gedacht hatte, sich einen zu machen!) dieser Bildschirmseite.

Dennoch war es aufregend: Man musste nicht erst in die Stadt fahren, ein Reisebüro aufsuchen und mühsam die Seiten der aufgelisteten Hotels durchgehen. Anschließend würde man den Mitarbeiter des Reisebüros bitten, in den Hotels anzurufen und Sprachbarrieren zu überwinden, nur um dann festzustellen, dass das Hotel für die gewünschte Nacht ausgebucht ist. Und damit war man wieder genauso weit wie vorher. Mit dem CompuServe-System war es viel einfacher, und auch wenn die Onlineabwicklung 20 Minuten dauerte, war es immer noch schneller, als ins Reisebüro zu fahren.[23]

Sie können sich vorstellen, dass ich aufgeregt und auch beeindruckt war. Wenn ich heute zurückschaue, kommt mir das alles so primitiv vor. Wenn heutzutage eine Website zum Buchen von Hotelzimmern 20 Minuten brauchen würde, würden wir uns sofort von ihr verabschieden. Und als ich damals die ersten Schritte in Richtung Onlinezimmerreservierung machte, konnte ich sogar nur aus einer begrenzten Anzahl Hotels auswählen, die sich bei CompuServe registriert hatten. Darüber hinaus bekam ich keinerlei Informationen über das Zimmer (ich wusste nicht einmal, ob es ein

Bad hatte). Um das in Erfahrung zu bringen und sicherzugehen, dass ich das gebucht hatte, was ich mir vorstellte, hätte ich im Hotel anrufen und nachfragen oder in der Bibliothek das internationale Hotelverzeichnis durchgehen müssen, das möglicherweise bereits vor ein oder zwei Jahren gedruckt worden war und veraltet sein könnte.

Käufer sind Informationssucher

Wenn wir etwas kaufen, möchten wir gern sichergehen, dass es das Richtige ist. Wir mögen weder ungeahnte Überraschungen noch dass man uns zum Narren hält. Genauso wenig schätzen wir die Mühe, etwas zurückschicken zu müssen, weil es nicht dem Erwarteten entspricht. Bevor es das Internet gab, nahmen sich Verkäufer in konventionellen Geschäften Zeit für uns und beantworteten unsere Fragen. Nun haben die besten Onlineshops Informationsseiten, die eine ähnliche Funktion erfüllen.

In einer australischen Studie über die Informationssuche von Konsumenten sahen sich Forscher von der Universität von Queensland das Verhalten von Autokäufern vor der Kaufentscheidung an.[24] Die Studie wurde 1981 durchgeführt, vor der Einführung des World Wide Web, aber die Schlussfolgerungen über das Verhalten sind immer noch stichhaltig. Die Forscher klassifizierten die Käufer in drei Gruppen: jene, die nicht viele Informationen einholten, bevor sie ein Auto kauften; jene, die viele Informationen einholten; und jene, die selektiv Informationen einholten. Die Studie bestätigte frühere Untersuchungen, die zeigten, dass diese Art der Klassifikation ziemlich knifflig ist. Sie zeigt auf, dass eine Kombination von Faktoren, einschließlich Persönlichkeitstyp, Zeitdruck, wahrgenommene Kosten für die Suche und vorhergehende Erfahrungen mit Automarken sich gegenseitig beeinflussen, wenn es um das Ausmaß der Informationssuche geht.

Wir können jedoch definitiv sagen, dass Konsumenten Informationssucher sind. Die einen holen mehr oder weniger Informationen ein als die anderen, aber Menschen wollen so viele Informationen wie möglich bekommen, um eine sachkundige Kaufentscheidung treffen zu können. Mit dem breiten Informationsangebot des Internets, einschließlich Bewertungen durch frühere Käufer, können Menschen diesen Hunger nach Produktinformationen stillen.

Hier entsteht jedoch ein Konflikt mit den Bedürfnissen des Verkäufers. Wie Donald Case in seinem Buch *Looking for Information* erklärt:

> »Aus Sicht des Marketingexperten führt die in gedruckter Form oder über Radio, TV, Internet und Plakatwände verbreitete Information zu einer spontanen Reaktion: Der Konsument sieht die Werbung, sieht dann das Produkt und kauft es. Für alle, die Produkte herstellen und verkaufen, ist es besser, wenn sich der Konsument nicht lange mit der Informationssuche aufhält, sondern die Ware so schnell wie möglich kauft.«[25]

Die Breite und Tiefe online verfügbarer Informationen bedeutet, dass es für den Konsumenten, der gut informiert sein will, keinen Mangel an Informationen gibt, ob der Marketingexperte das will oder nicht.

Im Jahresbericht der weltweit führenden Handelsmarken sagt die Markenberatung Interbrand: »Der Konsument von heute verbringt beträchtlich mehr Zeit mit Recherche und sieht sich ein ständig wachsendes Markenangebot an, bevor er eine Wahl trifft.«[26] In dem Bericht wurde hinzugefügt: »Derartige Veränderungen beim Entscheidungsprozess von Konsumenten bedeuten, dass die vom Einzelhandel angewandten Marketingstrategien nicht länger funktionieren.« Anders ausgedrückt: Wenn Sie einen Onlineshop führen, müssen Sie sich abheben, um Erfolg zu haben. Onlinehändler müssen sich mehr als Informationsmedium verstehen und weniger als Shop.

TIPP: Spicken Sie Ihre Website mit Informationen über Ihre Produkte und Services – nicht nur knappe Details, sondern so viele Seiten wie möglich mit Hintergrundinformationen, Bedienungsanleitungen und so weiter, sodass Konsumenten für sie relevante Informationen finden können.

Man kann sehen, dass viele Onlinehändler dieses Konzept aufgreifen. In Australien zum Beispiel hat die führende Supermarktkette Woolworth eine große Zahl von Seiten mit Informationen und nützlichem Inhalt – auf keiner wird direkt ein Produkt verkauft. So gibt es zum Beispiel die »Kids'-Seite« innerhalb der Abteilung Gesundheit & Wohlbefinden mit Bildern zum Ausmalen, einem Frühstücksbox-Planer und lehrreichen Artikeln wie beispielsweise »Wo kommt das Essen her?«. Über die Abteilung Frischkost Inspiration kann man »unsere Erzeuger kennenlernen«, um mehr über die Produktion der Lebensmittel zu erfahren, die Woolworth in seinem Onlineshop verkauft.

Auf ähnliche Weise unterhält der Lebensmittelkonzern General Mills, dem Marken wie Cheerios in Großbritannien und Yoki in Brasilien gehören, eine Website mit Hintergrundinformationen zu all seinen Produkten sowie zusätzliches Material wie Rezepte und Angaben zu Nahrungsbestandteilen. Bevor Sie überhaupt den Onlineshop betreten oder in den örtlichen Supermarkt gehen, kann Sie diese Website mit detaillierten Informationen über die Produkte versorgen, die Sie vielleicht kaufen wollen.

Die Website der deutschen Drogeriemarktkette dm ist ausschließlich informationsbezogen und enthält eine Fülle von Gesundheitsthemen und Produktdetails. Wenn Sie etwas kaufen möchten, müssen Sie zu Amazon wechseln, wo das Unternehmen seinen eigenen Markenshop hat.

Das belgische Modeunternehmen Honestby.com geht mit Informationen extrem konsequent um und nennt jedes noch so kleine Detail zu den Artikeln im Sortiment. Es zeigt die Kohlenstoffdioxidbilanz jedes Produkts und nennt Details zu den Zulieferern und Kosten für jeden Bestandteil des Produkts. Das Unternehmen sagt von sich, das erste zu 100 Prozent transparente Unternehmen zu sein. Nicht nur das, seine Website beinhaltet ausführliche Neuigkeiten über die Welt der Mode im Allgemeinen.

Der nach Informationen suchende Käufer hält Ausschau nach Details. Er möchte alles über das Produkt oder die Dienstleistung wissen, die er zu kaufen gedenkt. Er will dessen Geschichte kennen, wissen, wie und von welchen Leuten es verwendet wird, und er möchte Zugang zu Bedienungsanleitungen und technischen Details. Er möchte auch Bewertungen anderer Käufer lesen, um zu sehen, was die von dem Produkt halten. Darüber hinaus möchte er sich mit Videos oder Audio-Podcasts über die Handhabung des Artikels informieren. Alles in allem möchte er so viele Informationen, wie er nur bekommen kann, um sicher zu sein, dass er das Richtige kauft.

Trotzdem sind nicht alle Kunden Informationssucher. Einige sind Schnellkäufer und wollen keine zusätzlichen Informationen. Ihnen genügt eine Abbildung des Produkts samt einer kurzen Beschreibung, die ihnen bestätigt, dass es genau das ist, was sie wollen, sowie Preisangabe, Versandinformationen und ein Kaufen-Button.

Zum Beispiel gehört der Onlineshop Clues zu den Top-100-Websites in Indien. Seit der Einführung im Jahr 2011 hat sich diese Website als Erfolg erwiesen und erreicht viele Besucher. Es ist jedoch eine Website für Leute, die bereits wissen, was sie wollen, und zielt nicht auf Konsumenten ab, die nach Informationen suchen. Es gibt eine zentrale Suchbox, um das gewünschte Produkt zu finden, sowie klar ausgezeichnete Abteilungen für unterschiedliche Produktgruppen. Das Design ist nicht aufs Browsen angelegt, sondern darauf, direkt zu einem bestimmten Produkt zu gehen.

TIPP: Entscheiden Sie sich, auf welche Käuferart Sie sich konzentrieren – den Informationssucher oder den Schnellkäufer – und gestalten Sie Ihre Website entsprechend.

Wie sammeln Käufer Informationen?

Stellen Sie sich einen Moment lang vor, Sie würden eine Frau in den Vierzigern dabei beobachten, die in ihrem Wohnzimmer sitzt, mit dem Laptop auf dem Schoß, und ein neues Kleid für ein wichtiges Ereignis in ein paar Wochen kaufen möchte. Nennen wir sie Liz. Sie weiß, welchen Kleiderstil und welche Farbe sie will. Aber sie ist unsicher, wo sie ein solches Kleid bekommen kann: Ihr üblicher Modeshop im Internet führt keine Kleider für solche Gelegenheiten, also versucht sie es mit einer Suchmaschine.

Die Ergebnisse, die Liz erhalten wird, sind natürlich stark von dem abhängig, was sie eingibt. Aber lassen Sie uns annehmen, sie ist eine erfahrene Webnutzerin, die mehr als nur das Wort »Kleider« eingibt. Wenn Sie etwas wie »Kleider für besondere Gelegenheiten« eintippt, werden als Erstes verschiedene Shops genannt. Google geht davon aus, dass jemand, der nach etwas Bestimmtem sucht, in Kauf- oder Transaktionsstimmung ist. Diese Annahme ist jedoch falsch und bei meinen informellen Studien über Webnutzer konnte ich feststellen, dass diese Annahme eine häufige Quelle für Verärgerung ist. Wenn sich Menschen im Informationssuchmodus befinden, wollen sie nicht mit Webinhalten konfrontiert werden, die Verkaufszwecken dienen.

Forschungen der Pennsylvania State University zeigen sogar, dass 90 Prozent aller Suchen informationeller oder navigationaler Art sind – gesucht wird eine bestimmte Website – und nur 10 Prozent sind transaktional.[27] Wenn jemand zum Beispiel »happylittlesoles« in Google eingibt, so reagiert die Suchmaschine wie ein Telefonbuch und bringt den Suchenden zum Ziel, dem informationsbasierten Kinderschuhgeschäft Happy Little Soles.

Durch die Konzentration auf transaktionale Suchen ist Google für Liz keine Hilfe. Wenn sie das erste Suchergebnis anklickt, landet sie auf einer Jetzt-kaufen-Seite. Darüber ärgert sie sich, denn sie möchte zwar ein Kleid kaufen, aber momentan will sie sich erst einmal informieren, welche Modelle infrage kommen. Also geht sie zurück zu Google und klickt ein anderes Ergebnis an.

Das kommt beim Suchverhalten häufig vor. Obwohl 53 Prozent der User das erste Ergebnis anklicken[28], klicken viele auch die nachfolgenden Ergebnisse an oder gehen zurück und starten die Suche neu, weil die Ergebnisse nicht dem Gewünschten entsprechen. Bei einer mathematischen Analyse des Suchverhaltens fanden Forscher der Universität von Washington, Seattle, und Microsoft heraus, dass sich 80 Prozent aller User innerhalb von zehn Sekunden nach Erhalt der ersten potenziellen Antwort auf ihre Suche weitere Ergebnisse ansehen.[29] Anschließend führen sie zahlreiche Anpassungen durch. Mit einer 80-prozentigen Wahrscheinlichkeit werden sie ihre Suchanfrage verfeinern und mehr Details hinzufügen.

Liz fährt genau so fort, wechselt zwischen Google-Suchergebnissen und den ihr vorgeschlagenen Seiten hin und her. Das ist für uns alle vertrautes Territorium. Zum Teil ist es natürlich unsere Schuld, wenn wir uns die präzise Formulierung unserer Suche nicht genau überlegen oder nicht die Erweiterte-Suche-Optionen nutzen, die es uns ermöglicht, die Ergebnisse einzuschränken, zum Beispiel nach Bereich, jüngsten Erscheinungsdaten oder Sprachen.

Das Problem ist, dass viele Käufer wie Liz anscheinend annehmen, Google habe übersinnliche Fähigkeiten. Als Folge davon braucht Liz länger als gehofft, um die gewünschte Information zu erhalten. Die Frustration über die Suchergebnisse kann sie dazu bringen, weniger gut über Unternehmen zu denken, bei denen sie vielleicht am Ende etwas kaufen wird. Forscher in den USA haben festgestellt, dass Frustration über die Suchmaschinen unter bestimmten Umständen die Kaufintention abschwächen kann, wenn die Suche zum Beispiel den »Flow« unterbricht, indem sie Ergebnisse präsentiert, die nicht den Wünschen entsprechen.[30] Wenn Unternehmen also nicht die vom Konsumenten gewünschten Informationen anbieten und diese leicht zugänglich machen, werden sie vermutlich weniger verkaufen.

Um Informationen zu liefern, müssen Sie zunächst einmal wissen, wonach Konsumenten suchen. Nennen wir als Beispiel ein von Ihnen verkauftes Produkt »ABC123«. Möglicherweise verwenden die Käufer jedoch eine wesentlich vagere Bezeichnung und sind deshalb nicht in der Lage, Ihr Produkt schnell zu finden. Tools zur Suche nach Schlüsselwörtern wie Google AdWords – das von Google betriebene Werbesystem – sind eine gute Möglichkeit herauszufinden, welche Begriffe Sie in Ihre Websites aufnehmen müssen, um schnell Treffer zu landen.

TIPP: Sorgen Sie dafür, dass Ihre Produktinformationen mithilfe von Suchmaschinen schnell gefunden werden und dass Sie die Frustrationswahrscheinlichkeit der Sucher reduzieren und dadurch die Chance auf Verkäufe erhöhen.

Liz gibt den Versuch mit Google auf und entscheidet sich, stattdessen auf die Websites bewährter Marken zu gehen, die sie bereits kennt. Sie hofft, dort Informationen über »Kleidung für besondere Anlässe« zu finden. Die größte Handelsmarke, die die meisten Menschen kennen, ist Amazon, nach Google das zweitgrößte Suchinstrument für Produktinformationen. Marken, deren Websites ausführliche Produktinformationen enthalten und zu denen Sie von anderen Websites wie YouTube über einen Link geführt werden, sind für Leute wie Liz meist eine Hilfe, weil sie leicht zu finden sind. Das ist wichtig, denn, wie Interbrand es in seinem Report 2012 ausdrückt: »Durch den zunehmenden Einsatz von Technologie liegen die Konsumenten vorn, und nicht die Branche.«

Shoppingtechnologie im Wandel

Es gibt einen exponentiellen Anstieg bei der Nutzung mobiler Geräte wie Smartphones oder Tablets, einschließlich des Apple iPads und Google Nexus. Laut Beratungsunternehmen IDC Financial Insights hat sich 2011 die Zahl der Personen, die über ihr Handy kaufen, in nur einem Jahr verdoppelt. Und laut Shop.org, einer Gemeinschaft von Onlinehändlern, nimmt die Nutzung mobiler Geräte rapide zu. Gemäß ihrer *Social and Mobile Consumer Study 2012* hat sich in den USA zwischen Ende 2010 und 2011 die Anzahl der Personen, die über mobile Geräte kauft, verdreifacht. Dazu kommt ein Anstieg der Zahl von Smartphonebesitzern – in Korea sind zum Beispiel 59 Prozent aller genutzten Mobiltelefone Smartphones. Für Großbritannien wird vorhergesagt, dass die Durchdringung des Marktes mit Smartphones im Jahr 2015 72 Prozent der Mobiltelefonnutzung ausmachen wird, verglichen mit 53 Prozent in den USA. Darüber hinaus behauptet die Technikberatung Gartner, dass das Mobiltelefon als Zugang zum Internet schon bald verbreiteter sein wird als der Computer. Wo auch immer man nach Statistiken über die Zunahme von Mobilgeräten Ausschau hält, die Daten sehen ähnlich aus – massive Anstiege bei den Zahlen und steil aufsteigende Kurven.

Wie Chuck Martin es in seinem Buch *The Third Screen* ausdrückt, »wird Mobile-Shopping die Interaktion zwischen Unternehmen und Kunde für immer verändern«. Er fügt hinzu, dass durch die Zunahme der Mobiltelefonnutzung sogar in konventionellen Läden eine völlig andere Art und Weise des Umgangs mit dem Kunden vor uns liegt.[31] Konsumenten werden in der Lage sein zu kaufen, wann sie wollen, statt daran denken zu müssen, wenn sie wieder zu Hause sind – und es dann womöglich vergessen, weil der »Moment« längst vorbei ist. Martin erklärt, dass die erhebliche Rechnerkapazität des Smartphones den Nutzern ermöglicht, spezifische, standortbezogene Informationen einzuholen, was um sie herum aktuell gekauft werden kann. Dadurch sparen sie Zeit und Geld. Ein Smartphone kann Ihnen zum Beispiel das nächstgelegene Blumengeschäft zeigen, während Ihr Onlinekalender Sie daran erinnert, dass Ihre Frau in zwei Tagen Geburtstag hat, Ihnen vorschlägt, beim Blumengeschäft vorbeizuschauen und sofort den kürzesten Weg dorthin (zu Fuß oder mit dem Wagen) anzeigt.

FALLSTUDIE: MEAT PACK

Meat Pack ist eine Schuhkette in Guatemala, Mittelamerika. Sie verwendet sehr effizient Mobiltelefone und standortbezogene Kampagnen in einer Aktion, um Konkurrenzfirmen wie Nike Kunden »wegzuschnappen«. Wenn ein Nutzer der Meat-Pack-Smartphone-App ein Schuhgeschäft der Konkurrenz besucht, weiß die App dank GPS auf dem Handy, wo sich der Nutzer befindet. Auf dem Handy erscheint eine Anzeige, die den Nutzer darauf hinweist, dass Meat Pack ganz in der Nähe Schuhe zum Discountpreis anbietet. Der dabei genannte Discount ist immens – eine Preisreduzierung um 99 Prozent. Das verringert sich jedoch mit jeder Sekunde um jeweils ein Prozent. Das lässt den Leuten gerade einmal anderthalb Minuten, um die Straße hinunter zum nächsten Meat-Pack-Shop zu laufen und sich das Schnäppchen zu holen. Auf diese Weise hat Meat Pack allein in einer Woche 600 neue Kunden bekommen, wobei ein glücklicher Käufer ein paar Sportschuhe zu einem um 89 Prozent reduzierten Preis erwerben konnte, weil er innerhalb von zehn Sekunden in dem Laden war.

Mobilfunktauglich zu sein, ist für einen Onlineshop nicht länger optional, sondern wesentlich. Das habe ich 2013 in einem Workshop für Marketingführungskräfte in Estonia klipp und klar gesagt, als ich danach gefragt wurde. Einer der Teilnehmer meinte, dass dies zwar für technologiebasierte Nationen wie USA, Japan oder große Teile von Europa gelte. Aber was sei mit Entwicklungsländern wie Afrika oder Teilen von Asien? Ich wies darauf hin, dass das weltweit größte und – bisher – erfolgreichste mobile Bezahlsystem M-Pesa in Kenia gestartet und mittlerweile auch in etlichen anderen Ländern verfügbar sei, einschließlich Tansania und Indien. Es ermöglicht den Nutzern, über Geld so zu verfügen, als hätten sie es bar in der Tasche. Der *Guardian* wies Ende 2012 darauf hin, dass Afrika dabei sei, ein mobilfunkorientierter Kontinent zu werden, mit ganzen Nationen, die ihre Schreibtischcomputer stehen lassen und zu Mobilgeräten greifen. Wenn überhaupt, dann sei der Handel per Handy in den Entwicklungsländern noch wichtiger als in den Industrieländern.

Stellen Sie sich einen Moment lang vor, wie schwierig und mühsam es in einem abgelegenen Dorf in Afrika war, Waren, Dienstleistungen und Bargeld zu erhalten. Die nächstgelegene Bank war vielleicht einen Tagesmarsch oder noch weiter entfernt. Durch das Mobiltelefon fallen jedoch viele der durch weite Entfernungen geschaffenen Probleme weg. Darüber hinaus werden Standortprobleme wie ein Mangel an Elektrizität, um Handys aufzuladen, durch innovative Unternehmen wie Fenix International überwunden, die ein kostengünstiges System entwickelten, bei dem die Akkus von Smartphones über ein Solarpanel aufgeladen werden können. Afrikas Nachrichten-Website AllAfrica berichtet, dass bis 2015 mehr Menschen in Afrika Zugang zu einem Mobiltelefonnetzwerk haben werden als zur Elektrizität. Anders ausgedrückt: Wer denkt, dass Mobile-Shopping nur in Hochtechnologieländern stattfindet, übersieht, dass durch das Mobiltelefon in rasender Geschwindigkeit weltweit Kaufmöglichkeiten geschaffen werden.

Mobiltelefone werden schon bald das Hauptmedium sein, über das Menschen mit Onlineshops in Verbindung treten.

Konsumenten kaufen nicht immer direkt übers Smartphone – in der Regel nutzen sie ihre Mobilgeräte, um Informationen zu Preisen oder Verfügbarkeit einzuholen. Manchmal möchten sie infrage kommende Artikel fotografieren, um sich später zu entscheiden oder erst die Meinung von Freunden einzuholen. Das Mobilgerät wird auch genutzt, um Bewertungen von Produkten zu lesen, die Käufer in einem Ladengeschäft in Augenschein nehmen konnten.

TIPP: Bieten Sie in Ihrem Ladengeschäft kostenfreies WLAN an, denn das ermuntert dazu, mit Mobilgeräten ins Web zu gehen. Die Kunden fühlen sich besser informiert und werden mit einer höheren Wahrscheinlichkeit bei Ihnen kaufen.

Für Mobil-Shopper sind Ladengeschäfte Vorführräume

Das Thema des »Showrooming« ist ein weiterer Aspekt der Mobilfunktechnologie, an den sich viele Offlinehändler nur langsam gewöhnen. Beim Showrooming sieht sich der Kunde ein Produkt im Fachhandel an und kauft dann später zu Hause online das Produkt günstiger. Das konventionelle Geschäft ist für ihn nur noch Vorführraum. Der Onlinekauf erfolgt wegen eines preiswerteren Onlineangebots oder weil das Gerät geliefert wird und er es nicht nach Hause tragen muss. Vorzugsweise wird dabei zuerst der Onlineshop des Ladens aufgesucht, in dem man gerade steht, Forschungen in Kanada zeigten jedoch, dass dies nicht immer der Fall ist. Die Studie stellte fest, dass Konsumenten bei der Konkurrenz kaufen, sobald sie auch nur einen kleinen Rabatt erhalten.[32] Das zeigt auch, dass der

Rabatt nicht beträchtlich sein muss: Sogar 2,5 Prozent weniger als der Preis im Laden bringt die Leute dazu, online zu kaufen.

Einige konventionelle Geschäfte haben erkannt, dass Menschen ihre Läden als Vorführräume betrachten und versehen ihre Produkte nun mit QR-Codes (siehe Abbildung). Hält der Kunde sein Smartphone an diesen Code, so wird er auf die Website des Ladens geführt. QR bedeutet »Quick Response« (Schnelle Antwort), und allein in den USA scannen jeden Monat 14 Millionen Menschen einen solchen Code. Dieser hier bringt Sie zu der Website für dieses Buch *Click.ology.biz.*

In Südkorea werden QR-Codes von der Supermarktkette Tesco in ihren virtuellen »Shops« intensiv genutzt. Das sind »Shops«, die auf herkömmlichen Plakatwänden an Bushaltestellen oder in der U-Bahn von Seoul zu sehen sind. Die elektronische Ausstellung liefert eine visuelle Kopie des echten Geschäfts – es sieht aus, als würden Sie in einem Gang des Supermarkts stehen und die Regale betrachten. Während Menschen auf den Bus warten, können sie per Scannen der QR-Codes der Produkte, die sie kaufen wollen, ihre Besorgungen erledigen, die dann später zu ihnen nach Hause geliefert werden.

Obwohl auch andere Händler, wie Walmart in den USA, mit solchen Systemen experimentieren, ist die Verwendung der QR-Codes noch nicht weitverbreitet. Eine Studie in Boston stellte fest, dass in 700 befragten konventionellen Geschäften in den USA nur 7 Prozent QR-Codes verwenden.[33] Die meisten dieser Codes richten sich an junge Leute und finden sich in Hightech-Shops; Mainstream-Shops nutzen diese Möglichkeit nicht.

Anfang 2013 sprach ich den Eigentümer eines konventionellen Geschäftes auf die langsame Akzeptanz von QR-Codes an. »Warum nutzen Ihre 120 Filialen keine QR-Codes?«, fragte ich ihn.

»Weil es die Kunden ermutigen würde, online zu kaufen«, antwortete der Klient.

»Genau das ist der Punkt«, erwiderte ich. »Es bringt die Menschen dazu, Ihre Produkte zu kaufen.«

Mein Klient wies jedoch darauf hin, dass QR-Codes für viele konventionelle Geschäfte ein Managementproblem darstellen. Das Verkaufspersonal arbeitet oft auf Provisionsbasis, und wenn sich jemand den Artikel im Geschäft nur vorführen lässt und anschließend online kauft, entgeht dem Verkäufer seine Provision. Und selbst wenn das Personal nicht auf Provisionsbasis arbeitet, so muss der konventionelle Laden dennoch die vorrätige Ware verkaufen, sonst hat er Probleme mit Lager und Logistik. Von daher würde ein durch QR-Codes gefördertes Showrooming die Probleme konventioneller Händler nur verschärfen.

Das wahre Problem ist vielleicht die konservative Vorgehensweise vieler Händler, die sich mit Innovationen schwertun. Nicht die QR-Codes sind das Problem, sondern die fehlende Bereitschaft, Mitarbeiterstrukturen, Vergütungssysteme und die Abläufe im Laden zu ändern. Mein Klient wollte keine QR-Codes einführen, weil das bedeuten würde, dass die in seinem Laden beschäftigten Mitarbeiter nicht mehr das geeignete Personal sind – er müsste Leute einstellen, die über entsprechende Produktkenntnisse verfügen, weil Kunden von Showrooms die Mitarbeiter als Informationsquelle benutzen wie ein Nachschlagewerk auf zwei Beinen. Dafür werden andere Verkaufsfertigkeiten benötigt. Zudem gibt es in vielen Geschäften Betriebsräte, die erst zustimmen müssen, bevor derartige Neuerungen eingeführt werden können. Trotzdem greifen auch einige traditionelle Branchen wie die Bestattungsbranche die QR-Codes auf. In Shanghai kann ein QR-Code auf den Grabstein des Verstorbenen gesetzt werden, über den Trauernde auf eine Website gelangen, die in Form einer Hommage an den Verstorbenen erinnert. Dies ist auch in den USA, in Japan und Großbritannien möglich. Dazu ist keine große Veränderung der vorherrschenden Praxis nötig, und dieser Service kann zusätzliche Umsätze generieren.

FALLSTUDIE: YEBHI.COM

Yebhi.com ist ein führendes Onlinekaufhaus in Indien. Das Unternehmen wurde 2009 eröffnet und ist enorm erfolgreich im Bereich Kleidung, Schuhe und Haushaltswaren. Mittlerweile unterhält es zwar 30 konventionelle Verkaufsstellen in Coffeeshops in Delhi und Bangalore, aber dennoch kann man die präsentierten Produkte nicht »anfassen«. Das System funktioniert so: An einer Wand des Coffeeshops hängen Plakate mit beliebten Produkten. Neben jedem Artikel findet sich ein QR-Code, sodass Kunden ihren Kaffee trinken und gleichzeitig einkaufen können. Und nicht nur das. Sobald sie etwas kaufen, erhalten sie über dieses System einen Discount-Code für ihre nächste Tasse Kaffee.

Das ist ein Zeichen dafür, dass Länder, in denen Smartphones populär sind, wie in Indien, QR-Codes beim Fördern des Geschäfts von Onlineshops eine Rolle spielen, indem sie diese mit Aktivitäten der konventionellen Einkaufswelt kombinieren.

Dabei macht man sich die Psychologie des Komforts zunutze. Es ist nicht nur bequem, einzukaufen, während man Kaffee trinkt, sondern der QR-Code bringt den Käufer auch direkt zur Bestellseite des einzelnen

Produktes. Das ist noch komfortabler, als die Website anzuklicken und aus einem Menü auszuwählen.

Trotz der potenziellen Schwierigkeiten bei ihrer Einführung stellen QR-Codes eine Möglichkeit für konventionelle Geschäfte dar. Stellen Sie sich zum Beispiel vor, Sie betreiben ein Geschäft, das Mode im mittleren Preisniveau führt. Sie setzen einen QR-Code auf die Preisschilder, den die Kunden mit ihrem Mobiltelefon scannen können. Das bringt den Kunden zu einer Website, auf der er zusätzliche Informationen über das Produkt erhält oder direkt online kaufen kann. Problem ist, dass Sie immer wieder andere Ware im Laden vorrätig haben müssen, die nicht verkauft wird, wenn der Kunde online kauft. Aber wenn der QR-Code den Kunden nun zu einer einfachen Website bringt, die komplett auf den Bildschirm seines Mobilgeräts passt? Es ist kein Scrollen notwendig, man würde nur eine Nummer sehen und den Text: »Zeigen Sie diesen Discount-Coupon an der Kasse, und Sie bezahlen 2,5 Prozent weniger.« Das würde bereits genügen, um den Kunden zum Kauf zu verleiten, und wenn Sie den QR-Code auf diese Weise verwenden, können Sie den Kunden eher gewinnen als verlieren.

TIPP: QR-Codes können auf vielfältige Weise eingesetzt werden. Indem Sie darüber nachdenken, wie Sie diese Codes kreativ nutzen können, gewinnen Sie möglicherweise neue Kunden und verkaufen mehr Produkte.

Wenn Sie ausschließlich online verkaufen und keine konventionelle Ladenpräsenz haben, wäre es eine Verschwendung von Zeit und Mühe, den Kunden, die bereits auf Ihrer Website sind, einen QR-Code zu nennen. Auf das Onlinegeschäft beschränkte Händler müssen also innovativ sein, um von der Verwendung von QR-Codes zu profitieren. So kann ein QR-Code auf der Verpackung einen Kunden zum Beispiel über das soeben erworbene Produkt informieren oder zu einer Kundenservice-Website, einer Social-Media-Seite oder einer Bewertungsseite führen. Dabei ist noch gar nicht berücksichtigt, dieses Mittel bei der Werbung einzusetzen. Ein QR-Code kann in eine gedruckte Anzeige oder ein Plakat integriert sein und die Menschen zu weitergehenden Informationen über ein bestimmtes Produkt oder eine Dienstleistung führen, für das oder die mit dieser Anzeige geworben wird.

Der Vorteil von QR-Codes besteht darin, dass Sie die Menschen gezielt zu Homepages führen können, die für bestimmte Zwecke gestaltet wurden. Dadurch können Sie den vom Kunden gewählten Weg sehr viel leichter steuern.

Wenn Menschen das Internet zum Einkaufen nutzen, wollen sie eines von zwei Dingen: Entweder möchten sie Informationen über Produkte und Dienstleistungen – und davon viel – oder sie möchten etwas ganz Bestimmtes tun, wie einen Artikel kaufen oder einen Gutschein erwerben. Und sie wollen es schnell erledigen, denn das Internet bietet zu viele andere Ablenkungen. QR-Codes sind eine Möglichkeit, mit diesem wachsenden Problem für Händler umzugehen: der immer kürzeren Aufmerksamkeitsspanne der Konsumenten.

Die Aufmerksamkeitsspanne des Käufers ist kurz

Die Zeit, in der wir heute bereit sind, uns zu konzentrieren, scheint kürzer zu sein, als sie es jahrzehntelang war. Laut der Website Statistic Brain liegt die Aufmerksamkeitsspanne menschlicher Wesen momentan unter der eines Goldfisches. Die Website berichtet, dass unsere Aufmerksamkeitsspanne sogar 2008 noch länger war, zwölf Sekunden, während es heute nur noch acht sind. Für Onlinehändler stellt sich das Bild noch prekärer dar. Eine Studie im Jahr 2006 stellte fest, dass Menschen beim Besuch eines Onlineshops bereits nach vier Sekunden aufhören, sich zu konzentrieren.[34] Aber welche Statistik wir auch immer betrachten, wir leben in einer Welt, in der die Menschen in raschem Tempo von einer Website zur nächsten wechseln und aus einem weitgefächerten Bereich Material sammeln – und alles in relativ kurzer Zeit. Wir sind schlichtweg nicht in der Lage, allem das gleiche Maß an Aufmerksamkeit zu schenken – dazu reicht die Zeit nicht.

Als Folge verweilen wir auf der einzelnen Website kürzer als je zuvor. Menschen sind schnell bereit, eine Website zu verlassen, wenn sie das Gesuchte nicht auf Anhieb sehen. Deshalb müssen Onlinehändler eine klar fokussierte und einfache Navigation anbieten; das zeigt den Kunden auch, dass sie »gemocht« werden, weil die Website auf ihre Bedürfnisse ausgerichtet wurde. eBay und Asos sind zwei führende Onlinehändler, denen eine einfache Funktion gemein ist: eine zentrale Suchbox. Das bedeutet, dass sogar jemand mit einer sehr kurzen Aufmerksamkeitsspanne auf die Seite gelangen und schnell das Gesuchte finden kann.

TIPP: Um Ihren Onlineshop erfolgreicher zu machen, sollten Sie in eine umfassende Suchfunktion investieren, sodass Besucher das Gesuchte schnell finden können. Das kommt einer kurzen Aufmerksamkeitsspanne entgegen.

Psychologisch gesehen ist der Begriff »Aufmerksamkeitsspanne« sehr breit gefasst. Tatsächlich gibt es viele unterschiedliche Aufmerksamkeitsspannen:

- *Visuelle Aufmerksamkeitsspanne:* Wie viel Aufmerksamkeit schenken unsere Augen einzelnen Bestandteilen der Website?
- *Bewusste Aufmerksamkeitsspanne.* Die Menge an Zeit, die wir für etwas aufwenden, bevor wir eine Entscheidung fällen oder beginnen, uns zu langweilen, und weitergehen möchten.

- *Unbewusste Aufmerksamkeitsspanne:* Ein unbewusster Entscheidungsfindungsprozess, den wir nicht wahrnehmen, der uns jedoch aufhören lässt, etwas anzusehen, zu lesen oder darüber nachzudenken.

Internethändler müssen diesen unterschiedlichen Aufmerksamkeitsspannen Rechnung tragen, wenn sie unsere Aufmerksamkeit erfolgreich gewinnen und halten wollen.

Wie schnell bewegen sich die Augen des Kunden?

Eye-Tracking-Technologien können Händlern verstehen helfen, was sich Menschen auf einer Website ansehen und wie lange sie das tun. Die gängigste Methode nachzuverfolgen, wie sich Ihre Augen auf dem Bildschirm bewegen, ist ein spezieller Computerbildschirm, bei dem ein schwacher Infrarotstrahl auf die Augen gerichtet wird. Mit einer speziellen Videokamera werden sowohl die Pupillen als auch der Reflexpunkt des Infrarotlichts auf der Hornhaut festgehalten.[35] Die anschließende Analyse des Videos zeigt, dass unsere Augen nicht in einer geraden Linie wandern, sondern sich ruckartig bewegen, hin- und herspringen und nicht ruhig auf die ganze Seite schauen.

Einem selbst ist dieser Vorgang nicht bewusst, aber beobachten Sie einmal die Augen von jemandem beim Lesen. Der Blick bewegt sich nicht in einer waagerechten Linie über die Zeile, sondern springt rauf und runter. Ob Sie auf eine gedruckte Seite oder auf einen Computerbildschirm schauen, Ihre Augen verharren nur kurze Zeit auf einer Stelle, genannt Fixation, gefolgt von ruckartigen, schnellen Augenbewegungen, genannt Sakkaden. In *The Psychology of Reading* bezeichnen Robert Crowder und Richard Wagner unsere Augenbewegungen als ballistisch.[36] Darunter verstehen sie plötzliche, ruckartige Augenbewegungen, die wie Pistolenschüsse sind: Einmal in eine Richtung abgefeuert, sind sie nicht mehr aufzuhalten, bis sie das Ziel erreicht haben. Während der Sakkaden wird die bewusste Wahrnehmung unterdrückt. Für Sekundenbruchteile ist man vorübergehend blind, jedoch ohne es zu merken, da das Gehirn das vor unseren Augen befindliche Bild ergänzt.

In einer neuartigen Reihe von Experimenten an der Universität von Illinois Ende der 1990er zeigte John Grimes, dass Menschen nicht in der Lage waren, Veränderungen an Bildern zu erkennen, wenn die Veränderungen während einer Sakkade stattfanden.[37] Teilnehmer betrachteten die Bilder von zwei Männern mit unterschiedlichen Hüten. Auf dem einen Bild trug der linke Mann einen helleren Hut als der rechte Mann. Das zweite Bild war identisch, abgesehen davon, dass die Hüte mithilfe von Fotobearbeitungssoftware vertauscht worden waren. Nun war der helle Hut rechts. Die Bilder wurden den Teilnehmern an einem Computer gezeigt, der die Bilder während der zuckenden Augenbewegungen vertauschte. Es gab noch weitere Augenmanipulationstests, wie den einer Frau in einem pinkfarbenen Badeanzug, der in einen grünen verwandelt wurde, sowie eine Szene mit einem Schwarm von 30 Papageientauchern, von denen zehn auf dem zweiten Bild fehlten. Wie auch immer sich die Manipulation des Bildes gestaltete, die Testpersonen erkannten die Veränderung nicht, wenn ihnen die Bilder während Sakkade-Phasen gezeigt wurden, nicht einmal, wenn man ihnen vorher sagte, dass es Unterschiede geben würde. In der Psychologie ist dieses Phänomen bekannt als Veränderungsblindheit.[38]

Für Onlinehändler ist dies insofern interessant, als sie oft Pop-ups oder sich bewegende Bilder einsetzen, um Aufmerksamkeit zu erlangen. Wenn diese Pop-ups jedoch in die Phase ruckartiger Augenbewegungen fallen, nimmt der Betrachter sie gar nicht wahr – sie sind quasi unsichtbar.

Unsere ruckartigen Augenbewegungen bieten uns zudem die Möglichkeit, unsere Fokussierung neu auszurichten. Das bedeutet, dass wir nach dieser Phase nicht auf exakt der gleichen Stelle landen. Die Forschung im Bereich Blickbewegung ergibt, dass wir nicht nur rauf- und runterschauen, sondern auch im Zickzack über den Bildschirm. Das bedeutet im Wesentlichen, dass wir den Inhalt der Website nur flüchtig betrachten. Kombiniert mit unbewussten Entscheidungen darüber, ob uns das Gesehene gefällt, der Veränderungsblindheit und der bewussten Entscheidung, bedingt durch unser geschäftiges Leben, schnell zur nächsten Sache überzugehen, kristallisiert sich ein Kunde heraus, der die Dinge online nicht so wahrnimmt, wie Sie es gerne hätten.

Untersuchungen des Fachmanns für interaktives Design, Jakob Nielsen, haben gezeigt, dass 69 Prozent der Zeit, die wir eine Website betrachten, der Blick nach links gerichtet ist.[39] Darüber hinaus richten nur 20 Prozent der Menschen ihre Aufmerksamkeit auf Dinge, die unterhalb des Bildschirmausschnitts sind und zu denen sie erst scrollen müssen, um sie sehen zu können.[40] Wenn Sie Ihre Websites so gestalten, dass sich Produkte, die die Kunden wahrnehmen sollen, rechts oder »unterhalb der Kante« befinden, so schränken Sie Ihre Verkaufschancen gravierend ein.

TIPP: Stellen Sie Ihre wichtigsten Inhalte oben links auf den Bildschirm, wenn Ihre Kunden von links nach rechts lesen. Falls sie von rechts nach links lesen, platzieren Sie wichtige Inhalte oben rechts.

Die Usability-Forschung berücksichtigt jedoch einen wichtigen Faktor nicht – das unbewusste Verarbeiten, das beim Betrachten einer Website abläuft. Andere Forschungen haben gezeigt, dass wir Dinge im peripheren Sichtfeld zwar nicht bewusst wahrnehmen, sie aber dennoch verarbeiten. Neurologische Untersuchungen zeigen sogar, dass Informationen aus dem peripheren Sehfeld unmittelbar zu unseren emotionalen Zentren und den entscheidungstreffenden Bereichen unseres Gehirns gelangen.[41]

Anders ausgedrückt: Menschen treffen die emotionale Entscheidung, ob ihnen Ihre Website gefällt, auf der Basis von Informationen, die unbewusst zu ihrem Gehirn vordringen. Wenn Sie also am Bildrand etwas zeigen, das Menschen grundsätzlich nicht mögen – wie grelle, aufdringliche Bilder – werden diese zwar nicht unbedingt bewusst wahrgenommen, aber sie tragen zu dem Urteil bei, das der Betrachter über Ihre Website fällt. Das kann seine emotionale Reaktion auf Sie, Ihre Produkte und Dienstleistungen beeinflussen. Gleiches gilt, wenn etwas auf Ihrer Website nicht funktioniert, zum Beispiel ein Bild fehlt. Das muss keine Auswirkung darauf haben, wie der Betrachter durch die Website navigiert, aber es kann dazu führen, dass die Menschen weniger von Ihrer Website halten, wenn sich das Defizit im peripheren Blickfeld befindet. Umgekehrt können Sie natürlich Material im »belanglosen« peripheren Sichtfeld unterbringen, das beim Betrachter positive Reaktionen hervorruft: Nahaufnahmen von relevanten Gesichtern, zum Beispiel typischen Käufern, rufen unbewusst eine warme, positive Reaktion hervor.

Es ist vermutlich eine gute Idee, auf Ihrer Website ein bisschen Blickbewegungsforschung zu betreiben. Das wird Ihnen nicht nur helfen, zu verstehen, worauf Menschen achten und was an Ihrem Design gut funktioniert. Sie werden dabei auch erfahren, welche Teile Ihrer Website der Betrachter gar nicht wahrnimmt und was im peripheren Blickfeld liegt. Wenn Sie sich eine Eye-Tracking-Analyse nicht leisten können, besteht die nächstbeste Option darin, die Mausbewegungen und das Klickverhalten zu erfassen, das Sie zum Beispiel mit Crazy Egg oder Click Tale selbst analysieren können. Diese Programme folgen einem Besucher der Website über die ganze Seite und registrieren konstant, was auf dem Bildschirm erscheint, wohin sich die Maus bewegt und was der Betrachter anklickt.

Denken Sie daran, dass sich Augenbewegungen auf Mobilgeräten wie Tablets von denen auf einem normalen Computerbildschirm sowie bei Hoch- und Querformaten unterscheiden. Wenn jemand sein Handy im Querformat hält, so kann er oben und unten weniger sehen, hält er das Handy dagegen im Hochformat, kann er keine breiten Objekte wie Bilder sehen. Wenn Teile der Seite abgeschnitten sind, weil der Bildschirm zu schmal ist, oder Informationen abgeschnitten sind, weil der Bildschirm nicht hoch genug ist, frustriert das den Betrachter, weil er ständig scrollen oder die Seite verschieben muss, um alles sehen zu können. Darüber hinaus erwarten die Benutzer eines Tablets, dass sie das Bild hin- und herschieben oder von Seite zu Seite wischen können und nicht runterscrollen müssen, wohingegen an einem Desktop oder Smartphone dieselben Seiten von oben nach unten gescrollt werden müssen. Jüngere Nutzer, die mehr Übung mit Touchscreen-Geräten haben, werden in stärkerem Maße von Ihrer Website erwarten, dass sie auf Touch-Befehle reagiert, wohingegen ältere Nutzer, die noch die früheren Darstellungsformen des Webs kennen, nach Stellen zum Anklicken suchen. Das bedeutet, dass Sie nicht länger eine Website für alle anbieten können – sie brauchen spezifische Designs und Funktionen für jede Art von Gerät, über das Besucher Ihre Website aufrufen können.

Käufer tun sich schwer in Onlineshops

Ein konventionelles Geschäft zu gestalten, ist relativ einfach. Die Kunden betreten das Geschäft durch den Eingang und sehen die Ware in den Regalen vor ihnen und an den Seiten. Gänge leiten sie auf einer klar definierten Route an diesen Regalen vorbei, und es gibt einen erkennbaren Ort, an dem bezahlt wird. Außerdem ähneln sich die meisten Geschäfte sehr, abgesehen vom Design und den Waren.

Im Unterschied zu den vergleichbaren Shoppingerfahrungen in Offlinegeschäften gibt es bei Onlinehändlern große Unterschiede. Das macht es für die Kunden verwirrend und reduziert das Verkaufspotenzial allgemein. Der eine Shop hat eine Begrüßungsseite, der nächste empfängt den Besucher mit Sonderangeboten, während ein Dritter Sie fragt, zu welchem Bereich Sie möchten. Während Offlineshops eine stets ähnliche Kauferfahrung bieten, herrscht bei Onlineshops wenig Konsistenz. Diese Verwirrung wird zusätzlich genährt durch den Mangel an Tests und Analysen für Onlineshops, will heißen, dass die Website zwar für den Betreiber und den Designer Sinn ergibt, jedoch wenig Wirkung beim glücklosen Käufer zeigt, abgesehen davon, dass es ihn frustriert oder dazu bringt, sich nach einem anderen Shop umzusehen. Die Website wird von innen nach außen statt von außen nach innen entworfen.

Im Laufe des letzten Jahrzehnts hat das Internet ein paar neue Zweige hervorgebracht, »Usability« und »User Experience Design« oder UX wie es auch genannt wird. Zu deren Aufgaben gehören umfangreiche Website-Tests, um zu gewährleisten, dass der Besucher Ihre Website problemlos nutzen kann und Sie die größtmögliche Wirkung erzielen. Usability-Forscher stützen sich oft auf die bereits angesprochenen Untersuchungen zu Blickbewegungen (Eye-Tracking-Messungen) sowie dem Split-Testing, bei dem die Designer mit verschiedenen Entwürfen ausprobieren, welche eine höhere Klickrate aufweisen und mehr Betrachter dazu bringen, das jeweilige Produkt anzuklicken. Ein Großteil der Usability entspricht jedoch gesundem Menschenverstand.

Ein Blogbeitrag des Usability-Experten Philip Webb von Webcredible, einem Unternehmen für Kundenerfahrung, nennt ein Beispiel.[42] Webb vergleicht den Prozess des Bezahlens beim in Großbritannien ansässigen Händler Next mit dem bei Amazon. Er weißt darauf hin, dass man bei Next erst ein Formular ausfüllen muss, wenn man bezahlen will und nicht eingeloggt ist.

Verfügt man bereits über ein Konto, genügt die Eingabe von Name und Passwort, um den Kauf abschließen zu können. Webb weist darauf hin, dass Käufer jedoch nicht unbedingt »das Kleingedruckte« lesen wollen. Sie möchten ihren Kauf so schnell wie möglich abwickeln. Also füllen sie das Formular auch dann aus, wenn sie noch kein Konto haben, und müssen anschließend frustriert erfahren: »Sorry, Ihre Anmeldung ist fehlgeschlagen.« Die Kunden haben schlichtweg die Aufforderung am rechten Bildrand übersehen, einige Details anzugeben, wenn man neuer Kunde von Next ist. Webb sagt: »Neue Kunden denken wahrscheinlich, dass das Anmeldefeld der erste Schritt des Registrierungsprozesses ist. Und ob sie nun ein Konto haben oder nicht, sie erwarten, dass der Prozess weitergeht, ohne dass sie das nächste Formular ausfüllen müssen.«

Im Unterschied dazu bietet Amazon den Kunden einen klaren Weg, sich anzumelden, entweder als »neuer« oder als »bestehender« Kunde.

Man braucht keine schicken Tests, um zu erkennen, dass Kunden den Bezahlprozess schnell durchlaufen wollen und dass Hindernisse ein Weniger an Käufen nach sich ziehen.

TIPP: Versuchen Sie, so durch Ihren eigenen Onlineshop zu navigieren, als wüssten Sie nichts über diese Firma. Nähern Sie sich mit dem Blick eines Fremden, der auf der Suche nach etwas Bestimmtem ist, das er kaufen möchte. Auf diese Weise entdecken Sie Fehler und Probleme sofort.

Usability-Testing ist wesentlich für Onlineshops, da es unerwartete Verhaltensweisen potenzieller Käufer ans Licht bringt. Darüber hinaus zeigen Studien, dass der Glaube, wie ein Onlineshop zu gestalten sei, nicht zwangsläufig berechtigt ist. Zum Beispiel stellte das Poynter Institute in Florida in einer Untersuchung, bei der das Lesen von

Nachrichten online und in gedruckter Form verglichen wurde, fest, dass die Testpersonen online mehr Text lasen als in der gedruckten Form.[43] Dennoch besteht das Mantra vieler Webdesigner darin, dass Menschen online weniger Text lesen. Das ist schlichtweg nicht der Fall, und wenn Menschen auf der Suche nach Informationen sind, erwarten sie, zu lesen. Außerdem wird oft behauptet, Leute würden die Website »scannen« und nicht viel von dem Text dazwischen lesen. Das Poynter Institute betrachtete diesen Aspekt jedoch genauer und stellte fest, dass Personen, die eine Website scannen, am Ende genauso viel Text gelesen hatten wie methodische Leser, die von oben nach unten gehen. Wenn Sie Ihr Website-Design dem Glück oder Glauben überlassen, treffen Sie womöglich falsche Entscheidungen, die sich negativ auf Ihre Verkaufszahlen auswirken.

Das Poynter Institute deckte einen weiteren interessanten Aspekt auf, inwiefern Ihre Onlinekunden Sie vielleicht überraschen. In der Zeitungsbranche ist bestens bekannt, dass mit großen Überschriften und Bildern Aufmerksamkeit geweckt und Leute dazu gebracht werden, sich die Seite genauer anzusehen. Wenn Sie also ein Zeitungsunternehmen mit jahrelanger Erfahrung im Printumfeld sind, nehmen Sie vielleicht an, dass Sie online ebenfalls große Überschriften und Bilder brauchen. Die Forschungen des Poynter Institutes zeigen jedoch, dass sich Nachrichtenkonsumenten online anders verhalten – sie wenden andere Methoden an, die sie über die Seite führen. Statt Überschriften und Bildern nutzen Sie Navigationsleisten, Menüs und Drop-down-Eigenschaften, um ihren Weg zu finden.

Nicht alle Käufer verhalten sich gleich

Käufer in der Offline-Welt unterscheiden sich beträchtlich, aber diese Unterschiede sind online wesentlich schwieriger zu managen. So haben wir zum Beispiel gesehen, dass zwar viele Käufer auf Informationen aus sind, aber eben nicht alle. Der »praktisch ausgerichtete« Käufer möchte ein bestimmtes Produkt kaufen, und zwar *jetzt*. Für Onlinehändler stellt das ein Problem der Nutzererfahrung dar. Wenn Sie Ihre Website entsprechend eines an Informationssuche orientierten Verhaltens gestalten, wird der praktisch ausgerichtete Besucher nicht zufrieden sein. Wenn Sie sich umgekehrt an den praktisch ausgerichteten Besuchern orientieren, wird der Informationssucher unzufrieden sein.

In Ladengeschäften können diese beiden Kundenarten einfacher untergebracht werden. Das Verkaufspersonal kann das nonverbale Verhalten beobachten und herausfinden, ob die Person etwas Bestimmtes sucht oder sich einfach nur umschaut und möglicherweise Beratung und Hilfe braucht. Online gibt es nicht die Zeit für derartige Interventionen. Es bleiben nur wenige Sekunden, um einem Websitebesucher zu zeigen, dass dies der richtige Shop für ihn ist. Wenn Sie zum Beispiel die Art Kunde sind, die gern mehrere Alternativen vergleicht, dann möchten Sie sehen, dass die Website genau das ermöglicht. Wenn Sie die Art Käufer sind, die keine Zeit in Vergleiche investiert, dann möchten Sie nicht, dass sich Ihnen derartige Optionen beim Finden des Gesuchten in den Weg stellen. Wenn das Onlineangebot des Shops für den Besucher nicht sichtbar ist, dann ist dieser nur einen Mausklick davon entfernt, sich der Alternative zuzuwenden, die seine Bedürfnisse erfüllt.

Bei meiner Beratungstätigkeit von Firmen taucht dieses Thema immer wieder auf. Wenn Käufer aufgrund ihrer kurzen Aufmerksamkeitsspanne schnelle Entscheidungen treffen, wie kann eine Website dann so gestaltet werden, dass sie die individuellen Anforderungen der unterschiedlichen Käuferarten erfüllt?

Das ist schlichtweg unmöglich; die einzige Option besteht darin, mehrere Websites zu haben. Nehmen wir das britische Unternehmen WorldStores, das 2012 den »Multiple Site of the Year Award« von der Online Retail Association verliehen bekam. Das Unternehmen ist auf Möbel spezialisiert und verfügt über verschiedene Nischenseiten wie divanbedsworld.co.uk, woodenbedsworld.co.uk und barstoolworld.co.uk. Jede hat eine klare, spezifische Ausrichtung. Wenn Sie also nach »Barhockern« oder »Schlafsofas« suchen, wissen Sie sofort, dass Sie auf der richtigen Seite sind. Auch für jemanden mit einer sehr kurzen Aufmerksamkeitsspanne steht die Seite offenkundig in direktem Bezug zu seinen Anforderungen.

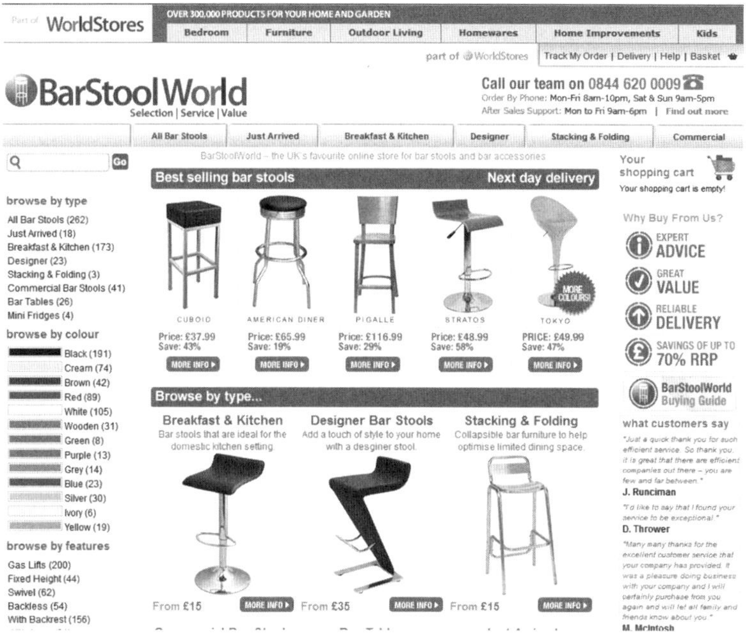

Der Firmeneigner, Joe Murray, erklärte die Bedeutung dieser Strategie in einem Interview mit Rory Cellan-Jones, Technologiekorrespondent beim BBC. Er sagte:

»Wir sind Tausende unterschiedlicher Schlüsselwortsuchen durchgegangen und haben die Daten zwei Jahre lang analysiert, nur um Kategorien zu finden, die zwar ein großes Suchvolumen haben, aber keine zufriedenstellenden Resultate liefern.«[44]

Menschen suchen online nach Nischen, vor allem, wenn es sich um praktisch ausgerichtete Käufer handelt, die nach etwas Bestimmtem suchen und schnell kaufen wollen. Aber auch beim Informationssuchenden Verhalten kann eine Nischenseite nützlich sein.

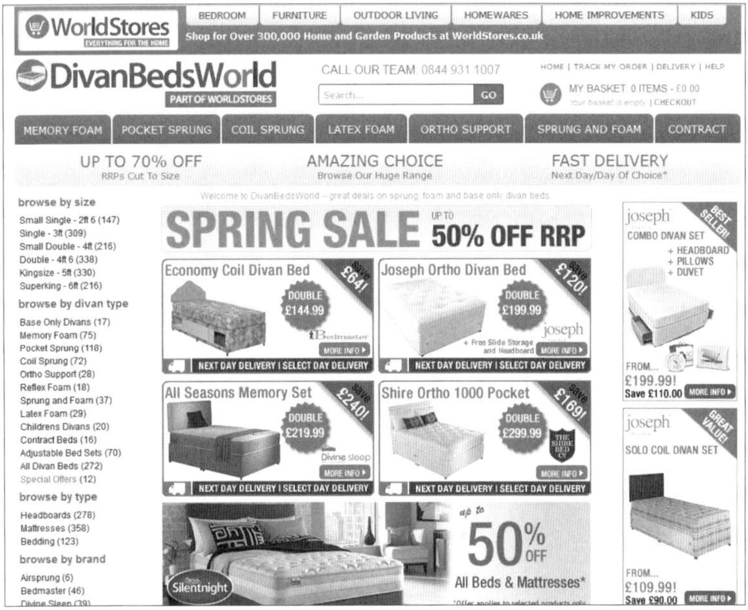

Barstoolworld.co.uk zielt eindeutig auf den praktisch ausgerichteten Käufer ab, der einen Barhocker kaufen möchte, und zwar jetzt. Die Website spricht Personen an, die kaufen wollen, und durch den Namen setzt sich die Seite von anderen Möbelseiten, wie divanbedsworld.co.uk, ab. Anders ausgedrückt können Sie Nischenseiten von zwei unterschiedlichen Ansätzen aus angehen: entweder als Produktkategoriennische, wie Schlafsofas oder Barhocker; oder eine Kundenverhaltensnische, wie Informationssuche oder Sofortkauf.

In einer idealen Welt würden Händler Produktnischenwebsites einrichten, die Kunden sowohl nach ihrem Kaufverhalten wie auch nach produktspezifischen Bedürfnissen ansprechen. Das kann jedoch aufwendiges Management bedeuten und zusätzliche Mitarbeiter erfordern, die eine Fülle von Seiten handhaben müssen. Bei meinen Gesprächen mit Unternehmen zeigte sich, dass Unternehmer die Multiple-Site-Vorgehensweise für besonders anspruchsvoll halten, weil sie häufig andere interne Strukturen und neue Wege des Arbeitens erfordert.

Problem ist nur, dass Unternehmer zwar noch fackeln, die potenziellen Kunden aber längst in einer Welt multipler Websites leben. Wenn Ihre Firma den Menschen nicht die gewünschte Weberfahrung liefern kann, gehen sie eben woandershin.

Onlineshopping ist eine Multistore-Aktivität

Erinnern Sie sich zurück an die Zeit, bevor es das Internet gab und Sie zum Einkaufen ins Stadtzentrum gingen? Sie hatten vielleicht eine Liste dabei, die der Reihenfolge der Geschäfte entsprach, an denen Sie vorbeikamen. Manchmal wichen Sie von der Liste ab und suchten ein anderes Geschäft auf, weil der gewünschte Artikel ausverkauft war und Sie gezwungen waren, einen anderen Anbieter zu finden. Aber Sie sind ganz bestimmt nicht von einem Laden zum anderen gezogen, um die Preise zu vergleichen. Wenn der Artikel vorrätig war und zu einem vernünftigen Preis angeboten wurde, haben Sie in dem Laden gekauft, in dem Sie sich gerade befanden. Sie haben die Geldersparnis dem Komfort geopfert.

Wir verfügen über einen starken psychischen Drang, Dinge mit möglichst geringem Aufwand zu erledigen. Das ist ein grundlegender Überlebensinstinkt, der uns hilft, Energie für Situationen aufzusparen, in denen sie gebraucht wird – wie das Fliehen vor einem

Raubtier. Dieser Instinkt war einst sehr wichtig, hat heute jedoch gänzlich an Bedeutung verloren. Dennoch besitzen wir diesen Instinkt und beschränken infolgedessen den Einkaufsvorgang möglichst auf das Notwendige. Das bedeutet, dass Ladengeschäfte mit Dingen ungestraft davonkommen, die sich Onlinehändler nicht erlauben können.

Das Ladengeschäft kann zum Beispiel zehn Dollar teurer sein als die Konkurrenz, wenn sich diese fast zwei Kilometer entfernt befindet. Der Kunde bezahlt dann lieber etwas mehr, als einen 20-minütigen Fußmarsch in Kauf zu nehmen. Befindet sich die Konkurrenz jedoch nur eine Tür weiter, kann sogar ein Preisunterschied von einem Dollar den Kunden dazu bringen, den Laden zu verlassen, um zu sparen. In einer Studie über Lebensmittelgeschäfte in Schweden konnten die Forscher bestätigen, dass Preisunterschiede nur dann ins Spiel kommen, wenn die Geschäfte nah beieinanderliegen.[45] Sobald die Geschäfte mindestens einen Kilometer voneinander entfernt sind, spielt der Preiswettbewerb keine echte Rolle mehr.

Online müssen wir jedoch nicht weit gehen oder viel Zeit investieren, um zu sehen, ob wir irgendwo ein besseres Angebot finden. Günstigere Preise sind nur Sekunden entfernt. Mit einem Mausklick oder Wischen des Fingers können Sie den einen Onlineshop verlassen und befinden sich im nächsten. Und im Unterschied zum Einkaufen in Ladengeschäften müssen Sie nicht in den Regen hinaus. Als Folge dieser Bequemlichkeit suchen Menschen wesentlich mehr Internetshops auf, als sie es bei Ladengeschäften tun. Bereits 2008 räumte jeder dritte Onlineshopper in den USA ein, dass er mehr recherchiere und vergleiche als in der Vergangenheit.[46] Mit der Verbreitung von Tablets, den zunehmenden Möglichkeiten von Smartphones und dem allgemeinen Anstieg des Onlineshoppings können Onlinehändler sicher sein, dass sich Kunden ganz selbstverständlich Alternativangebote ansehen.

Die Multistore-Aktivität wirkt sich auch auf die Ladenlokale aus. Einer meiner Klienten ist ein großer Autohändler in Großbritannien. Noch vor fünf Jahren suchten die Kunden im Schnitt acht Autogeschäfte auf. Heutzutage sind es höchstens zwei. Früher gingen die Menschen zu verschiedenen Händlern, um sich die Angebote anzusehen. In vielen Städten gab es deshalb in den Randgebieten Händleransammlungen, sodass die Interessenten problemlos von einem Händler zum nächsten schlendern konnten. Heutzutage kann man Autohändler und -hersteller im Netz besuchen, um herauszufinden, welches Auto genau man haben will, und geht dann erst zum Händler, um es zu kaufen. Das bedeutet, dass die Autohändler achtmal weniger persönlich Gelegenheiten haben, etwas zu verkaufen, als früher.

Laut Experten wie Experian und Ipsos ist in vielen Ländern die Kundenfrequenz in letzter Zeit von Jahr zu Jahr gefallen. Großbritannien erlebte zwischen 2012 und 2013 einen Rückgang der Besucher von Ladenlokalen um 4,5 Prozent; in Hongkong gingen die Zahlen um 2,9 Prozent zurück und in Frankreich um 5,8 Prozent.[47] Manche Länder verzeichneten einen Anstieg der Kundenfrequenz, wie zum Beispiel Portugal, aber das folgte einer Phase dramatischer Rückgänge beim Shopping aufgrund der Konjunkturschwäche nach der Bankenkrise von 2008.

Die Onlineaktivität von Ladengeschäften kann von daher wesentlich sein, da sie für einen zunehmenden Besucherstrom im Ladenlokal sorgen kann. Zum Beispiel kann ein Onlineshop einen E-Mail-Verteiler von Kunden erstellen, die eine exklusive Einladung zu einem Event im Ladenlokal erhalten, oder Onlineshopper erhalten Gutscheine, die nur im Ladenlokal eingelöst werden können. Stärkere Webpräsenz, mehr Links und gesteigerte Websichtbarkeit können dazu beitragen, Verkäufe zu ersetzen, die sonst verloren wären.

Käufer schätzen müheloses Vergleichen

Reine Onlinehändler können verhindern, dass Kunden zur Konkurrenz abwandern, indem sie selbst die Vergleiche durchführen, vor allem für informationssuchende Kunden.

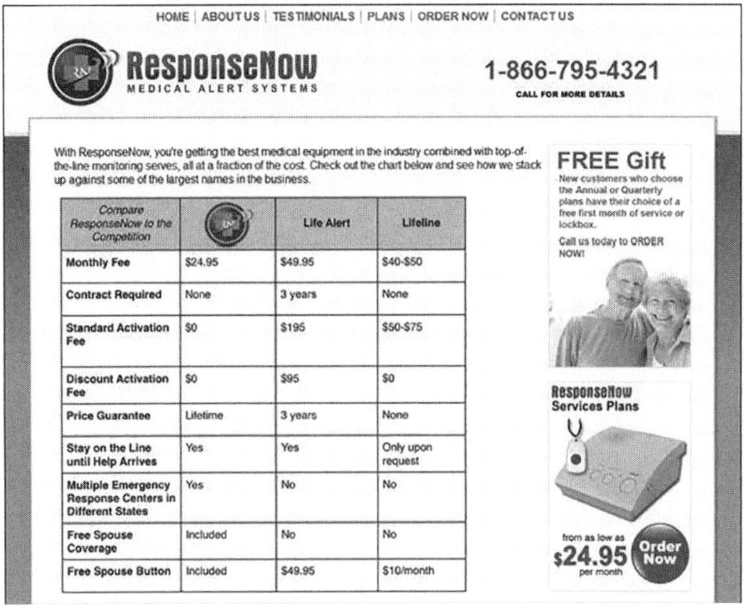

Compare ResponseNow to the Competition		Life Alert	Lifeline
Monthly Fee	$24.95	$49.95	$40-$50
Contract Required	None	3 years	None
Standard Activation Fee	$0	$195	$50-$75
Discount Activation Fee	$0	$95	$0
Price Guarantee	Lifetime	3 years	None
Stay on the Line until Help Arrives	Yes	Yes	Only upon request
Multiple Emergency Response Centers in Different States	Yes	No	No
Free Spouse Coverage	Included	No	No
Free Spouse Button	Included	$49.95	$10/month

Für praktisch ausgerichtete Käufer, die eine rasche »Habe ich die richtige Entscheidung getroffen?«-Analyse wünschen, kann etwas wie ein ResponseNow«[48] (Bewertungsbogen) geeignet sein. Dieser ermöglicht den Leuten, Besonderheiten und Preise zu vergleichen, und hält sie davon ab, zur Website der Konkurrenz zu gehen. Die Zeilen können die Funktionen der zur Verfügung stehenden Produkte beinhalten. Vergleiche können sowohl Preise wie auch Lieferbedingungen und jegliche Extras oder Boni im Angebot zusammen mit dem ursprünglichen Kauf detailliert beschreiben. Denken Sie daran: Auf der Vergleichsstufe vergleichen die Leute keinen Nutzen

– sie wissen bereits, warum sie etwas kaufen wollen. Auf dieser Stufe des Entscheidungsprozesses sind Käufer nur daran interessiert, Unterscheidungsmerkmale zu vergleichen.

Mit dem Internetshopper auf einer Wellenlänge

Obwohl Internetshopping das Verhalten im Einzelhandel verändert hat, scheinen viele Händler diese grundlegende Verschiebung nicht zu erkennen. Der Onlineshopper von heute ist informationshungrig, sucht mit einer kurzen Aufmerksamkeitsspanne nach unmittelbarer Zufriedenstellung, ist häufig unterwegs, schaut auf einen kleinen Bildschirm und möchte die bestmöglichen Preise.

Genau genommen stellt das für Onlinehändler eine bedeutende Möglichkeit dar, die eine mobilfähige Website bietet, die automatisch Preise vergleicht, praktisch und gut zu handhaben ist. Es gibt aber noch einen anderen Faktor, den einige Onlinehändler als wichtigen Trend beim Verhalten bezüglich Onlineshopping begriffen haben – Loyalität.

In der Vergangenheit, bei Ladengeschäften, entsprang Loyalität für gewöhnlich aus Komfort. Einkaufsalternativen liegen im falschen Teil der Stadt, sind fußläufig nicht zu erreichen oder bieten nur teure Parkmöglichkeiten. Was diese Händler als »Loyalität« bezeichneten, war oft gar keine, es war vielmehr der mangelnde Wunsch des Käufers, sich mehr anzustrengen. Online ist es aber sehr viel einfacher, von einem Shop zum nächsten zu wechseln, auch wenn Sie bisher immer loyal gegenüber der Firma oder Marke waren. Deshalb ist einer der besten Wege, um zu gewährleisten, dass Ihr Onlineshop gut läuft, bei den Käufern echte Loyalität zu erzeugen.

FALLSTUDIE: AMAZON

Amazon ist ein Onlineshop, der von einem erstaunlichen Maß an Loyalität profitiert. Jeff Bezos, der Gründer, war Computerexperte an der Wall Street, New York, und verfügte über keine Verkaufserfahrung, und dennoch konnte sein Unternehmen die Konkurrenz alteingesessener, traditioneller Händler abhängen. Laut einer Studie über die Besucherzahlen von Onlineshops bekommt Amazon allein in den USA zweieinhalbmal so viele Besucher wie der nächstbessere, traditionelle Handelsrivale Walmart.[49]

Aber wie kann Amazon Unternehmen mit mehr Handelserfahrung überflügeln? Zum Teil verdankt es dies seinem First Mover Advantage (Kurz: FMA; Wettbewerbsvorteil durch frühzeitige Markteinführung). Im Internet läuft es für die erste Firma in einem Bereich in der Regel gut. Aber das ist nicht immer der Fall: Suchmaschinen wie Excite gab es schon vor Google, aber Google war die erste Suchmaschine, die sich auf die Mathematik statt auf einen von Menschen erstellten Index stützte, um Websites zu lokalisieren. Und obwohl es ein paar Experimente mit Online-Malls gegeben hatte, in denen ein paar Geschäfte zusammengefasst waren, war Amazon der erste große individuelle Shop, der online ging und aus den Möglichkeiten des Webs Kapital schlug. Aber das ist nicht der einzige Faktor: Sich auf Nischen zu fokussieren ist ebenfalls wichtig. Websites, die sich auf eine Nische fokussieren, können Loyalität gewinnen, selbst wenn sie nicht die Ersten sind, die bestimmte Produkte anbieten.

Darüber hinaus ist Loyalität eng verbunden mit der praktischen Seite der Funktionsweise einer Website, will heißen der Leichtigkeit ihrer Benutzung. Forschungen in den USA ergaben, dass Loyalität zunimmt, wenn Besucher problemlos auf der Seite navigieren können und rasch Informationen finden.[50] *Die Studie stellte zudem fest, dass Warenverfügbarkeit und Lieferungsflexibilität Schlüsselfunktionen beim Gewinnen von Kundenloyalität sind. Anders ausgedrückt werden Händler, die sich auf Benutzerfreundlichkeit und gute Logistik verstehen, von Kunden bevorzugt.*

Und nicht zuletzt ist die Offlinepräsenz der Marke wichtig für die Loyalität. Amazon ist überall gegenwärtig – auf Postern, in Zeitungsanzeigen und Zeitschriftenartikeln. Der Name taucht in der realen Welt genauso oft auf wie online. Auch eBay hat eine Identität in der realen Welt und ist nicht nur ein Onlineshop. Die führenden Onlinehändler haben viel Zeit und Mühe in Public Relations investiert, um ihre Marken offline bekannt zu machen, statt nur konventionelle Marketingmethoden zu nutzen. Google ist dafür berühmt, dass es erst zwölf Jahre nach seiner Entstehung zum ersten Mal im Fernsehen Werbung machte.

Wenn der Käufer den Namen eines bestimmten Händlers im Kopf hat, wird er dessen Website im Internet als erste aufsuchen. Laut einem Bericht in der New York Times »suchte 2009 fast ein Viertel der Käufer als Erstes mit einer Suchmaschine wie Google nach einem bestimmten Produkt und 18 Prozent gingen direkt zu Amazon«[51].

KONZEPT

Auch wenn der Onlinehandel von großen Marken wie eBay dominiert wird, ist es möglich, einen erfolgreichen Onlineshop zu haben, vor allem, wenn sich Ihr Shop eine schmale Nische sucht, in der er dominieren kann. Wenn Sie verstehen und nutzen, wie Menschen online kaufen, kann Ihr Shop sogar sehr erfolgreich sein.

1. Wenn Ihre Kunden Informationssucher sind, müssen Sie dafür sorgen, dass Ihr Onlineshop detaillierte Informationen zu Ihren Produkten bietet. Wenn Ihre Kunden praktisch ausgerichtet sind, muss Ihre Website reibungslos funktionieren, damit der Kunde mit wenigen Klicks das Gewünschte bekommt.
2. Achten Sie darauf, dass Ihr Shop umfangreiche, leistungsfähige und gut sichtbare Suchfunktionen bietet.
3. Sorgen Sie dafür, dass Ihr Onlineshop mobilfunkfreundlich ist und ein ansprechendes Design hat.
4. Verwenden Sie QR-Codes, um die Kundeninteraktion zu fördern und mehr Informationen zu liefern.
5. Analysieren Sie Ihre Website mittels Eyetracking und denken Sie daran, dass die »unbeachteten Bereiche« starke emotionale Wirkung haben, die Menschen in ihrem peripheren Blickfeld wahrnehmen.
6. Liefern Sie Vergleiche mit anderen Händlern, um Kunden davon abzuhalten, für den Erhalt dieser Information Ihre Website zu verlassen.
7. Entwickeln Sie eine starke Offlinemarke für Ihren Onlineshop.

4. Der Preis entscheidet

Als Apple sein revolutionäres iPad zu einem Preis von 499 Dollar einführte, wurde sofort spekuliert, was die Produktion dieses Gerätes tatsächlich kosten möge. Man war neugierig, wie groß die Profitspanne für das Unternehmen ausfiel. Produktionsspezialisten berechneten, dass die Gesamtkosten für Apple bei 260 Dollar liegen mussten. Darüber hinaus kostete das iPad mit integrierter 3G-Funktion 100 Dollar mehr, wohingegen die Spezialisten die zusätzlichen Kosten für Apple auf 16 Dollar schätzten. Obwohl also der Preis für diese iPads wesentlich höher lag als die tatsächlichen Kosten, Apple massive Profite erzielte und keine Rabatte anbot, waren die Menschen bereit, für dieses Produkt stundenlang Schlange zu stehen. Der Preis schien für diese Kunden keine Rolle zu spielen.

Währenddessen verkaufen Dollar Tree in den USA und Poundland in Großbritannien alles zu einem sehr niedrigen Preis – einem Dollar oder einem Britischen Pfund. Was auch immer Sie in diesen Geschäften erwerben wollen, von Seife bis Kinderspielzeug, der Preis ist derselbe, nur ein Dollar oder ein Britisches Pfund. Solche Läden sind ständig voll, weil die Menschen stets nach dem niedrigsten Preis für Gebrauchsgüter Ausschau halten. Allerdings können diese Geschäfte ihre Preise nicht einmal um einen Penny erhöhen, da die Käufer nicht darauf vorbereitet sind, mehr zu bezahlen.

Warum aber sind Menschen anscheinend empfindlich bei Preisen, die ohnehin niedrig sind, und gleichzeitig bereit, für andere Dinge mehr als notwendig hinzublättern, obwohl sie wissen, dass der Hersteller das Produkt günstiger anbieten könnte? Man sollte meinen, dass Kunden immer am niedrigsten Preis interessiert seien, aber das ist nicht der Fall. Darüber hinaus sind einige der Produkte, die man bei Poundland kaufen kann, im nahe gelegenen Supermarkt noch billiger und kosten vielleicht nur 97 Pence. Dies ist einer der Wege, über die Diskounter Profite erwirtschaften. Wenn es um Preise geht, ist das Verhalten der Käufer nicht rational oder logisch.

Der für ein Produkt verlangte Preis hat relativ geringen Einfluss auf die Kaufentscheidung.

Priming – Preiserwartungen bestimmen unser Verhalten

Wenn der Preis nicht der entscheidende Faktor ist, was beeinflusst den Konsumenten dann? Zunächst einmal etwas, das aus der Psychologie als Priming bekannt ist.

Wenn Sie ein klassisches Ladengeschäft von Apple aufsuchen, sei es an der Fifth Avenue in New York oder auf der Regent Street in London, fällt Ihnen als Erstes auf, dass alles teuer wirkt. Die Läden sind nicht nur schön, geräumig und hell, es gibt auch jede Menge Verkäufer. Der ganze Ort strahlt eine Atmosphäre von Zielgerichtetheit, Serviceorientierung und Luxus aus. Die Apple-Website wirkt genauso und verströmt ein Gefühl von Extravaganz, mit einem Multimedia-Design, das viele andere Websites erfolglos zu imitieren versuchen. So gibt es zum Beispiel viel weiße Fläche. Farbe wird nur benutzt, um etwas hervorzuheben, der Rest der Website ist Weiß oder Grau. Darüber hinaus kann man sich Videos ansehen oder Audioclips anhören, ohne die Seite verlassen zu müssen – alles wird nahtlos präsentiert.

Währenddessen sind die Dollar-Tree- und Poundland-Seiten einfach und funktional. Mit Schildern werden die niedrigen Preise betont und ermöglichen Ihnen, Ihren Onlinewarenkorb schnell mit allen niedrigpreisigen Waren zu füllen, die Sie haben möchten. Die Unternehmen legen gar keinen Wert auf Luxus, und von daher erwartet der Kunde niedrige Preise.

Trotz dieser Unterschiede bereiten beide Arten von Geschäftsmodell ihre Kunden vor. Wenn Sie in einem teuren Geschäft sind, erwarten Sie höhere Preise. Apple kann höhere Preise verlangen, weil unsere Erwartungen wegen der teuren und luxuriösen Läden und Website hochgeschraubt wurden und uns präparieren, mehr zu bezahlen. Wenn Sie einen Laden oder eine Website aufsuchen, welche(r) wesentlich spartanischer ist, akzeptieren Sie ausschließlich niedrigere Preise.

Dieses Phänomen ist auch bei Restaurants zu beobachten. In einer typischen Franchise-Kette können Sie einen Burger und Pommes frites zu einem niedrigen Preis bekommen, oder Sie verzehren die gleiche Mahlzeit fünfmal so teuer in einem nahe gelegenen Familienrestaurant. McDonald's rühmt sich zum Beispiel der Geschwindigkeit, mit der hier jeder sein Essen bekommt. Das Ambiente mit grellem Licht, leuchtenden Farben und Plastiktabletts betont, dass man sich hier nicht länger als nötig aufhält oder zu einem besonderen Anlass herkommt. An derselben Straße liegt ein Restaurant mit Tischdecken, Kellnern und einer Atmosphäre, die signalisiert, dass man willkommen ist, Stunden hier zu verbringen, auch wenn man ebenfalls nur Hamburger und Pommes frites zu sich nimmt. Wir bezahlen für ähnliches Essen unterschiedliche Preise, weil wir darauf geprägt sind, diese Beträge zu bezahlen, auch wenn die Bestandteile der Mahlzeit nahezu identisch sind.

TIPP: Wenn Sie möchten, dass die Besucher Ihrer Website höhere Preise bezahlen, müssen Sie sie darauf prägen, dass sie genau das erwarten: Sorgen Sie dafür, dass Ihre Website Luxus ausstrahlt.

Priming bezieht sich nicht nur auf die Umgebung, die Sie schaffen, sondern auch auf alle anderen Signale, die Sie in Bezug auf den Preis aussenden. Die Art von Preisschildern, die Sie verwenden, wie Sie Ihre Preise herausstellen, die Farbe der Schrift auf den Preisetiketten, sogar die Position der Preisschilder auf der Website wirkt sich darauf aus, wie Menschen die von Ihnen verlangten Preise wahrnehmen.

Wenn zum Beispiel der Kunde im Apple-Onlineshop ein iPad kaufen will, wird der Ausgangspreis in einem dezenten Grau angezeigt und erst dann in Schwarz, wenn ein bestimmtes Modell ausgesucht wurde. Der Preis hat dieselbe Schriftgröße wie der Haupttest auf der Seite, und lediglich ein grüner Button »Weiter« und kein aufdringliches »Jetzt kaufen« verweist darauf, dass Sie kurz davor sind, sich von 1000 Dollar zu trennen. Bei BuyCheapSoftware.com dagegen erscheinen die Preise groß und fett auf den vollen Seiten mit wenig weißer Fläche und riesigen »Kaufen«-Buttons.

Kunden haben Einfluss auf die Preise

Zum Priming-Prozess gehört auch, die Kunden wissen zu lassen, wer sonst noch diese Produkte und Dienstleistungen erwirbt. Wenn der Besucher einer Website glaubt, dass er sich in der Gesellschaft von Millionären befindet, bevor er die Preise auch nur sieht, dann erwartet er, dass diese Preise hoch sind. Wenn Ihre Website jedoch auf irgendeine Weise zu verstehen gibt, dass die typischen Besucher über weniger Einkommen verfügen, möglicherweise durch Bilder von Menschen in »gewöhnlichen« Umgebungen, so werden die Konsumenten darauf geprägt, niedrigere Preise zu erwarten.

In einer faszinierenden Studie prägten Wissenschaftler der Universität von Texas Probanden darauf, zu überlegen, in welcher Art von Gesellschaft sie sich befänden, wenn sie bei einem Internetdienstleistungsprovider einen Breitbandanschluss kaufen würden.[52] Den potenziellen Käufern wurden die Preise genannt, die andere Käufer gezahlt hatten. Diese lagen bei 440 Dollar, wohingegen die Teilnehmer der Studie denselben Service für gerade einmal 280 Dollar bekommen sollten und somit 160 Dollar sparen würden. Interessanterweise wollten die meisten Probanden das nicht. Zum Teil lag das daran, dass die Probanden das Verhalten des Unternehmens unfair gegenüber den bereits vorhandenen Kunden fanden, aber ein weiterer Einflussfaktor hatte auch hier mit Priming zu tun. Wenn Ihnen gesagt wird, dass Sie sich in der Gesellschaft von Menschen befinden, die hohe Preise bezahlen, dann erwarteten und wollen Sie ebenfalls hohe Preise bezahlen. Andernfalls ist man keiner von »denen«.

Für Onlinehändler ist es also gut, zu zeigen, dass ihre Website von der Art Menschen genutzt wird, die der Besucher erwartet. Social-Media-Add-ons wie ein Facebook-Plug-in, die zeigen, wer diesen Shop »gelikt« hat, können hilfreich sein, ebenso wie Bilder von Nutzern dieser Seite in einer Umgebung, die bestätigt, um was für eine Art von Kunden es sich handelt – bei Seiten mit hohen Preisen könnten das Fotos von Ihren Kunden auf einer Jacht oder neben teuren Autos sein. Der Uhrenanbieter WF&C zum Beispiel hat auf der Website Fotos von seinem klassischen Londoner Geschäft und auf seiner Facebook-Seite Bilder von Uhrmachern bei der Arbeit. Beides zusammen weckt bei Besuchern die Erwartung hoher Preise. Gleichzeitig ist die Watchshop-Website darauf ausgerichtet, Ihnen weniger das Gefühl zu geben, Sie befänden sich in der Gesellschaft von Verschwendern als vielmehr unter Menschen, die Werte schätzen.

TIPP: Nutzen Sie die Social-Media-Technologie, um zu zeigen, welche Art Kunden auf Ihrer Website kaufen. Das hilft dabei, mittels Priming Preiserwartungen zu gestalten.

Ein weiterer übergeordneter Priming-Faktor muss berücksichtigt werden: Konsumenten glauben, dass das Internet selbst eine kostengünstige Umgebung sei. Eine von taiwanesischen Forschern durchgeführte Studie zeigte, dass die Menschen im Allgemeinen erwarten, dass die Preise im Internet 8 Prozent niedriger sind als in Ladengeschäften.[53] Das beruht zum Teil auf dem Glauben, dass die Betriebskosten online niedriger seien und die Firmen die Kostenersparnisse weitergeben können. Das ist auch auf die Tatsache zurückzuführen, dass sich die Menschen an niedrigere Preise im Web gewöhnt haben. Von daher sind Unternehmen, die Onlinehandel betreiben, durch den Priming-Effekt des Internets selbst beeinträchtigt.

Wie viel soll es kosten?

Ob on- oder offline, Geschäftsinhaber möchten natürlich so viel wie möglich zum höchsten Preis verkaufen, den Menschen zu bezahlen bereit sind. Aber wie hoch ist höchstmöglich? Es ranken sich zahlreiche Mythen und Annahmen um die Vorstellung, dass Geschäfte mehr Käufer finden, wenn der Preis zum Beispiel bei 9,99 Euro statt bei 10 Euro liegt. Möglicherweise verliert man pro Verkauf 1 Cent, aber das wird wettgemacht durch höhere Verkaufszahlen.

Aber gibt es eigentlich handfeste Beweise, dass diese Art der Preisgestaltung tatsächlich funktioniert? Sollten Firmen als letzte Zahl überhaupt etwas anderes als die Neun verwenden? Schließlich sind viele Geschäftsinhaber davon überzeugt, dass auch eine Fünf oder Sieben am Ende mehr Verkäufe nach sich zieht.

Seit Jahrzehnten werden Preise mit ungeraden Zahlen verwendet, aber in den letzten Jahren hat sich eine neue »goldene« Preiszahl herauskristallisiert – Sieben. Diese Zahl folgt immer noch der Regel, ungerade Zahlen zu verwenden, aber im Internet sieht man statt Preise wie 199 oder 195 Dollar häufiger die 197. Über den Grund wird viel spekuliert. Anscheinend war es schlichtweg so, dass irgendein Internetmarketing-»Guru« den Verkauf eines Produkts mit verschiedenen Preisen getestet hat und dabei feststellte, dass der Preis 197 Dollar zu mehr Umsatz führte. Er ließ andere Fachleute für Internetmarketing an seinen Entdeckungen teilhaben, die seine Bevorzugung der Endzahl Sieben kopierten. Das führte dazu, dass breite Schneisen des Internets mit der Endzahl Sieben gepflastert wurden und andere Unternehmen dachten, dies müsse online die beste Zahl sein.

Ein einzelner, in einer bestimmten Marktsituation durchgeführter Test ist jedoch kein stichhaltiger Beweis. Und tatsächlich erzählen uns fachgerecht durchgeführte wissenschaftliche Untersuchungen etwas anderes. Sie legen nahe, dass die letzte Ziffer auf dem Preisschild sehr viel weniger Bedeutung hat als die erste. In einer Studie der New Yorker Universität fanden Forscher heraus, dass abgerundete Preise auf Kunden dann sehr viel günstiger wirken, wenn sich durch das Abrunden die erste Ziffer ändert.[54] Betrachten wir eine mit 200 Euro ausgezeichnete Ware. Wenn Sie diesen Preis auf 199,99 reduzieren, wissen die Kunden vom Verstand her natürlich, dass dieser Preis nur einen Cent von 200 entfernt ist, aber die erste Ziffer ist nun die Hälfte der ersten Ziffer beim ursprünglichen Preis. Anscheinend lässt uns das denken, der Preis sei sehr viel niedriger, als er es tatsächlich ist. Genauso scheint ein Produkt für 4,99 Euro sehr viel günstiger zu sein als eines für 5 Euro, weil 4 Euro 20 Prozent günstiger sind als 5 Euro.

Zudem gibt es Hinweise, dass wir dazu neigen, ungerade Zahlen abzurunden und gerade Zahlen aufzurunden. Wenn eine Ware mit 19,97 Euro ausgezeichnet ist, runden wir gern ab auf eine »normalere« Zahl wie 19,95 Euro, was den Preis scheinbar senkt. Bei 19,98 Euro würden wir dagegen eher aufrunden zu 19,99 Euro und die Ware als teurer ansehen. Und weil ungerade Zahlen eher abgerundet werden, glauben die Leute, ein besseres Geschäft zu machen.

Ungerade Zahlen wirken kleiner als gerade Zahlen, weil wir sie als absteigend betrachten, wohingegen gerade Zahlen anzusteigen scheinen.

Ein anderer Aspekt von Zahlen ist der Klang, den sie in unserem Kopf verursachen. Versuchen Sie einmal laut zu sagen: »Neun neunundneunzig«. Und dann sagen Sie: »Neun achtundneunzig«. Weil es höchstwahrscheinlich den Bruchteil einer Sekunde länger dauert, die erste Zahl auszusprechen, weil wir einen Diphthong dehnen, kommt uns der Preis höher vor. Klingt der Preis kurz, stufen wir ihn als niedriger ein.

Darüber hinaus haben Forschungen gezeigt, dass bestimmte Konsonanten mit einer Wahrnehmung entsprechender Werte verbunden sind. Zum Beispiel klingen Wörter mit dem Buchstaben »T« kürzer als Wörter mit dem Buchstaben »B«.

All das legt nahe, dass das Wort »acht« als relativ klein wahrgenommen wird, weil es einen kurzen Vokal und einen kurz klingenden Konsonanten enthält. Wenn Sie Ihren Preis also auf »acht« enden lassen, verkaufen Sie möglicherweise mehr. Aber Acht ist natürlich eine gerade Zahl und würde in einer Zahl wie 198 aufgerundet werden.

Wie wir also über Zahlen im Einzelnen denken, ist komplex und basiert auf folgenden Eigenschaften:

- dem Wert der ersten Ziffer;
- ob die letzte Ziffer gerade oder ungerade ist;
- dem Aufrunden von geraden und dem Abrunden von ungeraden Zahlen;
- die Länge des Vokalklangs bei Zahlen;
- die in der Zahl enthaltenen Konsonanten.

Den richtigen Preis festzulegen, sei es off- oder online, ist deshalb eine komplexe Angelegenheit und erfordert Markttests.

Wie Preisauszeichnungen Käufer beeinflussen

Wie die Ware physisch ausgezeichnet wird, beeinflusst ebenfalls die Wahrscheinlichkeit von Verkäufen. Was ist zum Beispiel hier das bessere Angebot?

SPEZIALANGEBOT

Bisher 24,99 € Jetzt 19,99 €

Bisher 24,99 € Jetzt 19,99 €

Beide Preisauszeichnungen bieten tatsächlich denselben Rabatt an. Allerdings nehmen wir den oberen Preis als weniger günstig wahr, weil der niedrigere Preis mit größerer Schrift betont wird, wohingegen in der unteren Zeile der höhere (ehemalige) Preis hervorgehoben wird. Die verwendete Schriftgröße beeinflusst, was wir über die Preise denken. Dass im oberen Beispiel der niedrigere Preis groß geschrieben ist, verwirrt uns und lässt uns denken, kein sonderlich gutes Geschäft zu machen. Im zweiten Beispiel entspricht die Schriftgröße im Verhältnis dem Vorteil, den wir haben können (das heißt, entsprechend dem Betrag nimmt auch die Schriftgröße ab.) Forschungen bestätigen, dass Menschen mehr kaufen, wenn die Schriftgröße den Preisen entspricht. Anders ausgedrückt: Wenn Sie Waren reduzieren, sollte der reduzierte Preis in kleinerer Schrift sein als der ursprüngliche Preis. Viele Geschäfte begehen den Fehler, den neuen, niedrigeren Preis durch größere Schrift hervorzuheben, aber die Kunden nehmen den Betrag als höher wahr, weil er physisch größer ist.

TIPP: Geben Sie die Preise in entsprechenden Schriftgrößen an, höhere Preise in großer Schrift und niedrigere Preise in einer kleineren Typo.

Die Farbe der Schrift auf den Preisetiketten kann ebenfalls beeinflussen, inwiefern die Kunden ein Angebot als gut einstufen. Amazon zeigt seine Preise zum Beispiel in Rot. Auf den ersten Blick mag das der Intuition zuwiderlaufen, denn in vielen Kulturen ist Rot ein Signal zu stoppen. Sie könnten also denken, dass Rot die Kunden davon abhält, etwas zu kaufen. Tatsächlich ist dieses Rot aber einer der Gründe für Amazons Erfolg. Rot ist die Farbe, die in der Natur signalisiert, schnell zu handeln. Bei einigen Tierarten ist es zum Beispiel ein sexuelles Signal. Von daher werden Kunden eher die Kaufoption anklicken, wenn der Preis in Rot gezeigt wird, statt in Grün, obwohl wir das eher mit Bewegung assoziieren, wie bei einer grünen Ampel im Straßenverkehr.

Dennoch haben Forschungen der Saïd Business School der Universität von Oxford darauf hingewiesen, dass Rot möglicherweise nicht immer die beste Farbe für Preisangaben ist. Die Studie zeigte, dass die Wirkung der Farbe Rot auf Männer sehr viel größer ist als auf Frauen. Tatsächlich war die Farbe für das Kaufverhalten der Frauen ziemlich unwichtig. Wenn die meisten Ihrer Kunden weiblich sind, so wird das Auspreisen in Rot keine Auswirkung auf die Verkaufszahlen haben.

Dagegen lässt sich die Wirkung auf Männer psychologisch erklären. Sie sind darauf geprägt, dass diese Farbe beim Finden einer Gefährtin hilft. Rot ist ein starkes sexuelles Signal – denken Sie nur an die Anziehungskraft von rotem Lippenstift. Bei den weiblichen Pavianen wird sogar das Hinterteil rot, wenn sie zur Paarung bereit sind. Männliche Kunden können von daher mit roten Preisschildern möglicherweise dazu bewegt werden, schnell zu kaufen.

Auch die Position der Preisinformation ist entscheidend. Wenn wir uns auf den Bereich links von etwas konzentrieren, halten wir es in der Regel für kleiner, als wenn wir nach rechts schauen müssen.[55] Wenn Händler also die Preise rechts auf die Website stellen, so halten Besucher diesen Preis für höher, als er tatsächlich ist. Dieser Aspekt spielt auch in Ladengeschäften eine Rolle: Preisschilder sollten links an den Produkten befestigt sein, um den Kunden das Gefühl zu geben, der Preis sei niedriger.

Wie wirken sich Preisnachlässe auf Verkaufszahlen aus?

Verhandlungsexperte Derek Arden ist stets auf der Jagd nach einem »Rabatt«. Er trat sogar im Fernsehen auf, wo er zeigte, wie einfach es ist, auf der Haupteinkaufsstraße in Guildford, Surrey, einen Rabatt auszuhandeln. Bekannt als »Mr. Verhandlungskünstler«, bekommt Derek auch dann noch einen Rabatt, wenn wir es alle für unmöglich halten.

Einmal aß ich mit Derek und vier Wirtschaftskapitänen in einem vornehmen Londoner Restaurant zu Abend. Derek war der Gastgeber und hatte dafür gesorgt, dass der Wein bei unserer Ankunft bereits auf dem Tisch stand. Während wir uns setzten und die Karte studierten, schenkte der Kellner Wein ein. Derek plauderte mit ihm, sah das Namensschild und sprach den Kellner mit Namen an. Dann beugte er sich zu ihm, lächelte ihn an und bedankte sich dafür, dass der Kellner so aufmerksam seinen Gästen gegenüber sei. Später, nachdem der Kellner die Bestellungen für das Essen aufgenommen hatte, rief Derek ihn noch einmal zu sich und sagte leise zu ihm, dass wir noch mehr Wein brauchten. Jetzt sprach er den Kellner mit seinem Vornamen an und sagte, dass er jedoch kein Budget für zwei weitere Flaschen habe, sondern nur für eine, was seinen Gästen gegenüber aber ein bisschen geizig wirken würde. Sein Boss habe ihm jedoch das Budget beschränkt, und ob der Kellner ihm irgendwie helfen könne? Nach ein paar weiteren Augenblicken freundlicher Konversation antwortete der Kellner: »Natürlich, Sir, ich werde sehen, was ich tun kann.« Er kehrte mit zwei Flaschen Wein zurück, von denen Derek jedoch nur eine bezahlen musste. Dabei hatte Derek nicht explizit danach gefragt oder um einen Rabatt gebeten. Er hatte lediglich freundlich geplaudert und den Kellner gefragt, was getan werde könne, um ihm aus der Klemme zu helfen.

Einer der Schlüsselfaktoren bei Dereks Deal war die harmonische Beziehung, die er zu dem Kellner aufbaute. Sobald Sie jemanden, der Ihnen etwas verkaufen will, zu Ihrem Freund gemacht haben, ist es für denjenigen schwer, Ihnen keine emotionale Verbundenheit entgegenzubringen. Das bedeutet wiederum: Wenn Sie eine außenstehende Person dafür verantwortlich machen, dass Sie den Preis nicht bezahlen können, will der Verkäufer Ihnen helfen, weil er Anteil nimmt. Dies sind Schlüsseltaktiken beim Verhandeln: Eine harmonische Beziehung aufbauen und die Entscheidungsgewalt nach draußen verlagern.

Online ist diese Form der Interaktion natürlich nicht möglich. Wie können Kunden eine harmonische Beziehung mit Onlinegeschäften aufbauen, um einen günstigeren Preis auszuhandeln? Und wie können Händler online Rabatte anbieten, ohne eine entsprechende Erwartungshaltung zu schaffen und den Shop billig und schäbig wirken zu lassen, weil es ständig Rabatte gibt?

Marketingexpertin Janet Switzer erörtert dieses Problem in ihrem Buch *Instant Income*:

»Ich persönlich mag keine Rabatte, weil sie unvorteilhafte Botschaften aussenden. Denn raten Sie mal, was passiert, wenn Sie selbst schon nicht daran glauben, dass Ihr Produkt oder Ihre Dienstleistung etwas wert ist? Eine Menge anderer Leute werden das auch nicht tun.[56]

Der führende amerikanische Verkaufsexperte Jeffrey Gitomer unterstützt diese Auffassung mit seiner Aussage, dass »74 Prozent der Preissenkungen von den Verkäufern ausgehen – und nicht von den Kunden«[57]. Anders ausgedrückt beruht die Reduzierung oft auf dem Denken der Händler, dass ihre Preise zu hoch seien oder dass die Leute nicht kaufen, wenn man ihnen keinen Rabatt gewährt. Rabatte und niedrigere Preise werden häufiger aus einer irrationalen Angst aufseiten der Händler geboren, als dass die Kunden wirklich danach verlangen.

Und wo man im Internethandel auch hinschaut – überall gibt es Rabatte. Das mächtige eBay stellt seine reduzierten Preise stolz zur Schau, damit Sie sehen, dass Sie ein Schnäppchen machen können. Es gibt sogar einen »Sie sparen«-Hinweis, der betont, wie viel Prozent Sie in diesem Fall sparen.

In Australien macht der Onlineshop OO etwas Ähnliches, betont jedoch die Einsparung noch stärker durch Nennen der prozentualen Einsparung und Hinzufügen einer »Kombiniere und Spare«-Option.

Wenn das also gut ist für eBay und OO, sollte Ihr Onlineshop dann nachziehen, trotz aller Vorbehalte, die Verkaufsexperten gegenüber dem Rabattprinzip im Allgemeinen äußern?

An der Penn State University in Pennsylvania durchgeführte Untersuchungen geben dieser Diskussion eine interessante Wende. Die Studie fand wenige Beweise dafür, dass Menschen auf Preise im Internet hellhörig reagieren.[58] Festgestellt wurde aber auch, dass das Internet zu verstärkten Preisvergleichen anregt. Die Menschen suchen zwar nach niedrigeren Preisen, der Preis selbst ist aber nur ein Faktor bei der Kaufentscheidung. Von daher sind Rabatte vielleicht gar nicht so wichtig, wie die Händler glauben.

Auch Gutscheine sind online sehr gängig. Der größte Anbieter von Gutscheinen auf dem britischen Supermarktsektor ist eine Firma namens Valassis. Die Betrachtung des Gutscheingeschäfts zwischen 2010 und 2012 zeigte ein erhebliches Wachstum von Jahr zu Jahr, allein von 2011 bis 2012 eine Zunahme um 40 Prozent.[59] Darüber hinaus ermittelte eine Studie von Valassis 2012, dass 74 Prozent der Menschen jede Woche nach Anbietern im Internet suchten, über die Gutscheine verschiedener Firmen bezogen werden können.

Eine Studie der Memphis State University zeigte jedoch, dass bei der Motivation, einen Rabatt zu erhalten, der geringere Preis nur von geringer Bedeutung ist. Die Hauptmotivation liegt darin, den Händler herunterzuhandeln. Die Forscher sagten, dass »der Stolz und die Befriedigung, durch den Einsatz von Gutscheinen etwas zu sparen, die wichtigste Determinante beim Nutzen von Gutscheinen ist«[60]. Anschließend hoben sie hervor, dass es für die Shops möglicherweise nützlicher sei, das Erfolgsgefühl hervorzuheben, dass Menschen beim Verwenden eines Rabattcoupons empfinden, statt die Preisersparnis hervorzuheben.

Es gibt weit über 1.000 Websites, die Rabattcoupons anbieten, wie RetailMeNot, Coupons.com und MyVoucherCodes oder in Deutschland Groupon.de. Zusammengenommen ziehen sie Hunderte Millionen Besucher auf ihre Seiten. In einem Interview mit *Business Insider* erklärten die Inhaber von RetailMeNot im Jahr 2011, gerade einmal zwei Jahre nach Gründung der Firma, dass der Umsatz bei 80 Millionen Dollar liege.[61] Der größte Teil der Einnahmen stammt aus Anzeigen, aber etwa 10 Prozent sind Provisionen der Firmen, von denen die Coupons stammen. Offenkundig sind sowohl Käufer als auch Verkäufer an Gutscheincodes interessiert.

Händler scheinen zu glauben, dass Preisnachlässe zu mehr Verkäufen und mehr Website-Traffic führen. Forschungen der Vanderbilt University in Nashville zeigen jedoch, dass Websites, die Gutscheincodes nutzen, ihre Ertragskraft sogar verringern können.[62] Statt den Kaufwunsch zu aktivieren, scheinen Coupons die Verkaufschancen eher zu minimieren.

TIPP: Um Ihre Onlineertragskraft zu erhöhen, sollten Sie krasse Rabatte vermeiden. Sie haben die umgekehrte Wirkung zu dem, was viele Händler glauben.

Mein Freund Derek bekam keinen Rabatt, weil Fünf-Sterne-Hotels diesen nicht anbieten. Stattdessen erreichte er ein Entgegenkommen, das ihm das Gefühl eines Erfolgserlebnisses gab, während das Hotel gleichzeitig bei seiner Strategie bleiben konnte, keine Rabatte zu gewähren, und seinen Luxusstatus aufrechterhielt. Entgegenkommen und Rabatte sind gänzlich verschiedene Dinge, und Entgegenkommen ist in der Tat für beide Seiten der Verkäufer-Käufer-Beziehung besser. Seien Sie kreativ: Statt den Kunden Preisnachlässe anzubieten, schlagen Sie vor, dass die Käufer mehr für ihr Geld bekommen können, zum Beispiel kostenlose Lieferung ab einem bestimmten Kaufbetrag oder Beigaben zu den Waren, die sie bereits in ihrem Einkaufskorb haben.

Lohnen sich Sonderangebote?

Sonderangebote sind nicht zu verwechseln mit Rabatten. Auch wenn ein Sonderangebot einen Rabatt beinhalten kann, so sind die meisten Angebote mit einer anderen Eigenschaft verbunden, wie begrenzte Verfügbarkeit oder nur sehr kurze Bestellmöglichkeit. Oft wecken sie beim Kunden eine beabsichtigte Vorstellung von Knappheit. Menschen halten seltene Dinge für wertvoller als solche, die es im Überfluss gibt.

Der Psychologe Robert Cialdini von der Arizona State University hat seine Forschungen der Untersuchung von Überzeugung gewidmet und identifizierte dabei Knappheit als wichtigen Aspekt beim Überzeugen von Käufern, ein bestimmtes Produkt zu erwerben. In seinem Buch *Die Psychologie des Überzeugens* erzählt er die Geschichte eines Paares in einem Elektrogeschäft, das sich offenbar sehr für ein bestimmtes Produkt interessiert.[63] Nachdem der Verkäufer das Paar eine Weile beobachtet hat, geht er zu den beiden und sagt ihnen, dass er das letzte Stück aus dem Lager vor gerade einmal 20 Minuten an ein anderes Paar verkauft hat. Die beiden betrachten den Artikel enttäuscht. Das macht es jedoch noch wahrscheinlicher, dass sie das absolut letzte Exemplar, das Ausstellungsstück, erwerben werden.

Wir alle haben das schon erlebt. Wir interessieren uns für ein Produkt und ringen noch mit uns, ob wir wirklich zuschlagen sollen, und dann sehen wir plötzlich den Hinweis »nur noch drei verfügbar« oder etwas in der Art. Sobald wir das gesehen haben, steigt die Wahrscheinlichkeit, dass wir angesichts der offenkundigen Knappheit das Produkt kaufen werden. Evolutionspsychologen erklären, dass es sich hierbei um einen grundlegenden Überlebensinstinkt handelt. Vor Hunderttausenden von Jahren, als sich die menschliche Rasse entwickelte, drehte sich alles um Nahrung. Wir mussten das, was wir zum Überleben brauchten, jagen oder sammeln. War Nahrung knapp, so wurde sie wichtiger für unsere Überlebenschancen und ihr relativer Wert stieg an. Unsere Gehirne gewöhnten sich an den Zusammenhang von Knappheit und hohem Wert – etwas das bis heute andauert, auch wenn es für die meisten Menschen in der westlichen Welt keine Lebensmittelknappheit gibt.

Es gibt verschiedene Methoden, um online Knappheit zu betonen. Manche Shops zeigen an, wie viele Exemplare eines bestimmten Produktes noch verfügbar sind. Das verbreitete E-Commerce-Programm Magento beinhaltet eine Reihe von Erweiterungen, um das auf verschiedene Weise umzusetzen. Eine solche Extension von der Firma aheadWorks ermöglicht einen Balken, der zeigt, wie die Lagerbestände abnehmen, und erhöht damit die Wahrscheinlichkeit, dass Menschen kaufen.

In Situationen wie diesen verliert der Preis für den Käufer an Bedeutung: Die Knappheit der Ware macht sie wertvoller, als die Kosten nahelegen. Folglich wirkt der Preis niedriger, weil der Käufer das Produkt höher einschätzt: Das ist für ihn ein echtes »Sonderangebot«.

Knappheit kann auch durch Produktangebote oder Preise suggeriert werden, die nur kurze Zeit gelten. Ladengeschäfte erzielen das zum Beispiel durch sogenannte Blue Cross Sales, ins Leben gerufen von dem britischen Kaufhaus Debenhams. Waren werden nur einen Tag lang mit einem blauen Kreuz gekennzeichnet, und an diesem Tag gelten extreme Preisnachlässe. Derartige Aktionen locken Kunden ins Geschäft, aber es ist die Knappheit, die das Kaufinteresse weckt und nicht der niedrige Preis.

TIPP: Wenn Sie Knappheit hervorheben, können Sie mehr verkaufen, sogar zu höheren Preisen, und so Ihre Profite erhöhen.

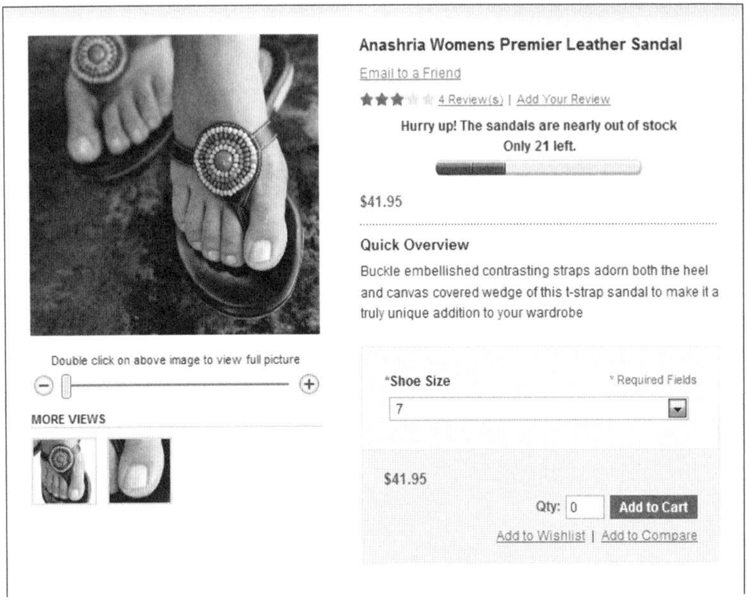

Abbildung mit freundlicher Genehmigung von www.aheadworks.com

FALLSTUDIE: GROUPON

Im Internet wurde das Konzept zeitlich befristeter Angebote von Groupon in ein Multimillionen Pfund schweres Geschäft umgesetzt. Alles begann 2008 mit der Website »Deal of the day« für die Einwohner von Chicago. Es gab spezielle Angebote für Geschäfte in der Umgebung. Das Groupon-System wurde ausgeweitet auf Boston, New York und Toronto, bevor es dann 2010 global wurde. Obwohl Groupon seine ersten Investoren enttäuschte, beherrscht es mehr als die Hälfte des Daily-Deal-Geschäfts auf dem Onlinemarkt, während der nächstfolgende Wettbewerber LivingSocial gerade einmal etwa die Hälfte der monatlichen Umsätze erreicht. Groupon arbeitet mit dem Knappheitsprinzip. Die Angebote mögen zwar auch preiswerter sein, aber der Kaufwunsch wird vor allem durch den fettgedruckten »Countdown«-Button beeinflusst, der Besucher wissen lässt, wie wenig Zeit ihnen bleibt, um das Geschäft abzuschließen.

Diese Art von Sonderangebot ist sehr ansprechend. Sogar Einzelpersonen, die ihren eigenen Blog einrichten, können mit dem Knappheitsprinzip Dinge verkaufen, indem sie Software wie Scarcity Samurai der australischen Firma Noble Samurai verwenden. Dies ermöglicht jedem, mit dem WordPress Content-Managementsystem eine Vielzahl von Knappheitstechniken in seine Websites aufzunehmen. Dazu gehört ein auf einen Tag beschränktes Sonderangebot sowie ein Countdown-Zähler, der anzeigt, wann das Angebot ausläuft. Sonderangebote wie diese sind eine äußerst erfolgreiche Möglichkeit, Onlineverkäufe anzukurbeln, und sie stellen einen viel stärkeren psychologischen Köder dar als eine reine Preisreduktion.

Das alles macht durchaus Sinn für einzelne Shops, die ihre eigenen Angebote auf ihren eigenen Seiten haben, aber die vielen Sonderangebote auf Daily-Deal-Sites können Folgen für alle Onlinehändler haben, da sie die Menschen möglicherweise dazu bringen, abzuwarten, bis sie ein Angebot finden. Von daher können Daily-Deal-Sites Verkäufe sogar unterdrücken, da die Menschen zögern, etwas zu kaufen. David Rose, der einen New Yorker Investmentfonds leitet, sagte der Website Young Entrepreneur, dass die Rabatte sich zwar für den Konsumenten bezahlt machen, aber nicht zwangsläufig auch für den Shop:

> »Ich bin nicht sicher, dass es sich für den Verkäufer bezahlt macht, weil die Menschen, die man mit einem Rabatt einfängt, in der Regel nicht jene dauerhaften Kunden sind, die man gewinnen möchte. Sie tauchen für gewöhnlich nur dieses eine Mal auf und sind dann wieder weg.«[64]

Auch die Harvard Business School äußerte in Bezug auf Daily-Deal-Sites eine gewisse Skepsis: Zwar bringt das Anbieten zeitlich begrenzter Sonderangebote einen gewissen Nutzen, es könne aber nicht verhindert werden, dass Kunden mehrere Gutscheine erwerben. Profite können eingeschränkt werden, da Kunden einfach nur auf Angebote warten und ihre Gutscheine zu den entsprechenden Zeiten einlösen. Wenn Sie vorhaben, mit befristeten Rabatten zu arbeiten – ob mit Groupon, einer anderen Daily-Deal-Site oder ihrer eigenen Website –, dann ist es besser, Knappheit statt niedriger Preise hervorzuheben. Auf diese Weise können Sie die Profitabilität erhalten; tatsächlich können Sie die Profite sogar steigern, da die Menschen Ihren Produkten einen höheren Wert beimessen, wenn sie scheinbar rar sind und die grundlegenden ökonomischen Zusammenhänge von Angebot und Nachfrage greifen.

Durch E-Mails statt durch Websites offerierte Sonderangebote können besonders wertvoll sein. Laut einer Studie des Informationsdienstleisters Nielsen aus dem Jahr 2011 waren Sonderangebote der Hauptgrund, warum Menschen einer Marke in einem sozialen Netzwerk folgen wollten.[65] Das wird durch Forschungen gestützt, über die 2012 im *Marketing Magazine* berichtet wurde und die zeigten, dass Sonderangebote der Hauptgrund dafür sind, dass Menschen E-Mails von Unternehmen öffnen.[66] Eine Studie aus Indien stellte jedoch fest, dass es bei Sonderangeboten einen Generationsunterschied gibt. Forscher der Amity Business School, Uttar Pradesh, entdeckten, dass E-Mails mit Sonderangeboten vor allem von Personen über 30 Jahren geöffnet werden.[67] Das legt den Schluss nahe, dass Sie von älteren Kunden mehr Käufe erwarten dürfen als von jungen, wenn Sie auf Sonderangebote über Ihre Website oder via E-Mail aufmerksam machen. Darüber hinaus weist eine Studie aus Amerika darauf hin, dass sich Männer weniger für Sonderangebote wie Gutscheine interessieren als Frauen.[68] Vereinfachend ausgedrückt werden Sie am meisten von Ihren Sonderangeboten profitieren, wenn Ihre Zielgruppe aus Frauen über 30 besteht.

Laut dem Experten für Kaufverhalten Phillip Adcock unterliegt das Sonderangebot selbst einem breiten Spektrum psychologischer Faktoren, einschließlich einer unbewussten mentalen Verarbeitung, bewussten Überlegungen darüber, was gekauft wird, und der gleichzeitigen Nutzung verschiedener Teile unseres Gehirns, wenn wir einkaufen gehen.[69] Folglich geht nichts über spezifisches Testen unter bestimmten Umständen in individuellen Märkten. Wenn Sie möglichst viel aus den Sonderangeboten Ihres Onlineshops herausschlagen wollen, müssen Sie diese testen. Tatsächlich ist das Testen aller Bestandteile von Preisauszeichnungen wesentlich, um sicherzustellen, dass Sie die besten Ergebnisse erzielen.

Der einfachste Weg, um jeden Aspekt Ihrer Preispolitik zu überprüfen, besteht in A/B Split-Testing. Dafür richten Sie zwei Seiten ein, um das entsprechende Element, wie zum Beispiel ein Sonderangebot, zu vergleichen. Eine Seite enthält den Preis des Sonderangebots, die andere nicht. Dann schicken Sie die erste Seite an den ersten Websitebesucher und die Alternativseite an den zweiten, die erste wieder an den dritten Besucher und immer abwechselnd so weiter. Google bietet über seinen Analytics-Service Software dafür an. Nachdem Sie den Test eine Weile durchgeführt haben, werden Sie sehen, wie sich der Unterschied der beiden Seiten auf den Verkauf ausgewirkt hat.

Die Folgen von Dynamic Pricing

Dynamic Pricing ist bei Onlinehändlern weitverbreitet. Dabei ist der Preis, den der Kunde jeweils zu sehen bekommt, entsprechend verschiedener Faktoren geändert und in Echtzeit von einer Datenbanksoftware analysiert, die dann einen bestimmten Preis ausgibt. Die bei dieser Analyse verwendeten Faktoren können zum Beispiel die Häufigkeit sein, mit der ein Kunde die Website besucht, wie gefragt ein bestimmtes Produkt an einem bestimmten Tag ist sowie die aktuellen Preise auf Seiten von Wettbewerbern. Preise können auch entsprechend der Nachfrage verändert werden. Dies passiert häufig in der Reisebranche, in der Preise für Tickets ansteigen, wenn die Verfügbarkeit zurückgeht. Jedes Mal, wenn jemand online ein Ticket kauft, geht der auf der entsprechenden Website gezeigte Preis automatisch nach oben.

Dynamic Pricing hat für den Händler natürlich beträchtliche Vorteile. Es ist praktisch, läuft automatisch ab und kann dazu beitragen, bestimmte Produkte profitabler zu machen. Konsumenten sind sich der Existenz des Dynamic Pricing jedoch zunehmend bewusst und können negativ darauf reagieren.

Amazon begann 2000 mit dem Testen von Dynamic Pricings bei DVDs. Die Reaktion war durchweg negativ. Kunden beschwerten sich, dass es unfair sei, für das gleiche Produkt dem einen Käufer 15 Dollar mehr zu berechnen als dem anderen. Dennoch berichtete CNN fünf Jahre später, dass die meisten Menschen nicht wissen, dass die online offerierten Preise beträchtlich variieren können. Sieben Jahre später, 2007, untersuchte das *Wall Street Journal* Dynamic

Pricing und stellte fest, dass es weitverbreitet war, obwohl es 76 Prozent der Konsumenten ablehnten.[70] Es gibt sogar gängige Websites, die erklären, wie man Dynamic Pricing und die dadurch manchmal höheren Preise umgehen kann.

Obwohl Ihre Website zwar in der Lage sein kann, Dynamic Pricing anzubieten und folglich die Ertragskraft zu steigern, besteht die Möglichkeit negativer Auswirkungen. Zudem kann es beeinflussen, wie fair Sie von potenziellen Kunden eingestuft werden.

Die Wahrscheinlichkeit, dass Dynamic Pricing die Wahrnehmung eines Onlineshops beeinflussen kann, wurde von Forschern der University of Maryland untersucht. In ihrer Studie über die Bedeutung des dynamischen Pricings für das Konsumentenverhalten heißt es:

> »Konsumenten erwarten, dass angezeigte Preise über eine angemessene Zeit und für alle Konsumenten gleich bleiben. Wenn sie feststellen, dass mithilfe von dynamischem Pricing dagegen verstoßen wird, verlieren sie das Vertrauen in den Händler.«[71]

Die Forscher ziehen den Schluss, dass Transparenz entscheidend ist. Eine Möglichkeit des Umgangs mit dynamischem Pricing besteht in der Tat darin, bestimmten Kundengruppen jeweils unterschiedliche Preise anzubieten, dies aber offen zu tun. Zum Beispiel bieten Websites unterschiedliche Preise für Mitglieder mit Kundenkarten und andere Kunden. Vergleichbar arbeiten Microsoft und Adobe mit Sonderkonditionen für Forschung und Lehre, indem sie ihre Download-Software Studenten und Wissenschaftlern zu einem geringeren Preis als anderen anbieten. Diese Art des dynamischen Pricings ist transparent und offensichtlich und von daher akzeptabler als »heimliches« oder verstecktes Dynamic Pricing, dem viele Onlineshops folgen möchten.

Eine transparente Methode des dynamischen Pricings wird im Versorgungssektor verwendet. Hier kann die Preisgestaltung entsprechend des geschätzten Verbrauchs im kommenden Jahr variieren, zum Beispiel abhängig von der vorhandenen Wärmedämmung des Hauses und vorzunehmender Energiesparmaßnahmen (in Deutschland wird Ähnliches mit dem Ökostromanteil praktiziert). Durch Beantworten verschiedener Fragen sehen die Kunden, wie sich der Preis jeweils verändert. Eine ähnlich transparente Methode des Dynamic Pricings wird im Bereich Telekommunikation verwendet, abhängig von Faktoren wie der Bereitschaft, Kosten für Telefongespräche im Vorhinein zu bezahlen (Beispiel Minutenpakete).

TIPP: Wenn Sie auf Ihrer Website dynamische Preisbildung einsetzen möchten, um auf Marktbedingungen zu reagieren, werden Sie als vertrauenswürdig gelten, wenn Sie Ihr Vorgehen transparent gestalten.

Das Problem beim Preisvergleich

Wie wir gesehen haben, ermöglicht das Internet den Menschen, leicht herauszufinden, ob sich Preise je nach geografischem Standort des Anbieters oder von einer Website zur anderen unterscheiden. Es bedarf nur weniger Mausklicks, um die Preise verschiedener Anbieter zu überprüfen oder unfaire Preisstrategien aufzudecken. Das war 2011 der Fall, als Adobe seine Software Creative Suite 5.5 als Onlinedienstleistung einführte. Statt eine Diskette zu erwerben, konnte man die Software online mieten. Wie die Zeitschrift *PC Pro* jedoch aufdeckte, konnte man die Software in den USA für 129 Dollar (was damals 78 Pfund entsprach) mieten und in Großbritannien zu einem Preis von 139,20 Pfund einschließlich 20 Prozent Mehrwertsteuer.

In der Vergangenheit konnten Softwarefirmen behaupten, dass die Preise in Großbritannien unter anderem deshalb höher sein müssten, weil die Programme sprachlich angepasst werden müssen und zusätzliche Transportkosten entstehen. Wie *PC Pro* jedoch hervorhob, wird ein Onlineservice direkt vom Entwickler zur Verfügung gestellt: Von daher gibt es diese zusätzlichen Kosten, die zu einem höheren Preis beitragen, nicht.

Zu einer ähnlichen Diskussion über Adobes Pricing-Strategie kam es in Australien, wo die Preisgestaltung der Software im Vergleich zu den USA ebenfalls gravierend höher ausfiel. Das brachte die Regierung dazu, eine Untersuchung über IT-Pricing einzuleiten. Kurz bevor diese begann, senkte Adobe seine australischen Preise und passte sie den amerikanischen an. Auch wenn die Unternehmen also der Meinung sind, sie hätten das Recht, in verschiedenen Ländern unterschiedliche Preise zu berechnen, so lässt das Internet diese Vorgehensweise nicht zu, sobald die Menschen mitbekommen, was vor sich geht, und diese Vorgehensweise für unfair halten. Die Menschen sind preisbewusster geworden, wenn sie auch nicht immer nach dem günstigsten Preis, wohl aber nach Preisfairness Ausschau halten.

Die Möglichkeit, Preise verschiedener Websites schnell vergleichen zu können, hat zur Entwicklung von Preisvergleichsseiten geführt. Hier erhalten die Menschen auf einer Website eine Übersicht verschiedener Preise für ein und dasselbe Produkt bei verschiedenen Anbietern. Das erspart dem Kunden, selbst im Web zu surfen und sich in den unterschiedlichsten Shops informieren zu müssen. Die erste Vergleichsseite, PriceWatch, wurde bereits 1995 ins Leben gerufen, aber richtig los ging es in dem Bereich erst im Jahr 2000 mit Seiten wie Shopping.com, PriceGrabber und Shopzilla, den weltweit größten Preisvergleichsseiten. In Europa ist Kelkoo führend, und in Australien ist es GetPrice.

Mittlerweile gibt es auch auf bestimmte Bereiche spezialisierte Seiten wie Trivago für Hotels oder comparethemarket.com für Finanzdienstleistungen. Diese Seiten verdienen ihr Geld bei den aufgeführten Firmen, die entweder eine Pauschalgebühr bezahlen, um aufgenommen zu werden, oder eine Provision auf Basis der über die Vergleichsseite erhaltenen Klicks. Anders ausgedrückt bezahlen Onlinehändler die Preisvergleichsseiten, um sicherzustellen, dass sie Besucher bekommen, die niedrigere Preise wollen. Ja, genau das passiert: Shops bezahlen andere Websites dafür, Kunden für sie zu finden, die weniger ausgeben möchten!

Ein mögliches Vorgehen für Händler, die solche Systeme nutzen, besteht in hohen Referenzpreisen. Das bedeutet, dass der empfohlene Verkaufspreis zum Beispiel künstlich überhöht wird und das Angebot dadurch ein Schnäppchen zu sein scheint. Forscher der Nottingham University Business School wiesen jedoch bei ihren Untersuchungen von Pauschalreisen darauf hin, dass Menschen skeptisch gegenüber hohen Referenzpreisen auf Vergleichsseiten seien, was zu »potenziellen Verhaltensauswirkungen«[72] führt. Das bedeutet: Wenn Unternehmen Preisvergleichsseiten nutzen, die einen hohen »empfohlenen Verkaufspreis« angeben und dann hohe Rabatte anbieten, werden Konsumenten misstrauisch und kaufen eher nicht.

Darüber hinaus zeigte die Analyse einer Vergleichswebsite für Versicherungen, dass der Konkurrenzdruck viele Versicherungsunternehmen dazu bringt, Produkte zu Preisen anzubieten, die unwirtschaftlich sind, es sei denn, der Käufer erwirbt zusätzliche Produkte oder behält die Versicherung ein zweites Jahr bei.

Preisvergleiche sind auch für die Konsumenten nicht unbedingt von Vorteil.

2007 erließ die italienische Regierung ein Gesetz, dass Autofahrern Vergleichspreise für Treibstoff angezeigt werden müssen. Benzin- und Dieselpreise konkurrierender Tankstellen werden auf Schildern am Straßenrand angezeigt und im Internet genannt. Die Preise werden ständig aktualisiert und zeigen den Autofahrern, wo sie am preiswertesten tanken können. Die Idee hinter diesem Gesetz war, dass der Wettbewerbscharakter der Preistafeln die Ölkonzerne dazu bringen würde, ihre Preise niedrig zu halten und damit dem Verbraucher nützt. Forschungen zeigten jedoch, dass dies nicht der Fall war.[73] Stattdessen stiegen die Preis um einen Cent im Schnitt, statt, wie von der Regierung angestrebt, um acht Cent zu fallen. Die Forscher sind sich nicht sicher, was der Grund dafür war, aber eine wahrscheinliche Erklärung sind vertragliche Vereinbarungen zwischen Ölkonzernen und Kraftstoffhändlern, die einen vom Markt gelenkten Preiswettbewerb verhindern.

Und auch wenn es möglich ist, Onlinepreise leicht zu vergleichen, so ist die Auswirkung doch begrenzt. Trotz Vergleich zweifeln die Menschen oft, ob es sich wirklich um ein Schnäppchen handelt. Außerdem kaufen sie meistens in Shops, die sie bevorzugen oder denen sie vertrauen und in denen sie sowieso gekauft hätten, auch wenn der Preis dort höher ist. Sie wollen durch das Aufsuchen der Vergleichsseite lediglich sichergehen, dass sie nicht mit Wucherpreisen über den Tisch gezogen werden. In dem Fall erreicht die Preisvergleichsseite lediglich weniger Profite für den Onlineshop, denn sie bringt ihnen Kunden für eine Gebühr, die den Shop ohnehin aufgesucht hätten.

Ein Hinweis auf mangelnden Erfolg von Preisvergleichsseiten sind die Empfehlungen, wie Käufer diese Seiten nutzen sollen, die von der Advertising Standards Authority in Großbritannien stammen. Diese empfiehlt den Kunden, mehr als eine Preisvergleichsseite zurate zu ziehen, um sicherzugehen, dass die Vergleiche fair sind, und dass sie das Kleingedruckte lesen sollen. Wenn die Käufer aber so viel Arbeit selbst tun müssen, sind Preisvergleiche weniger komfortabel und von daher ein wenig attraktives Angebot.

Spielt der Preis eine Rolle?

Vor einigen Jahren gehörte ICI Paints, damals Hersteller der Marke Dulux, zu meinen Klienten. Bei einer Besprechung war ich ziemlich erstaunt über die kühne Behauptung eines Buchhalters dieses Unternehmens, dass Preise keine Rolle spielen. Damals verlangte Dulux mehr als das Doppelte im Vergleich zu seinem Hauptwettbewerber, Farben der Eigenmarken der großen Baumärkte. Trotzdem hielt das Unternehmen zweimal so viele Marktanteile wie diese. Wenn Preise eine Rolle spielen würden, so der Buchhalter, dann würden die Kunden scharenweise zu den preiswerteren Produkten greifen. Was dagegen eine Rolle spiele, so fuhr er fort, sei die Kombination aus Qualität und Markenwahrnehmung. Dulux sei eine Qualitätsfarbe und als Marke sehr angesehen. Als Folge seien die Menschen bereit, dafür einen höheren Preis zu zahlen.

Viele Händler glauben, der Preis spiele eine Rolle, während er für Konsumenten nur in zweiter Linie wichtig ist. In dem Supermarkt in meinem Wohnort steht auf Schildern unter den Produkten der Preis, den man bei der Konkurrenz für diese Ware bezahlt. In meinem Supermarkt sind die Produkte oft einen oder zwei Pennys günstiger, manchmal aber auch teurer. Aber warum sollte ich mich ins Auto setzen und zwei Kilometer fahren, um ein paar Pennys zu sparen? Der Supermarkt lenkt meine Aufmerksamkeit auf Preise, wenn es gar nicht nötig ist, und es besteht nur eine geringe Wahrscheinlichkeit, dass er mich dazu bringen könnte, zu glauben, mehr für mein Geld zu bekommen.

TIPP: Lenken Sie die Gedanken Ihrer Kunden auf die Werte Ihrer Marke; auf diese Weise vermeiden Sie es, über Preissenkungen nachdenken zu müssen.

KONZEPT

Menschen entscheiden innerhalb von Sekunden, ob sie etwas kaufen oder nicht. Deshalb ist die Art und Weise der Preisauszeichnung eine grundlegende Komponente, ob ein Geschäft zustande kommt. Präsentieren Sie Ihre Preise schlecht, und Ihre Verkaufszahlen werden zurückgehen.

1. Primen Sie die Menschen darauf, den entsprechenden Preis zu erwarten. Wenn Sie wollen, dass Ihre Kunden mit niedrigen Preisen rechnen, dann sollte Ihre Website nicht durchgestylt und teuer wirken.
2. Die letzte Stelle Ihrer Preise sollte eine ungerade Ziffer sein.
3. Ihre Preise sollten beim Aussprechen kurz klingen, wenn Sie den Wert hervorheben wollen.
4. Präsentieren Sie die Preise proportional – niedrigere Preise in einer kleineren Schrift.
5. Machen Sie sich Gedanken über die Farbe der Preise – Rot kann manchmal zu mehr Verkäufen führen.
6. Vermeiden Sie Preisrabatte – sie sind nicht so wertvoll, wie viele Händler glauben.
7. Heben Sie Knappheit hervor, in dem Sie die Anzahl der noch vorhandenen Produkte und/oder Sonderangebote hervorheben.
8. Dynamisches Pricing – falls vorhanden – muss transparent sein, damit die Kunden nicht das Vertrauen in Sie verlieren.
9. Vermeiden Sie Preisvergleiche; lenken Sie stattdessen das Augenmerk Ihrer Kunden auf die Werte Ihrer Marke.

5. Zurückgelassene Warenkörbe

Stellen Sie sich vor, Sie gehen in einem Supermarkt durch die Gänge und füllen dabei Ihren Einkaufswagen. Dann gehen Sie zur Kasse. Als Sie gerade Ihre Waren auf das Band legen wollen, ändern Sie jedoch Ihre Meinung. Sie lassen den Wagen einfach an der Kasse stehen und verlassen das Geschäft. Und zu allem Überfluss sind Sie nicht der Einzige, der sich so verhält. Wenn nun mehr als die Hälfte der Menschen in dem Geschäft das Gleiche tut? Können Sie sich das Chaos vorstellen, bei den Millionen verwaister Einkaufskörbe und -wagen auf der ganzen Welt? Zunächst einmal gäbe es Kosten durch verdorbene Lebensmittel – Tiefkühlprodukte würden auftauen. Hinzu kommen die Ausgaben für zusätzliches Personal, um die Waren zurück in die Regale zu räumen. Noch dazu wären die Geschäfte so verstopft mit Wagen und Körben, dass es die Menschen abschrecken würde, den Laden zu betreten. Die Folge wären weniger Verkäufe, und als Konsequenz ansteigende Preise. Ladenbesitzer tun alles in ihrer Macht Stehende, um das zu verhindern: Sie sorgen dafür, dass genügend Kassen geöffnet sind und/oder schaffen sogar Möglichkeiten, damit der Kunde seine Waren selbst einscannen kann – nur, um Warteschlangen beim Bezahlen zu vermeiden.

Und dennoch scheinen Onlinehändler fröhlich und tatenlos dabei zuzuschauen, dass wir unsere Warenkörbe zurücklassen. Tatsächlich werden zwischen 60 und 70 Prozent aller Onlinewarenkörbe stehen gelassen.[74] Genau in dem Moment, wenn die Kunden ihre Einkäufe eigentlich abgeschlossen haben, die Kreditkarte zücken und bezahlen wollen, sagen sie: »Nein, keine Lust«, und ziehen los, um woanders einzukaufen – und ihren Warenkorb lassen sie im Äther schlummern. Und in der Onlinewelt scheint niemand zu merken, was da passiert.

Was sind die Gründe dafür, dass Onlineshopper ihre Warenkörbe oft einfach stehen lassen?

Der Onlinewarenkorb

Eines der Probleme besteht darin, dass die meisten Onlinewarenkörbe schwerfällig und unhandlich sind. Stellen Sie sich vor, Sie gehen in einem Ladengeschäft zur Kasse und dort würde man Ihnen sagen, Sie könnten erst bezahlen, nachdem Sie Ihren Namen und das Passwort eingegeben haben. In einem Ladengeschäft müssen wir uns nicht einloggen, dennoch verlangen Tausende von Onlineshops genau das von uns und fügen so dem Kaufprozess einen weiteren Schritt hinzu.

Bevor Sie bezahlen können, werden Sie dann noch nach allen möglichen Details gefragt, wie Adresse, Telefonnummer und so weiter. In einem Ladenlokal können Sie mit Ihrer Kreditkarte bezahlen, ohne diese persönlichen Angaben machen zu müssen. Tatsächlich lassen vier von zehn Personen ihren Warenkorb stehen, weil das System zu viele Informationen haben will oder sie sich erst einloggen müssen.

Natürliche sind einige der Informationen nötig für die Lieferung und andere dienen Ihrem eigenen Schutz, aber eine Studie fand heraus, dass sich der durchschnittliche Einkaufsprozess online über fünf bis sechs verschiedene Seiten hinzieht.[75] Das kann man wohl kaum als komfortabel bezeichnen.

Die Auktionsseite eBay hat es vorgemacht. Dort kann man einkaufen, ohne sich erst registrieren zu müssen. Sie können als »Gast« einkaufen, ohne sich vorher einzuloggen und Details preiszugeben.

Gewisse Einschränkungen gibt es natürlich: einen maximalen Betrag, für den Sie einkaufen dürfen und wie oft Sie den Gastservice nutzen können. Aber trotz dieser Einschränkungen ist es längst nicht so mühsam.

Andere Anbieter von Warenkorbsoftware, wie osCommerce, haben nachgezogen, wodurch viele Onlineshops ihren Kunden nun die Möglichkeiten bieten können, etwas zu kaufen, ohne sich erst zu registrieren. Nicht alle Geschäftsinhaber wissen von diesen Erleichterungen und andere ignorieren sie schlichtweg, weil sie wollen, dass sich die Besucher ihrer Website für Newsletter und Ähnliches registrieren. Aber da sich die technischen Möglichkeiten zunehmend schneller verbreiten, können wir damit rechnen, dass immer mehr Shops komfortablere Warenkörbe anbieten werden.

Ein spezielles Problem, dem wir Aufmerksamkeit schenken müssen, besteht darin, dass viele Warenkörbe bei Mobilgeräten nicht gut funktionieren – ein weiterer Grund für das Zurücklassen von Warenkörben. Tatsächlich sind Warenkörbe bei Mobiltelefonen im Allgemeinen fürchterlich – sogar im Vergleich zu normalen Einkaufswagen.

Sie verlangen vom Benutzer das Anklicken, statt auf Berührung ausgerichtet zu sein, und die Auswahlmenüs sind mit einem Finger schwer zu bedienen. Laut einer Studie werden sage und schreibe 97 Prozent der über ein Mobiltelefon aufgerufenen Warenkörbe zurückgelassen.[76] In diesen Bereich investieren Technologieanbieter viel Mühe, und die Händler müssen ihrem Beispiel folgen.

Unerwartete Probleme beim Bezahlen

Wenn wir einkaufen, wissen wir gern vor dem Bezahlen, was uns erwartet. Bei den meisten Ladengeschäften hängt ein Schild neben der

Tür, auf dem wir sehen können, welche Karten akzeptiert werden – wobei heutzutage fast alle Geschäfte auch Kreditkarten akzeptieren. Online ist das nicht der Fall.

Einige Onlinehändler akzeptieren gar keine Kreditkarten. Man ist gezwungen, den Betrag zu überweisen oder abbuchen zu lassen – aber das sagt man Ihnen erst, nachdem Sie Ihre Waren ausgesucht haben und bezahlen möchten.

Auch wenn der Shop stolz verkündet: »Wir akzeptieren Kreditkarten«, kann es passieren, dass die von Ihnen verwendete Kreditkarte leider nicht dazugehört – und das erfahren Sie erst an der Kasse. Manche Onlinehändler akzeptieren zum Beispiel nur Visa – was ein Problem darstellt, wenn Sie eine MasterCard haben.

Forschungen weisen darauf hin, dass sieben von 100 Einkaufskörben zurückgelassen werden, weil der Kunde an der Kasse feststellt, dass es für ihn keine geeignete Bezahloption gibt.

Ärger mit dem Versand

Ein weiteres Problem tritt auf, wenn Sie den ganzen Weg durch den Bezahlvorgang zurückgelegt haben und dann erfahren, dass durch den Versand zusätzliche Kosten entstehen oder, schlimmer noch, die Versandkosten horrend sind. Tatsächlich erklärten in einer Studie über Onlineshopper 56 Prozent der Teilnehmer, dass sie den Warenkorb stehen lassen, wenn die Versandkosten zu hoch sind; 68 Prozent der Onlineshopper in derselben Studie sagten, dass die wichtigste Empfehlung, die sie Onlinehändlern geben können, darin bestehe, versandkostenfrei zu liefern.[77]

Das sollte uns nicht überraschen: Wenn Sie in einem Ladenlokal einkaufen, werden Ihnen auch keine Versandkosten für die Beförderung der Ware zu dem Geschäft berechnet. Wir sind es nicht gewohnt, extra zu bezahlen, um die Ware zu erhalten; stattdessen gehen wir davon aus, das der Warenpreis alle für uns entstehenden Kosten enthält. Viele Onlinehändler machen es sich doppelt schwer, indem sie zusätzliche Kosten bis zur letzten Minute verbergen, und bringen dadurch Millionen potenzieller Kunden dazu, von dem Kauf abzusehen.

Kostenloser Versand hat seinen Preis

Natürlich ist kostenloser Versand nicht wirklich umsonst. Nehmen wir Amazon, das seinen Prime-Mitgliedern »kostenlosen Versand« anbietet. Die Mitgliedschaft kostet in Deutschland 49 Euro im Jahr. Trotzdem sparen Sie Geld, wenn Sie innerhalb eines Jahres mehr als 16 Produkte bei Amazon bestellen. Alle weiteren Bestellungen sind tatsächlich versandkostenfrei. Darüber hinaus bietet die Mitgliedschaft Vorteile wie kostengünstigen Expressversand, die Möglichkeit für Kindle-Besitzer, Kindle-Bücher auszuleihen, statt zu kaufen, sowie Zugang zu Prime Instant Video. Für viele Menschen zahlt sich der Mitgliedsbeitrag mehrfach aus. Der Nutzen für Amazon besteht darin, Kunden an sich zu binden, die dann lieber bei Amazon kaufen, um Versandkosten zu vermeiden. Bei Verkaufsumsätzen von mehr als 1.500 Pfund in der Sekunde hat schon eine geringfügige Verringerung zurückgelassener Warenkörbe beträchtliche Auswirkungen.

Der britische Onlineversandhandel Asos hat mit seinem Premier-Service einen ähnlichen Weg eingeschlagen. Für 9,95 Pfund im Jahr erhalten Sie unbegrenzte Zustellung von Bestellungen am nächsten Tag ohne Mindestbestellwert, und Sie bekommen ein Modemagazin, das normalerweise 14,95 Pfund kostet. Es überrascht, wie wenig andere Onlinehändler diese Vorgehensweise übernehmen.

Stattdessen bieten viele Unternehmen kostenlosen Versand ab einem bestimmten Einkaufswert an. Im Onlineshop von Lego werden

Ihnen die Waren erst ab einem Einkaufswert von über 99 Dollar kostenfrei zugestellt. Bei anderen US-Geschäften kann man an einem bestimmten Tag im Jahr versandkostenfrei einkaufen, dem Montag vor Weihnachten, der seit 2009 als »Free Shipping Day« bezeichnet wird.

Die Mehrheit von Händlern täte gut daran, zu akzeptieren, dass das Wort »kostenlos« einen starken Impuls auslöst. In seinem Buch *Denken hilft zwar, nützt aber nichts* beschreibt der Verhaltensökonom Dan Ariely ausführlich Experimente, die zeigen, dass Menschen vom Konzept des Kostenlosen angezogen werden.[78] Wenn Onlineshops den kostenlosen Versand stärker betonen würden, als sie es derzeit tun, würde das nicht nur das Ausmaß reduzieren, in dem Kunden wegen der zusätzlichen Versandkosten auf den Einkauf verzichten, sondern dieser Shop würde sehr viel wahrscheinlicher für die Menschen zur ersten Anlaufstelle, wenn sie etwas kaufen wollen.

Schneckentempo frustriert

Ein weiterer Punkt, der Menschen von Onlinekäufen abhält, ist eine langsame Website. Laut einer Studie kann allein das Beschleunigen der Warenkorbseiten die Verkäufe um zwei Drittel steigern.[79]

Dieses Thema wird mit der zunehmenden Geschwindigkeit des Breitbandinternetzugangs immer offensichtlicher. In Großbritannien zum Beispiel verfügen Millionen Menschen über einen Highspeed-Breitbandzugang von 60 Mbps oder mehr, wodurch Websites sofort erscheinen – ohne ersichtliche Zeitverzögerung. Wenn ein Onlinehändler nicht im Handumdrehen die Warenkorbinformationen präsentieren kann, werden die Nutzer ärgerlich, weil sie es nicht gewohnt sind zu warten. Und auch wenn ihr Internetzugang nur durchschnittlich schnell arbeitet, so ist es frustrierend, mehr als ein paar Sekunden zu warten.

Onlineshops schieben die Schuld auf ihre Server, die Größe ihrer Datenbanken und jede Menge andere Gründe. In Wirklichkeit versäumen sie einfach, in die nötige Technik zu investieren, die nötig wäre, um die Kundenbedürfnisse zu erfüllen. Und damit lassen sie sich Chancen entgehen. Käufer sprechen sie nicht mangels Beweisen frei; stattdessen wechseln sie zu einer Website, die den Warenkorb schneller füllen kann.

Etliche Studien zeigen, dass Onlineshops die Geschwindigkeit ihrer Websites dringend und drastisch verbessern müssen. WordStream, ein Softwareunternehmen für Internetmarketing, fand heraus, dass es durch die Verbesserung der Ladegeschwindigkeit für seine Website zu einem 15-prozentigen Anstieg der Konversionsrate (Conversion Rate) kam.[80] Dieses Beispiel wird bestätigt von KISSMetrics, einem Unternehmen, das darauf spezialisiert ist, Onlinefirmen beim Halten von Kunden zu unterstützen. KissMetrics wies nach, dass die Verzögerung von einer Sekunde beim Laden einer Website die Verkaufsumsätze um 7 Prozent reduzieren kann.[81] Darüber hinaus stellte man fest, dass 79 Prozent aller Menschen nicht zu einer Website zurückkehren, um in Zukunft dort zu kaufen, wenn diese zu lange beim Laden braucht.

Von der Onlinedatenberatung QuBit durchgeführte Forschungen prognostizierten, dass Wartezeit (langsam ladende Warenkörbe und Verkaufsseiten) die Internetwirtschaft bis Ende 2013 gewaltige 4,08 Milliarden kostet.[82] Sie merkten an, dass einige Onlinehändler, wie der Möbelriese Ikea, gut fuhren mit der Geschwindigkeit ihrer Systeme, das aber andere, wie der Buchhändler Barnes & Noble, in Bezug auf Ladezeiten schlecht abschnitten – gewaltige elfmal langsamer als Ikea (zu der Zeit, als im März 2012 die Studie durchgeführt wurde). Interessanterweise nahmen Ikeas Onlineverkäufe von 2011 bis 2012 um fast 25 Prozent zu, während die Onlineverkäufe von Barnes & Noble im selben Zeitraum zurückgingen.

Langsame Websites machen auch häufig Fehler: Zum Beispiel sind die in ein Formular eingegebenen Daten nicht da, wenn die Seite aktualisiert wird, und müssen erneut eingetippt werden. Viele Onlineshops schaffen es nicht, dass Informationen von einer Bildschirmseite im Warenkorb zur nächsten übertragen werden. Das ärgert die Kunden und lässt sie verzweifeln, und wieder sinkt die Wahrscheinlichkeit, dass der Kunde den Kauf zu Ende bringt und/oder jemals wieder zu dieser Website zurückkehrt.

Und wenn der Kunde noch überlegen will?

Onlinekäufer sind gut informiert und wissen, wie sie nach einem Schnäppchen suchen können. Sie werden also häufig einen Onlineshop aufsuchen, ihren Warenkorb vollpacken und dann zu einem Konkurrenzunternehmen wechseln, um das Gleiche zu tun. Dann können sie die Gesamtkosten einschließlich Steuern und Versandkosten vergleichen und sehen, wie lang die Lieferzeit ist. Nun können sie mit dem einen Warenkorb zur Kasse gehen und den anderen ausleeren. Um das zu tun, müssen sie jedoch den Warenkorb behalten und erneut aufrufen können.

Bei Ladengeschäften tun wir das die ganze Zeit. Wir gehen durch einen Laden, sehen uns einige Produkte an und merken sie für einen eventuellen Kauf vor. Denn gehen wir einen Kaffee trinken, überlegen, kehren in das Geschäft zurück, holen ohne Umschweife die bereits begutachtete Ware und gehen damit zur Kasse. In vielen Ladengeschäften kann man sich sogar Waren zurücklegen lassen und hat dadurch Zeit, noch einmal zu überlegen oder sich woanders umzusehen.

Aber im Internet gestatten die meisten Händler nicht, dass Sie Ihren Warenkorb »zurücklegen«, was bedeutet, dass Sie entweder sofort kaufen oder das ganze Theater noch einmal durchlaufen müssen, wenn Sie sich später doch für den Kauf entscheiden. Dass es keine Möglichkeit gibt, den Warenkorb »zurücklegen zu lassen«, ist bei einem von vier Besuchern der Grund, den Korb einfach stehen zu lassen.

Es kann natürlich auch passieren, dass man aus Versehen ein Browserfenster schließt. Einige Warenkorbsysteme bieten eine Lösung. Shopify liefert dem Onlinehändler die Details Ihres Shoppingverlaufs und gibt ihm damit die Möglichkeit, Ihnen einen Link zu mailen, über den Sie Ihren Warenkorb wiederherstellen können. Das hilft den Händlern, die Auswirkung verlassener Warenkörbe auf ihre Gesamtverkäufe zu verringern. Es hilft aber auch Kunden, wenn sie später zurückkommen und die Produkte kaufen wollen. ShopFactory bietet eine ähnliche Software an.

Es gibt zwei gebräuchliche Systeme: einen gespeicherten (persistenten) Warenkorb und einen permanenten Warenkorb. Ein persistenter Warenkorb wird von Shopify und großen Händlern wie Amazon verwendet. Er erinnert Sie daran, was Sie kaufen wollten, sogar nachdem Sie sich aus dem Shop ausgeloggt oder das Browserfenster geschlossen haben. Die meisten Shops tun das, indem sie einen »Cookie«, eine kleine Textdatei, auf Ihrem Rechner speichern. Wenn Sie den Onlineshop später wieder aufsuchen, wird geprüft, ob Sie diesen Cookie haben, und die Informationen dann in den Warenkorb kopiert.

Ein permanenter Warenkorb funktioniert anders. Er ist ständig präsent, für gewöhnlich am oberen Rand des Browserfensters. Während Sie von Seite zu Seite gehen, enthält er die laufende Summe aller darin enthaltener Produkte. Laut einer Studie bevorzugen Händler diese Art von Warenkorb, weil er dazu beiträgt, die Verkaufszahlen zu erhöhen: Die Kunden wissen, was sie bereits ausgegeben haben, und können besser innerhalb ihres Budgets bleiben.[83] Häufig bedeutet es auch, dass Sie den Shop verlassen und später wiederkommen können und Ihre ausgesuchten Waren immer noch im Korb sind – Sie müssen nicht wieder von vorn anfangen. Allerdings ermöglichen es Ihnen nicht alle permanenten Warenkörbe, Ihre Waren für später aufzuheben – Sie müssen auschecken. Das kann Kunden frustrieren, die geglaubt haben, sie könnten ihre Waren für später zurücklegen, während sie dies in Wahrheit nur für kurze Zeit können. Das tatsächliche Problem ist der Mangel an Einheitlichkeit.

Das Problem, Ihre Waren erst einmal zurückzulegen, bis Sie sich entschieden haben, wird durch die Tatsache verschärft, dass viele Leute mit dem Shoppen beginnen, während sie im Büro an ihrem Schreibtischcomputer sitzen, und den Kauf auf dem Nachhauseweg über ihr Smartphone abschließen wollen. Wenn der Shop Warenkörbe jedoch nicht speichert, müssen die Kunden wieder von vorn anfangen. Zum Glück wird Magento, ein relativ neuer Anbieter in der Warenkorbarena, sehr schnell zum Standard für viele Onlineshops. Er konzentriert sich auf das Bereitstellen einer einheitlichen Einkaufserfahrung über eine Bandbreite von Geräten hinweg durch Nutzen eines persistenten Korbmechanismus.

Die Sache mit der Steuer …

Ein weiterer Grund, warum Menschen ihre Warenkörbe zurücklassen, sind Steuern wie die Mehrwertsteuer. Ähnlich wie bei den Versandkosten halten viele Onlinehändler diese Information bis zum letzten Moment zurück. In der EU wird die Situation nicht gerade vereinfacht durch Gesetze, die online und offline unterschiedlich gelten. Wenn Sie zum Beispiel in Großbritannien in einem Ladengeschäft ein Buch kaufen, zahlen Sie keine Mehrwertsteuer. Erwerben Sie dasselbe Buch für ein E-Book-Lesegerät wie Kindle, dann fällt Mehrwertsteuer an. Amazon ist hierbei sehr klar und nennt den Preis, den Sie im Endeffekt auch bezahlen müssen, andere Onlinehändler sind jedoch nicht so entgegenkommend.

In den USA kann dieser Bereich extrem kompliziert werden, sollte tatsächlich der Marketplace Fairness Act verabschiedet werden, eine Internetsteuer für Onlineunternehmer.

Die Menschen dazu bringen, mehr auszugeben

Etliche Onlinehändler nutzen den Warenkorbprozess, um Kunden dazu zu verleiten, mehr zu kaufen, als sie ursprünglich vorhatten. Man nennt das »Upselling« oder »Cross-Selling« – Menschen werden dazu verführt, zusätzlich etwas zu dem zu kaufen, was sie bereits im Warenkorb haben, oder es werden vergleichbare Produkte vorgeschlagen. Viele Ladengeschäfte tun dasselbe: An der Kasse weisen Sie Schilder noch schnell auf das »Angebot des Tages« hin. McDonald's erweitert seine Verkäufe bekanntermaßen mit dem Vorschlag: »Möchten Sie Pommes frites dazu?«

Bei McDonald's funktioniert das Upselling, bevor Sie im Bezahlmodus sind. Aber online kommt es oft dazu, nachdem Sie bereits entschieden haben, was Sie kaufen möchten. Das ist ärgerlich, denn Sie haben Ihre Wahl ja bereits getroffen. Am wenigstens mögen die Leute das, was als »Spammy Upsells« bezeichnet wird: Dem Warenkorb wird automatisch etwas hinzugefügt, von dem der Shop annimmt, es würde dem Kunden gefallen. Das sind nur ein paar Dollar mehr bei der Gesamtrechnung, aber wenn es dem Shop gelingt, damit ein paar Tausend Mal durchzukommen, ist das ein hübscher kleiner Verdienst.

Einige Onlineshops verstehen es jedoch, mit Upselling und Cross-Selling umzugehen, und sorgen dafür, dass der Kunde gute Erfahrungen mit dem Warenkorb macht. Wieder einmal ist Amazon ein gutes Beispiel.

FALLSTUDIE: Das 1-Click-System

Nur Amazon und Apple (das die Technik von Amazon lizensiert hat) verfügen über einen Warenkorb, der es den Kunden ermöglicht, mit einem einzigen Klick zu kaufen. Auch wenn es anfangs umstritten war, bedeutet das Amazon-Patent für seinen als Warenzeichen geschützten 1-Click-Warenkorb, dass das Unternehmen bis 2017 die exklusiven Rechte an dieser Technik hat. Im Wesentlichen beseitigt dieses System alle Unbequemlichkeiten von Onlinewarenkörben. Sie müssen nicht bei jedem Kauf Formulare ausfüllen oder persönliche Angaben bestätigen. Sie suchen einfach nur das gewünschte Produkt aus, bestätigen den Empfänger, drücken den 1-Click-Button und haben das Produkt gekauft.

Amazon geht auch akribisch mit den Daten um, die es von seinen Kunden gesammelt hat. In einem Interview mit der Zeitschrift Forbes *erklärte der Firmengründer Jeff Bezos, dass man eine »Kultur der Kennzahlen« pflege, bei der jede noch so winzige Information über das Kundenverhalten gemessen und analysiert wird.*[84] *Als Folge kann Amazon nützliche und interessante Upsells und Cross-Sells anbieten: durch »Kunden, die diesen Artikel gekauft haben, kauften auch« oder »Weitere Artikel für Sie«. Das Upsell findet statt, bevor der Kunde den »Bezahlen«-Button drückt, sodass die die Werbeangebote längst nicht so negativ ankommen wie bei vielen anderen Warenkörben.*

In einem ausführlichen Interview wies die Rejoiner-Website, die sich darauf spezialisiert hat, aus Interessenten Käufer zu machen, darauf hin, dass Amazons Warenkorb auf das Wesentliche reduziert wurde, was möglicherweise einer der Gründe dafür ist, dass Amazon der weltweit führende Onlineshop ist.[85]

Möchten Sie, dass die Leute kaufen?

Selbst wenn ein Onlineshop es geschafft hat, seinen Warenkorb so gut zu organisieren wie Amazon, werden die Menschen dennoch nicht zum Kaufen angeregt. Tatsächlich kontaktieren nur 13 Prozent der Unternehmen den Kunden noch einmal, nachdem er einen Warenkorb gefüllt und einfach zurücklassen hat. Das ist in etwa so, als würde in einem Ladengeschäft jemand zur Kasse gehen, die Ware abgeben und dann einfach das Geschäft verlassen, ohne dass der Verkäufer auch nur ein Wort dazu sagt. In einem Ladengeschäft würde der Verkäufer den Kunden zumindest fragen, ob alles in Ordnung sei. Aber in der Onlinewelt machen die Händler einfach weiter, als sei nichts geschehen.

Käufer mögen das Gefühl, mit ihren Wünschen willkommen zu sein, aber wenn er keine E-Mail mit der Frage erhält: »Möchten Sie Ihren Einkauf fortsetzen?«, sieht er das als Signal, dass er dem Händler egal ist oder nicht gemocht wird.

Und denken Sie daran, was passiert, *wenn* der Kunde etwas gekauft hat und das Warenkorbprozedere abgeschlossen hat. Der Kunde sollte auf einer Seite landen, die ihm für seinen Kundenwunsch dankt, damit er sich geschätzt fühlt, und vielleicht sogar einen Code angeben für ein kleines Extra, das der Kunde bei seinem nächsten Einkauf erhält – um ihn zu ermuntern, wieder hier einzukaufen. Sorgen Sie auch dafür, dass Ihr System bei jedem Kauf eine Bestätigung verschickt. Manchmal fühlt sich Onlineshopping an, als würde man am Ende in ein schwarzes Loch fallen, halten Sie also die Menschen mit Ihrem aufmerksamen Kundenservice an der Hand und achten Sie darauf, dass in den E-Mails angegeben wird, an wen sich der Kunde bei Fragen wenden kann.

Der perfekte Warenkorb

Es gibt jede Menge Ratschläge für Onlineshops, wie Sie den perfekten Warenkorb erstellen, das Zurücklassen desselben vermeiden oder die Rate reduzieren, mit der Kunden im letzten Moment vom Kauf absehen. Aber nur wenige Internethändler scheinen die Tipps anzunehmen, obwohl die dafür erforderlichen Schritte bemerkenswert einfach sind. Onlinehändler müssen Folgendes tun:

- Sorgen Sie für ein einwandfreies, einfaches, ordentliches Kauf- und Bezahlsystem.
- Bieten Sie kostenlose Lieferung an – oder nennen Sie die anfallenden Kosten zumindest, bevor die Kunden mit dem Kauf beginnen.
- Die angezeigten Preise müssen inklusive Steuern sein.
- Erlauben Sie möglichst viele Formen der Bezahlung.
- Vermeiden Sie Spammy Upsells.
- Ihre Website muss schnell sein und die Daten von einer Seite zur anderen behalten.
- Der Warenkorb muss mobilfunkfreundlich sein.
- Zeigen Sie den Kunden, dass sie erwünscht sind, wenn diese aus irgendwelchen Gründen während der Transaktion die Website verlassen.

KONZEPT

Die Wahl der richtigen Warenkorbtechnik ist entscheidend. Sie werden in jedem Fall weniger verkaufen, wenn Ihr Warenkorb nicht gut funktioniert und nicht über Smartphones und Tablets bedient werden kann.

1. Sorgen Sie dafür, dass Ihre Kunden mit so wenig Klicks wie möglich durch den Bezahlvorgang kommen. Nur ein Klick ist keine Option, da Amazon hierauf das Patent hält, aber zwei Klicks sollten machbar sein.
2. Sorgen Sie dafür, dass Ihr Warenkorb Smartphone-freundlich ist.
3. Oben auf jeder Seite muss ein Warenkorblogo zu sehen sein sowie die Anzahl der sich darin befindlichen Produkte. Besucher bewegen sich viel auf einer Website und finden dann nicht mehr den Weg zur Kasse.
4. Sammeln Sie so wenig Daten wie unbedingt nötig: Zu viele Kriterien auf den Formularen senken die Verkaufszahlen.
5. Wenn Sie ins Ausland verkaufen, muss Ihr Warenkorb mehrwertsteuerfähig sein. Viele gängige Warenkorbprogramme sind unzureichend, wenn es um die Abwicklung von Steuern, Mehrwertsteuer und Rechnungsstellung geht.
6. Fügen Sie nicht an der Kasse Überraschungskosten hinzu. Halten Sie Ihre Kunden stets darüber informiert, mit welchem Betrag sie rechnen müssen.
7. Sorgen Sie dafür, dass Ihr Warenkorbsystem den Käufern eine E-Mail mit der Auftragsbestätigung schickt.

6. Glückliche Kunden kommen wieder

In der Welt des Internethandels erwartet der Kunde ein sehr viel höheres Niveau an Kundenservice, als bis jetzt in der Offlinewelt akzeptabel war. Das liegt zum Teil daran, dass Unternehmen, die besonderen Service anbieten, sehr viel öffentliche Aufmerksamkeit bekommen haben. Hierdurch konnten die Menschen sehen, was möglich ist, und ihre Erwartungen stiegen entsprechend.

Die meisten Händler, on- oder offline, können viel von dem Onlineshop Zappos für Kleidung und Schuhe lernen. Er beschreibt sich selbst als Kundendienstleister, der zufällig auch Produkte verkauft. Mittlerweile gehört Zappos zu Amazon, agiert aber größtenteils unabhängig. Der Shop hat zehn Kernwerte in den Mittelpunkt gestellt, von denen keiner mit Verkaufen zu tun hat. In seinen ersten sechs Jahren wuchs Zappos von nahezu null auf eine Milliarde Dollar Umsatz – ohne Fokussierung auf das Verkaufen. Stattdessen konzentriert man sich auf das Halten von Kunden, indem man einen derart fantastischen Service anbietet, dass der Kunde nirgendwo anders mehr kaufen will. Zu den Beispielen, wie weit Zappos dabei geht, zählt das Überbringen von Schuhen an einen Hochzeitsgast, weil er seine vergessen hat, und dem Schicken von Blumen an eine Frau, die sich Blasen gelaufen hatte. Zappos hat sich nie einfach nur nach Schema F verhalten. Ergebnis ist, dass 75 Prozent der Kunden wiederholt dort kaufen und der größte Teil der Werbung für das Unternehmen über Mundpropaganda läuft.

Auf der Zappos.com-Website gibt es einen gut sichtbaren Link zu dem Bereich »Rücksendungen«, der oben rechts auf jeder Seite erscheint. Dort finden sich klare Anweisungen sowie zwei weitere Seiten mit Details darüber, wie man Ware zurückschicken kann. Darüber hinaus erhält der Kunde die Information, dass er die Ware innerhalb von 365 Tagen nach dem Kauf zurücksenden kann. Sie haben richtig gehört – ein ganzes Jahr nach dem Kauf bei Zappos kann die Ware zurückgesandt werden. Wenn Sie in einem Schaltjahr am 29. Februar etwas kaufen sollten, dann hätten Sie sogar vier Jahre Zeit – bis zum nächsten 29. Februar. Nicht nur das: Rücksendungen sind auch kostenfrei: Der Kunde braucht nichts weiter zu tun, als das Paket zur Postfiliale zu bringen oder von UPS abholen zu lassen, was bedeutet, dass das Verfahren sehr komfortabel ist, wo auch immer Sie wohnen.

Sie könnten das für verrückt halten. Statt die Rücksendemöglichkeit unter den Teppich zu kehren, ermutigt Zappos seine Kunden, mehr zu bestellen und das zurückzusenden, was nicht gefällt. Dazu müssen natürlich enorme Kosten verkraftet werden, nicht nur für den Versand, sondern auch Lagerkosten, um für die »Zusatzbestellungen« größere Mengen vorrätig zu haben. Dennoch ist das Unternehmen überzeugt, dass sich diese zusätzliche Investition lohnt, weil der als Kundendienst vorrangig betrachtet wird.

Zappos CEO Tony Hsieh sagte der Zeitschrift *Success*:

> »2007 war das erste Jahr, in dem wir einen erheblichen Profit machten. Es waren rund 5 Prozent operative Marge von unserem Nettoumsatzerlös. In den Jahren zuvor hielten wir so gerade die Gewinnschwelle ein, um unser Wachstum zu maximieren. In den drei Jahren zuvor hätten wir ebenfalls schon mehr Gewinn machen können, aber wir entschieden uns, jegliche Profite wieder in das Unternehmen zu investieren.«[86]

Die hohen Betriebskosten und die Leichtigkeit von Rücksendungen schienen sich zu lohnen, und tatsächlich hat Amazon Zappos als Eigenmarke belassen und nicht ins Kerngeschäft integriert.

Ein Anzeichen für die Bedeutung hervorragenden Kundenservices wurde in einem Artikel der *Financial Times* über Zappos im Jahr 2011 aufgedeckt.[87] In den ersten Jahren seiner Existenz verwendete das Unternehmen die Drop-Shipping-Methode: Bestellungen wurden angenommen und direkt an den Hersteller weitergeleitet, der dann die Bestellungen des Kunden ausführte. Allerdings schafften es Schuhhersteller oft nicht, fristgerecht oder überhaupt zu liefern. Deshalb ging Zappos dazu über, die Schuhe zu lagern und selbst zu versenden, um das vorgegebene Niveau des Kundendienstes zu gewährleisten.

Zappos war nicht der erste Onlinehändler, der das tun musste. Amazon hatte ebenfalls als Drop-Shipment-Unternehmen begonnen, später jedoch in Lagerkapazitäten und Versand investieren müssen, um die Kunden hinsichtlich der Abwicklung zufriedenstellen zu können. Ein Schlüsselversprechen des Internets – dass Händler ohne Lagerhaltung agieren können, war nicht realisierbar wegen des schlechten Services seitens traditioneller Branchen.

Man muss aber kein Riese wie Amazon sein, um auf Anhieb hohen Service zu bieten, wie das Beispiel von Bellabox zeigt.

FALLSTUDIE: BELLABOX

Bellabox, das singapurische Unternehmen für Pflege- und Kosmetikprodukte, verfolgt eine Politik der kostenlosen Rücksendung, die auf der Website deutlich erklärt wird. Die Rücksendeoptionen sind klar auf jeder Seite gekennzeichnet. Und es gibt ein einfaches FAQ-System zum Beantworten von Fragen bezüglich Rücksendungen. Im Wesentlichen besagt die Firmenpolitik, dass Käufer sämtliche Waren innerhalb von sieben Tagen kostenfrei zurücksenden können. Es wird eine E-Mail-Adresse genannt, die kontaktiert werden muss, um die Rücksendung zu arrangieren.

Diese Konditionen sind vielleicht nicht ganz so großzügig wie bei Zappos, aber für ein relativ kleines Unternehmen sind sie immer noch sehr gut.

Aber auch wenn die Kunden erwarten, dass sie Onlinebestellungen kostenfrei retournieren können, so mag das für manche Firmen einfach nicht rentabel sein. Von daher ist es wichtig, die richtige Balance zu finden zwischen dem, was Kunden wollen, und was sich gewinnbringend umsetzen lässt. Einen Tipp, welche Vorgehensweise Sie am besten übernehmen, bieten Untersuchungen, die an der chinesischen Nankai Universität durchgeführt wurden.[88] Dabei wurde festgestellt, dass die Kundenerwartungen in Bezug auf Rücksendungen mit Qualität und Preis zusammenhängen. Je höher der Preis und die Qualität, desto zwingender sind kostenlose Rücksendungen; niedrigpreisige Produkte von weniger hoher Qualität bedürfen nicht zwangsläufig einer solchen Politik.

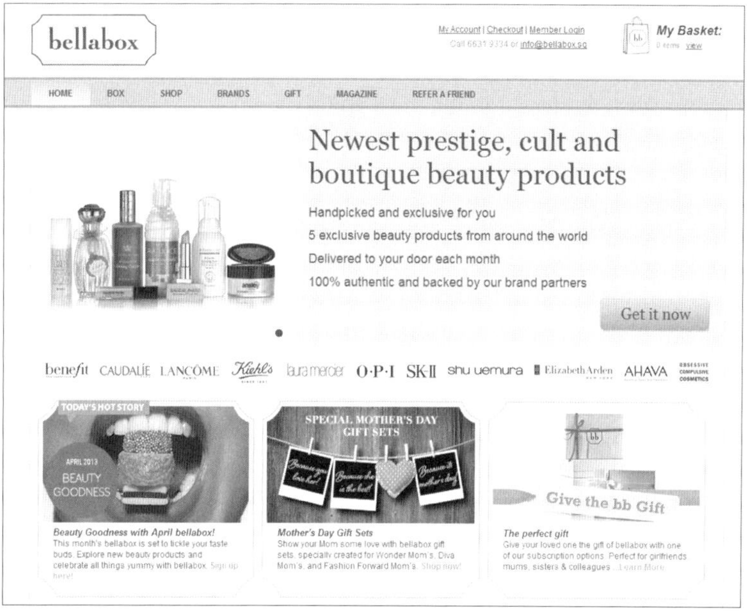

Der Kunde hat nie recht

Ein weiterer Aspekt von Kundendienst ist das Bereitstellen von Hilfe und Informationen zu den gekauften Produkten. In letzter Zeit war jedoch eine der größten Einsparungsveränderungen von Herstellern das Weglassen gedruckter Betriebsanleitungen für viele Produkte. Stattdessen erhält man einen Zettel, auf dem steht, von welcher Website man die Beschreibung als PDF herunterladen kann. Das spart Druck- ebenso wie Versandkosten, da sich das Gewicht des Paketes reduziert. Darüber hinaus können Unternehmen ihre »grüne« Legitimation anpreisen, weil sie Papier sparen und dadurch weniger Treibhausgas produzieren. Außerdem können Sie die Beschreibung in verschiedenen Sprachen anbieten und dadurch die Kundenzufriedenheit erhöhen. Was spricht also gegen PDF-Gebrauchsanweisungen?

Ziemlich viel, wenn Sie sich einmal in Onlineforen und Blogs umschauen. Beschwerden über das Fehlen gedruckter Beschreibungen in den Paketsendungen sind weitverbreitet. In einem Thread im Forum Digital Photography Review von Dezember 2010 bis Juli 2011 ging es zum Beispiel um Beschwerden wegen des Fehlens eines gedruckten Handbuchs für die Kamera Canon SX30.[89] Vorgebracht wurde, dass es einem Fotografen nicht wirklich helfe, eine Gebrauchsanweisung herunterladen zu können, wenn er in der Natur zum Fotografieren unterwegs ist, weit weg von einem Computer oder Funksignal, wohingegen man ein Handbuch problemlos in der Kameratasche mitführen könnte.

In einer BBC-Radio-4-Dokumentation über Betriebsanleitungen sagte Dr. Mark Miodownik vom King's College, London, dass gedruckte Betriebsanleitungen die Verbindung zwischen Produkt und Nutzer repräsentieren.[90] Ohne Gebrauchsanweisung ist das Produkt stärker von seinem Nutzer entfernt, der sich weniger mit der Marke verbunden fühlt.

Außerdem gibt es versteckte Kosten für die Hersteller: Es sind mehr Mitarbeiter nötig, um Anrufe und E-Mails von Menschen zu beantworten, die keine Antworten auf ihre Fragen finden. In den meisten Kunden-Callcentern wird Leistung nach der Zeit bemessen, die nötig ist, um die Anfrage zu bearbeiten – mit ständigem Druck auf die Mitarbeiter, so wenig Zeit wie nötig aufzuwenden. (Vergleichen Sie das mit Zappos, wo ein Anruf erstaunliche zehn Stunden und 29 Minuten gedauert hat; das Unternehmen konzentriert sich auf Qualität und nicht auf Zeit.) Eines der am häufigsten in Kunden-Callcentern verwendete Kurzworte ist RTFM, was für »Read The Flipping

Manual« (Lies die verdammte Anleitung – ich habe die tatsächliche Bedeutung abgemildert). Aber wenn es keine Anleitung gibt, müssen sich die Mitarbeiter des Kundendienstes scheinbar ohne Ende wiederholen, was sie frustriert und sich wiederum negativ auf den Service auswirkt.

Laut *Customer Experience Impact Report* von RightNow.com kehren 82 Prozent der Leute nicht zu einem Shop zurück, wenn sie eine schlechte Erfahrung gemacht haben.[91] Darüber hinaus sagten 66 Prozent der Kunden, sie wären bereit, für gute Erfahrungen mehr auszugeben, und dass der Kundendienst der Hauptgrund sei, warum jemand eine bestimmte Firma weiterempfehle, er sei noch wichtiger als die Produkte. Mit anderen Worten kann guter Kundenservice Ihre Einnahmen steigern und neue Kunden gewinnen. Sparmaßnahmen wie das Weglassen gedruckter Bedienungsanleitungen sorgen aufseiten der Kunden jedoch für Unzufriedenheit und verringern das Gefühl eines guten Services.

Hilfe, ich habe mich verirrt!

Mein 13-jähriger Sohn Elliot nahm kürzlich an einem Schüleraustausch nach Frankreich teil und verbrachte 14 Tage bei einer französischen Familie. Ein paar Wochen vor seiner Abreise kaufte ich ihm ein neues Handy von Tesco Mobile. Es war ein gutes Geschäft: Genau das Smartphone, das er sich wünschte, zu einem Tarif, den er sich von seinem Taschengeld leisten kann. Als ich jedoch zwei Tage nach seiner Abreise immer noch nichts von ihm gehört hatte, begann ich mir Sorgen zu machen. Schließlich rief er uns vom Festnetzanschluss der französischen Familie an und sagte, dass er mit dem Handy zwar Anrufe oder Nachrichten erhalten, jedoch nicht anrufen konne – als wäre dieses Telefon nur für eingehende Anrufe. Also ging ich auf die Tesco-Mobile-Website, wo ich einen Hilfebereich fand und einen Abschnitt darüber, wie das Handy im Ausland genutzt werden kann. Während ich las, öffnete sich ein kleines Fenster mit der Frage, ob ich chatten wolle.

Ich tippte meine Frage ein und klickte auf »Jetzt chatten«. Innerhalb von Sekunden erhielt ich eine getippte Nachricht von einem Servicemitarbeiter, der mich nach weiteren Details zu meinem Problem fragte. Dann bat er mich höflich, kurz zu warten, während er ein paar Dinge überprüfe. Dann erklärte er mir, worin das Problem bestehe und wie es zu lösen sei. Nur wenige Minuten später funktionierte das Handy meines Sohnes in Frankreich und er schickte mir eine »Danke«-SMS. Das Problem gehörte zu jenen, die ich mit den Hilfedateien auf der Website auch selbst hätte lösen können, was mich jedoch sehr viel mehr Zeit gekostet hätte. Die Chatfunktion führte mich wie im Traum zur schnellsten Lösung. Untersuchungen von Synthetix, einem Unternehmen für Kundendienst-Software, zeigen, dass mittlerweile mehr Menschen im Internet Hilfe suchen, als zum Telefon zu greifen.[92] Synthetix weist darauf hin, dass das Internet tatsächlich der erste Ort ist, an dem die Menschen von Händlern erwarten, Unterstützung und Service zu erhalten. Die Untersuchung zeigte jedoch auch, wie wichtig es ist, dass diese Hilfe prompt erfolgt.

Das bedeutet für Onlinehändler, dass Kundendienstoptionen zuallererst auf die Website abgestellt sein müssen und alle anderen Servicebereiche, wie telefonische Beratung, zweitrangig sind. Das Kundendienst-Center auf Ihrer Website muss der Knotenpunkt sein, von dem alle anderen Aspekte des Kundendienstes ausgehen. Ein gutes Beispiel dafür liefert das australische Kaufhaus Big W. Es wurde vom Testkauf-Team von Choice.com unter die Lupe genommen, das zu dem Schluss kam, dass dieser Shop ausgezeichneten Service bietet. Allerdings können nicht alle Kunden ein Ladenlokal des Unternehmens aufsuchen, um sich Rat zu holen, deshalb muss es auch ein umfassendes Onlinehilfesystem geben. Die Website des Unternehmens enthält ein umfangreiches und gut gestaltetes FAQ-System, das klar in verschiedene Bereiche unterteilt ist. Auf der Website finden sich auch eine Telefonnummer und ein Kontaktbereich, wodurch der Kunde selbst bestimmen kann, auf welche Weise er eine Antwort erhalten will – ob er zum Beispiel möchte, dass ihn jemand anruft. Dieses gut zusammengestellte System von Onlineunterstützung für Kunden ist ein klares Beispiel dafür, was wirkungsvoll realisiert werden kann.

TIPP: Beobachten Sie, welche Probleme Ihre Kunden am häufigsten ansprechen, und erstellen Sie einen umfangreichen FAQ-Bereich (Frequently Asked Question – Häufig gestellte Fragen) für Ihr Online-Hilfecenter.

Die Geschwindigkeit, mit der Menschen online Zugang zu Informationen erhalten, die Veränderung der Aufmerksamkeitsspannen und die kulturelle Verschiebung in Richtung sofortiger Belohnung – all das bedeutet, dass die Menschen zunehmend schneller ungeduldig mit Händlern werden, die nicht auf der Stelle auf Fragen zum Produkt antworten oder auf Probleme eingehen können. Die Untersuchung von RightNow.com stellte sogar fest, dass zwei von 100 Kunden innerhalb von 60 Sekunden eine Antwort auf ihre Frage haben wollen. Die meisten Leute waren nicht ganz so kleinlich, aber 42 Prozent erwarteten immerhin eine Antwort noch am selben Tag. Außerdem fand Conversocial, ein Unternehmen für Social-Network-Kundenservice heraus, dass 81 Prozent der Menschen, die Twitter nutzen, grundsätzlich noch am selben Tag eine Antwort erwarten, aus welchem Grund auch immer sie eine Firma kontaktiert haben. Die Nutzer von Twitter sind Schnellfeuergespräche gewohnt und erwarten von Firmen, mit denen sie zu tun haben, dasselbe. Das Analyseunternehmen Simply Measured fand jedoch heraus, dass viele Firmen es nicht schaffen, den Ansprüchen der Kunden in Bezug auf Geschwindigkeit gerecht zu werden, und berichtete von einer Studie, laut der es kein Unternehmen schaffte, innerhalb von

30 Minuten zu antworten. Selbst wenn Kunden eine Antwort innerhalb von einer Stunde haben wollten, waren nur 9 Prozent der Firmen in der Lage, das zu realisieren. Sämtliche Firmen schafften es immerhin, sich innerhalb »weniger Tage« mit dem Problem des Kunden zu beschäftigen. Unternehmen sind immer noch nicht für die Geschwindigkeit gerüstet, die Kunden verlangen, wenn sie Hilfe brauchen, an die Hand genommen werden wollen oder irgendeine Art Frage haben, die beantwortet werden muss.

Umfragen zeigen, dass die meisten Onlineshops weit hinter den Kundenerwartungen zurückbleiben, was Service und Unterstützung angeht. Etwa 80 Prozent der Unternehmen glauben, dass sie überragenden Service anbieten, aber nur 8 Prozent der Kunden sehen das so. Es gilt offenbar, eine Kluft zu überbrücken.

Überraschen Sie die Kunden – man wird Sie dafür lieben

Um 19.30 Uhr am 24. Dezember 2011 ahnten die 173 Passagiere an Bord des Spanair Flight JK6474 von Barcelona nach A Coruña an der Nordwestküste Spaniens nicht, was passieren würde. Sie wollten über Weihnachten nach Hause fliegen, aber auf halber Strecke wurde ihnen über Lautsprecher etwas mitgeteilt, das sie vermutlich für den Rest ihres Lebens nicht wieder vergessen werden. Der Steward sagte ihnen, dass soeben das Christkind vorbeigeflogen sei, das sich auf seiner Tour rund um die Welt befände. Und mit ein klein bisschen Zauberei hatte es für alle Kinder an Bord Geschenke dagelassen. Die ganze Geschichte können Sie sich natürlich auf YouTube ansehen.[93]

Dies ist ein Beispiel für einen willkürlichen Akt der Freundlichkeit, es wird etwas getan, womit Ihre Kunden überhaupt nicht rechnen.

Für Spanair kam dieses Engagement leider zu spät, um das Unternehmen davor zu bewahren, Anfang 2012 nach einem fehlgeschlagenen Übernahmeangebot Insolvenz anzumelden. Aber andere Unternehmen haben Ähnliches getan und existieren noch, sodass sie davon erzählen können. Zum Beispiel hat der Onlineblumenversand Interflora 2012 eine Twitter-Kampagne ins Leben gerufen, bei der Menschen in Großbritannien gesucht wurden, die dringend eine Aufmunterung brauchten. Sobald diese anhand von Meldungen identifiziert waren, kontaktierte das Unternehmen sie, fragte nach der Adresse und schickte einen Blumenstrauß.

Während sich ein Telefonat mit dem Kundendienst des Webhosters Rackspace in den USA in die Länge zog, hörte der Servicemitarbeiter den Kunden im Hintergrund sagen, dass er hungrig sei. Der Servicemitarbeiter setzte das Gespräch fort, bestellte währenddessen Essen und ließ es dem Kunden liefern. Als es dort plötzlich an der Tür klingelte, sagte der Servicemitarbeiter dem Kunden, er solle ruhig öffnen, denn das wäre eine Lieferung Gratis-Pizza.

Diese Art von Handlungen wurde bei psychologischen Untersuchungen getestet und hat sich als hilfreich erwiesen, aber nur, wenn die Kunden *nicht* erwarten, etwas von Ihnen zu bekommen. Forscher an der Monmouth University, New Jersey, stellten fest, dass das Trinkgeld in Restaurants höher ausfällt, wenn zu der Rechnung Schokolade beigefügt wird – und zwar in Relation zur Menge der Schokolade. Dieser wechselseitige Prozess von Geben und Nehmen entsteht, wenn Menschen unerwartet etwas bekommen. Sie fühlen sich dann gut und reagieren entsprechend.

Bei Onlinehändlern kann das in Form kleiner Geschenke im Paket der Lieferung erfolgen. Letztens habe ich zum Beispiel für meinen Sohn Sportkleidung auf der Website Sports Direct bestellt. Er hat sich gefreut, als er zusammen mit der Lieferung einen Sports-Direct-Trinkbecher als Geschenk erhielt.

Automatisierung ist für Händler keine Hilfe

Wenn Geschäftsinhaber gefragt werden, was ihrer Meinung nach das Internet für sie leisten soll, lautet die erste Antwort immer: »Geld sparen.« Natürlich kann das Web helfen, Kosten einzusparen, es kann die Ausgaben aber genauso gut erhöhen. Geschäftsinhaber ignorieren häufig die Tatsache, dass viele Prozesse zwar gestrafft werden können, wie das Aktualisieren der Bestände entsprechend der aktuellen Verkäufe mittels Software, das Onlinegeschäft selbst kann jedoch eine ganze Palette neuer Prozesse in Gang bringen, die gesteuert werden müssen und dadurch die Kosten erhöhen. Dazu zählen das Verwalten der Links auf verschiedenen Websites, die dafür sorgen, dass auf der Website der jeweils korrekte Preis angezeigt wird, und das Halten des Kundenkontakts. Die gedankliche Ausrichtung auf Kostenersparnis bringt die Onlinehändler jedoch dazu, so viele Prozesse wie möglich zu automatisieren.

Eine der gängigsten Automatisierungen ist der »sequenzielle Autoresponder« bei E-Mails. Sie werden Abwesenheitsassistenten (Autoresponder) kennen, die eine Nachricht verschicken, wenn jemand im Urlaub oder vorübergehend nicht am Schreibtisch ist. Ein sequenzieller Autoresponder ist ähnlich, aber er verschickt mehrere Nachrichten über einen längeren Zeitraum. Viele Händler nehmen Sie in den Autoresponder-Verteiler auf, sobald Sie etwas von der Website bestellt haben. Mit der ersten Nachricht bedankt man sich bei Ihnen und versorgt Sie mit nützlichen Informationen wie Links zu einer Unterstützungsseite. Ein paar Tage später erhalten Sie möglicherweise die nächste Nachricht, in der nachgefragt wird, ob alles in Ordnung sei, und man nennt noch einmal die Telefonnummer der Firma, falls Sie Fragen haben. So weit, so nützlich. Eine Woche später kommt die nächste E-Mail, die sich darauf bezieht, dass Sie doch kürzlich ein bestimmtes Produkt gekauft haben und vielleicht Interesse an Produkten haben, die dieses ergänzen. Und so geht es immer weiter, bis Sie sich aus der Mailingliste austragen.

Es gibt jede Menge Definitionen zu Spam, aber es gibt nur eine, an die sich Onlinehändler halten sollten: Wenn ein Kunde etwas für Spam hält, dann ist es Spam. Auch wenn der Betreffende Ihre E-Mails erhält, weil er einen Haken in das Kästchen mit »Ich stimme zu« gemacht hat – wenn es ihn ärgert, dann ist es Spam.

Das ist nicht das einzige Problem von E-Mails. Untersuchungen des E-Mail-Marketingunternehmens MailChimp zeigten, dass nur 34 Prozent der von Einzelhandelsgeschäften verschickten E-Mails überhaupt geöffnet werden. Das ist für viele Branchen typisch; tatsächlich haben einige, wie Couponing-Portale, noch wesentlich geringere Öffnungsraten. Hinzu kommt, dass die Bounce Rate – der Prozentsatz nicht zugestellter E-Mails – im Handelsbereich sehr niedrig ist, weil für das Zustellen von Waren eine korrekte Adresse angegeben werden muss. Trotzdem erhalten mehr als zwei Drittel von Käufern, die sich für das Erhalten von Werbemails angemeldet haben, diese nicht. Möglicherweise wurden diese Mails automatisch aussortiert und landeten im Papierkorb. Sämtliche großen E-Mail-Programme – wie Gmail und Microsoft Outlook – verfügen über Filter, die das ermöglichen. Eine einfache Suche auf Google generiert eine Fülle von Artikeln, die erklären, wie man unerwünschte E-Mails herausfiltert. Was auch immer der Grund dafür ist, dass E-Mails nicht gelesen werden, für Händler sind das keine guten Neuigkeiten.

TIPP: Sich beim Marketing für Ihre Onlineshops auf Autoresponder zu verlassen, kann zu negativen Kundenreaktionen führen. Nutzen Sie diese Möglichkeit mit Vorsicht und verfassen Sie E-Mails, die die Menschen auch lesen wollen.

Das andere Problem bei automatisierten E-Mails ist der Mangel an Personalisierung, der Anpassung der Inhalte an den einzelnen Käufer. Manche Onlineshops scheinen zu glauben, der Personalisierung wäre Genüge getan, wenn sie den Kunden mit dem Vornamen ansprechen. Das ist keine Personalisierung, sondern lediglich eine korrekte Anrede.

Anfang 2013 hat das Beratungsunternehmen Ovum darauf hingewiesen, dass etliche Technologien dazu beitragen, damit Menschen vollständig personalisierte Dienstleistungen erhalten. Dennoch gehen Branchen wie Versicherungen wieder über zu Nachrichten für alle über die Massenmedien. Google personalisiert Suchergebnisse basierend auf den Kenntnissen über die Suchgewohnheiten des Einzelnen. Amazon personalisiert seine Seiten für jeden Kunden, abhängig von deren Such- und Bestellmustern; Facebook ist ebenfalls personalisiert über »Likes« und »Dislikes«. Auf diese Weise ist die Onlineerfahrung des Kunden stark personalisiert, und wenn Händler dem nicht gerecht werden, enttäuschen Sie die Erwartungen des Kunden. Das läuft darauf hinaus, dass im Verhältnis zu den automatisierten Aspekten eines Onlineshops weitaus größere Niveaus von Personalisierung eingebaut werden müssen oder mehr Aktivitäten manuell, tatsächlich von Menschen, durchgeführt werden müssen.

Reden ist gut

Um die Erfahrung zu personalisieren, die Ihr Kunde macht, müssen Sie eine Menge über ihn wissen. Deshalb macht es Sinn, so viele Informationen wie möglich über Ihre Onlinekunden zu sammeln, wenn sie bei Ihnen etwas kaufen oder bei anderen Gelegenheiten wie auf Facebook oder in einem Ladengeschäft. Kunden geben allerdings manchmal ungern Informationen online preis.

Der Hautgrund dafür ist ihre Sorge, was Sicherheit und Privatsphäre angeht. Sie haben Bedenken, zu viele persönliche Details zu nennen. Eine der psychologischen Schlüsselfunktionen von Privatsphäre ist Autonomie, also für unser Leben selbst verantwortlich zu sein, ohne dass sich andere einmischen. Aber laut *Oxford Handbook of In-*

ternet Psychology sind die Menschen dennoch bereit, Privatsphäre gegen Komfort einzutauschen, wenn sie wissen, dass es ihnen Vorteile bringt, bestimmte Informationen zu ihrer Person preiszugeben.[94] Hierin liegt das Problem für Internethändler: Wenn Sie mehr Informationen vom Kunden bekommen wollen, damit Sie mehr auf ihn eingehen können, müssen Sie ihm diese Details abringen.

Untersuchungen von Eloqua, einem Unternehmen für Marketing-Automation, das zu Oracle gehört, zeigten, dass sich umso weniger Menschen darauf einlassen, je mehr Felder auf einem Onlineformular auszufüllen sind. Die Studie zeigt, dass es eine lineare Beziehung zwischen der Gesamtzahl von Feldern und der Konvertierungsrate gibt: je weniger Felder, desto höher die Konvertierungsrate.[95] Aber, wie bereits betont, es ist unerlässlich, Kunden zu verstehen, um das gewünschte hohe Niveau an Personalisierung bieten zu können.

Laut Jaynie L. Smith, CEO des amerikanischen Unternehmens Smart Advantage und führende internationale Expertin zu Wettbewerbsvorteilen, verstehen nur wenige Firmen ihre Kunden wirklich. In ihrem Buch *Relevant Selling* erklärt sie, dass Unternehmen das anbieten, wovon sie glauben, dass die Kunden es wollen. Häufig liegt das jedoch weit von dem entfernt, was die Kunden wirklich wollen.[96] Viele Händler glauben zum Beispiel, zu wissen, was ihre Kunden kaufen wollen, und konzentrieren sich auf das, »was« sie im Angebot haben. Studien zeigen jedoch, dass die Kunden wissen, sie können die meisten Dinge in verschiedenen Geschäften bekommen, deshalb interessiert sie vielmehr das »wie« etwas verkauft wird, zum Beispiel im Hinblick auf Kundenbetreuung.

Das Problem ist, dass das Internet den Händlern die Illusion gibt, sie würden ihre Kunden verstehen. Es versorgt sie mit »Datenmassen« – viele Informationen über Onlinekundenaktivitäten. Es erstellt Heatmaps, die abbilden, was die Kunden auf der Website anklicken, und bietet viele andere Möglichkeiten nachzuverfolgen, wie sich Menschen auf Websites bewegen. Es zeigt, was sie in Suchfelder eintippen, wohin sie gehen und woher sie kommen. Händler haben wahrlich keinen Mangel an Informationen über ihre Onlinekunden, mit einer Ausnahme: Sie haben nicht mehr die Möglichkeit, Informationen zu sammeln, während ihnen ein menschliches Wesen gegenübersteht. Das Internet verfügt nicht über die Fähigkeit, Körpersprache oder Tonfall zu interpretieren, und es ermöglicht den Onlinehändlern nicht, sich beim Plaudern einen Eindruck vom Gegenüber zu verschaffen. Trotz all der Daten ist das Internet im Vergleich zum Wahrnehmungsvermögen des Menschen oberflächlich.

In Ladengeschäften »kennen« die Verkäufer ihre Stammkunden; sie können sogar nette kleine Geschichten über sie erzählen. Außerdem erkennen sie am Gesichtsausdruck, der Gangart und sogar der an diesem Tag gewählten Kleidung, in welcher Stimmung der Kunde ist, wenn er den Laden betritt. All diese Informationen werden genutzt, um die Beziehung zum Kunden zu intensivieren. Versuchen Sie das einmal online.

Um das Niveau ihres Kundenservices anzuheben, müssen Onlinehändler ihre Kunden auf menschlicher Ebene verstehen, und eine der wirkungsvollsten Methoden, um das zu erreichen, besteht darin, mit ihnen zu reden.

TIPP: Reden Sie mehr mit Ihren Kunden. Rufen Sie sie an, organisieren Sie Veranstaltungen, pflegen Sie Kontakt mit ihnen. Genau das haben erfolgreiche Firmen getan, bevor es das Internet gab, und Sie müssen Wege finden, diese Gewohnheit fortzusetzen.

Groß oder klein, das spielt keine Rolle

Ob Sie ein Großunternehmen haben oder eine kleine Firma, ist für den Kunden bedeutungslos. Ihm ist es egal, wenn Sie eine kleine Firma haben und sich nicht genügend Personal leisten können, um Anrufe »sofort« entgegennehmen zu können. Genauso wenig kümmert es ihn, wenn Ihr Unternehmen so groß ist, dass ein regelmäßiger Kontakt zum Kunden nahezu unmöglich ist. Das Einzige, was den Kunden interessiert, ist guter Service.

Im Wesentlichen ist die übereinstimmende Feststellung von Untersuchungen zum Kundenservice, dass die Leute wollen, dass man sich um sie kümmert; dass es auf Ihr Verhalten ankommt und nicht auf Worte. Ihre Website kann jede Art von Plattitüde enthalten, die suggeriert, dass Sie sich für Ihre Kunden interessieren, aber solange Menschen das nicht sehen oder fühlen, können Sie diese Gemeinplätze genauso gut weglassen.

Ob Groß- oder Kleinunternehmen – Kunden wollen, dass man ihre E-Mails schnell beantwortet, sie möchten die Möglichkeit, mit jemandem am Telefon sprechen zu können, der das vorhandene Problem versteht, und sie wollen das Gefühl haben, dass man ihnen zuhört. In einer kleinen Firma kann das zum Beispiel bedeuten, dass sämtliche Mitarbeiter das Telefon bedienen und in der Lage sind, mit Kundenproblemen umzugehen. In einem Großunternehmen kann es wiederum bedeuten, dass regelmäßig Fokusgruppen stattfinden, in denen sie direkt mit Kunden sprechen. Derlei Aktivitäten stellen Sie nicht vor große Budgetprobleme. Sie sind vielmehr eine Frage der Einstellung. Guter Kundenservice kann auch mit kleinem Budget erreicht werden, wenn Sie die richtige Einstellung haben und die Beziehung zu Ihren Kunden zum Zentrum Ihres Geschäfts machen. Zappos ist ein großes, globales Unternehmen, das erstaunlichen Kundenservice leistet, indem es Sorge trägt, dass jeder neue Mitarbeiter die richtige Einstellung den Kunden gegenüber zeigt. Das Beispiel von Bellabox zeigt andererseits, dass kleinere Unternehmen einen ebenso hohen Standard beim Kundenservice erreichen können, wenn sie ihre Aktivitäten darauf ausrichten, den Kunden zufriedenzustellen.

KONZEPT

Es gibt nicht viele Möglichkeiten, um Ihren Onlineshop von anderen abzuheben. Die Produkte, die Sie verkaufen, sind wahrscheinlich auch in vielen anderen Geschäften erhältlich, es sei denn, Sie haben eine echte Nische besetzt. Die einzige Möglichkeit für Onlineshops, sich hervorzutun, besteht im Kundenservice.

1. Machen Sie den Kundenservice zum Mittelpunkt Ihres Geschäfts und behandeln Sie ihn nicht als »Zusatz«.
2. Schaffen Sie für Ihre Kunden ein Onlinecenter, das Hilfe und Service bietet, auch wenn Ihr Geschäft hauptsächlich offline existiert.
3. Schaffen Sie ein Gesamtkonzept für den Kundenservice und Retourmöglichkeiten, und heben Sie beides auf Ihrer Website deutlich hervor.
4. Richten Sie ein System ein, das es Ihnen ermöglicht, auf Kundenanfragen so schnell wie möglich, am besten innerhalb einer Stunde, zu reagieren.
5. Erwägen Sie die Möglichkeit von Live-Chat-Einrichtungen, um dem Bedürfnis der Kunden nach schnellen Reaktionen entgegenzukommen.
6. Sorgen Sie, wenn möglich, für kostenlose Retouren, was für den Kunden besonders bequem ist.
7. Überraschen Sie Ihre Kunden auf selbstlose Weise.
8. Erhöhen Sie das Maß an Personalisierung in Ihrem Geschäft wesentlich, vor allem beim E-Mail-Marketing.
9. Treffen Sie sich wann immer möglich mit Ihren Kunden persönlich. Falls das nicht geht, telefonieren Sie mit ihnen. Lernen Sie Ihre Kunden kennen, und sie werden eine Beziehung mit Ihnen aufrechterhalten wollen.

7. Gefällt es meinen Freunden?

Von dem Channel-4-Television-Programm in Großbritannien kann man süchtig werden. *Das perfekte Dinner* ist eine Kochshow, in der Kandidaten wetteifern, wer bei sich zu Hause das beste Dinner ausrichtet. Von Montag bis Freitag kocht jeweils ein Teilnehmer bei sich zu Hause, und die anderen bewerten das Dinner auf einer Skala von 0 bis 10. Beurteilt werden dabei nicht nur die Kochkünste, sondern auch die Fähigkeiten als Gastgeber. Der Gewinner erhält 1.500 Euro. Die deutsche Version des perfekten Dinners können Sie auf VOX verfolgen.

Für mich als Psychologe ist es interessant zu sehen, wie sich die Personen untereinander verhalten. In jeder Episode wird geplaudert, gelacht und kommentiert, auch was die Wohnung des Gastgebers und seine Kochkünste anbelangt. Diese Kochshow veranschaulicht eine Tatsache: Steckt man mehrere Menschen zusammen in eine Gruppe, dann können sie gar nicht anders – sie müssen sich messen, ihre Ideen austauschen und ihre Meinungen kundtun. Menschliche Wesen sind vorprogrammiert, gesellig zu sein, das *ist* die menschliche Natur.

Zum Teil reden wir gern, weil es uns hilft, unsere Identität zu bilden. Was wir zu anderen Menschen sagen, bekräftigt unsere Ansichten. Und das, was andere zu uns sagen, setzt sich zusammen zu unserem Selbstbild. Konversation trägt dazu bei, dass wir uns »vollständig« fühlen. Umgang zu pflegen gibt uns auch das Gefühl dazuzugehören, entweder zu einer konkreten physischen Gruppe oder zu irgendeiner Art von Überzeugung. Als Folge trägt es zum Aufbau unseres Selbstwertgefühls bei. Das soziale Miteinander hat auch seinen Nutzen für die Gesellschaft. Es gewährleistet, dass wir miteinander zurechtkommen, dass Gruppen funktionieren und dass wir als Gesamtheit erfolgreich sind. Ohne die Fähigkeit, gesellschaftlichen Umgang zu pflegen und miteinander zurechtzukommen, wären wir nicht in der Lage, uns fortzupflanzen oder unseren Nachwuchs aufzuziehen. Unsere Gehirne sind vorprogrammiert auf soziale Aktivitäten.

Von daher ist das Phänomen Facebook wenig verwunderlich. Die Hälfte der Menschen, die das Internet nutzen, sind Mitglieder bei Facebook, und mehr als 650 Millionen loggen sich jeden Tag ein. Im Schnitt verbringt jeder Nutzer von Facebook am Tag 22 Minuten damit – wesentlich länger als mit jeder anderen Website. Insgesamt machen soziale Netzwerke 27 Prozent unserer gesamten Internetaktivität aus. Sie dienen als Erweiterungen für unseren Wunsch, unser Bedürfnis und dem uns eigenen Hang nach sozialen Kontakten.

Ausgedehnte soziale Netzwerke haben für Händler wichtige Folgen. Weil sie mittlerweile die gebräuchlichste Form sind, wie Menschen das Internet nutzen, formen die Websites sozialer Netzwerke Erwartungen, wie andere Websites funktionieren sollten. Wenn Ihr Onlineshop nicht in irgendeiner Weise soziale Netzwerke berücksichtigt – zum Beispiel dem Kunden ermöglicht, anderen seine Erwerbungen zu zeigen, und sich damit sein Bedürfnis zunutze macht, gemocht zu werden – dann liefern Sie nicht das, was Ihre Kunden wollen. Erwartungen nicht zu erfüllen, kann dazu führen, dass Sie weniger verkaufen.

Soziale Netzwerkseiten formen die Erwartungen der Menschen, wie andere Websites funktionieren sollten.

Sich auszutauschen liegt den Käufern im Blut

Ein soziales Wesen zu sein mag ja natürlich sein, aber vielleicht halten Sie gemeinsamen Austausch dennoch für keine gute Idee. Schließlich verringern wir durch das Weitergeben von Informationen die Chancen, unseren Konkurrenten voraus zu sein und zu gewinnen, uns selbst zu verwirklichen, wie es der amerikanische Psychologe Abraham Maslow in seiner »Bedürfnispyramide« beschrieben hat. Aber das Mitteilen ist in unserem Gehirn verankert. Als sich unsere Spezies entwickelte und Nahrung knapp war, half uns das Mitteilen, die zur Verfügung stehenden Ressourcen auszugleichen und die Überlebenschance der Gruppe zu steigern. Mitteilen schützte auch davor, dass eine Gruppe dominant wurde, eine weitere wesentliche Komponente des Überlebens. Studien zu Primaten zeigen außerdem, dass Austausch einer der Wege ist, die zu Sex führen. Von daher ist es bei vielen Spezies ein natürliches Verhalten, sich mitzuteilen.

In einer bahnbrechenden Studie der *New York Times* Customer Insight Group von 2011 verriet eine der Teilnehmerinnen, dass das Konzept des Sich-Mitteilens für sie nicht neu sei: Sie und ihre Freundinnen würden sich schon seit Jahren beim Kaffeetrinken oder gemeinsamen Abendessen von ihren Neuerwerbungen erzählen.[97] Die Untersuchung zeigte, dass sich Menschen gern mitteilen, weil …

- sie sich dadurch stärker in die Welt um sie herum einbezogen fühlen;
- sie sich geschätzt fühlen;
- es ihnen hilft, soziale Kontakte aufrechtzuerhalten, die andernfalls verloren gehen würden;
- sie dadurch zeigen können, dass sie bestimmte Dinge befürworten.

Diese Untersuchungen haben sechs Typen von Onlinemitteilern identifiziert, angefangen bei solchen, die nur etwas mitteilen, um anderen zu helfen; bis hin zu solchen, die auf diese Weise ihre Karriere fördern oder eine Diskussion anregen wollen. In der Realität ist es jedoch wahrscheinlicher, dass sich die Menschen je nach Situation aus unterschiedlichen Gründen mitteilen. Wichtig für Händler ist, etwas anzubieten, über das sich die Menschen gern austauschen.

Was das angeht, machte die Untersuchung der *New York Times* eine wichtige Entdeckung: Die Menschen tauschen sich am häufigsten über Dinge aus, die ihnen helfen, sich anderen anzuschließen. Einfach nur zu sagen: »Ich habe dieses oder jenes gekauft«, ist wertlos, es sei denn, es stellt die Verbindung zu anderen Menschen her – zum Beispiel wenn »Ich habe dieses oder jenes gekauft« in der Facebook-Timeline (deutsch: Chronik) Ihrer Freunde auftaucht. Sonst ist es nur Prahlerei.

TIPP: Ermutigen Sie Ihre Käufer, von ihren Erwerbungen zu erzählen. Das trägt dazu bei, dass sie Ihre Website gut finden und zugleich die Bekanntheit Ihres Shops steigern.

Ein anderer Aspekt, warum sich die Beschäftigung mit dem Phänomen des Mitteilens lohnt, ist der Aspekt der Neuartigkeit. Menschliche Wesen besitzen einen weiteren grundlegenden Instinkt, der seit Anbeginn unserer Entwicklung in unserem Gehirn verankert ist. Unsere Aufmerksamkeit ist stets bereit, sich sofort auf etwas Neues und anderes zu stürzen. Wir bevorzugen Neues gegenüber Altem, weil wir in der Frühgeschichte der menschlichen Spezies gelernt haben, dass frische, neue Nahrung besser für unser Überleben ist als alte, gammelige Nahrung. Wir sind darauf geprägt, von Neuem angezogen zu werden, weil es das Überleben fördert. Deshalb wollen die Menschen möglichst etwas Neues, Anderes, Ungewöhnliches mitteilen. Wenn ein Onlineshop den Kunden interessante Produkte bieten kann, von denen sie gern anderen berichten, so ist das von Vorteil.

Ein weiteres Element des Mitteilens ist persönlicher Natur – für den Mitteilenden und nicht für den Empfänger der Mitteilung – und das ist die emotionale Erregung. Wir wollen uns mitteilen, wenn wir dadurch eine emotionale Bindung zu unseren realen Freunden herstellen können. Wir teilen uns mit, wenn Emotionen wie Glück, Trauer, Wut oder sogar erotische Gefühle ausgelöst werden. Und besonders mitteilsam werden wir bei Dingen oder Ereignissen, die uns zum Lachen bringen. Zum Beispiel gehören lustige Videos zu den am häufigsten in YouTube eingestellten Filmen.

Bevor wir einen Blick auf einzelne Social-Media-Websites werfen, noch ein paar prinzipielle Dinge, die Sie befolgen sollten, wenn Sie wollen, dass über Produkte aus Ihrem Onlineshop gesprochen wird.

- Gestalten Sie den Inhalt so, dass er Gefühle anspricht – Menschen reden vor allem über Dinge, die sie glücklich machen.
- Gestalten Sie den Inhalt neu und anders – Menschen sind nicht an »demselben alten Zeug interessiert«, etwas muss neu oder anders sein.
- Ihre Website muss es den Menschen leicht machen, Kontakt zu anderen aufzunehmen – die Menschen sind vor allem daran interessiert, sich ihren Freunden mitzuteilen und nicht der Welt im Allgemeinen.

Wenn Sie diese drei Kriterien erfüllen, werden die natürlichen Mitteilungsinstinkte Ihrer Kunden aktiviert und Ihr Shop wird durch Mundpropaganda zusätzliche Beachtung finden.

TIPP: Überlegen Sie, Ihrer Website nutzerfreundliche Mitteilungssoftware wie JustBought.it hinzuzufügen, damit Ihre Kunden anderen davon erzählen können, was sie gerade bei Ihnen gekauft haben.

Facebook ist der Traum eines Käufers

Es ist nicht zu leugnen, dass Facebook ein Phänomen ist. Die Menschen verbringen im Schnitt mehr Zeit auf Facebook als auf jeder anderen Website – so viel, dass Psychologen bereits Fälle von »Facebook-Abhängigkeit« behandeln. Aber neben den offensichtlichen Möglichkeiten, mit Freunden Kontakt zu halten und zu chatten, sind etliche Facebook-Funktionen auch für Käufer nützlich.

Viele Shops oder Marken haben Facebook-Seiten, auf denen Kunden die neuesten Informationen oder den aktuellen Klatsch über das Unternehmen in Erfahrung bringen können. Es gibt Fotos von Events, und man kann Kommentare hinterlassen. All das trägt dazu bei, dass Menschen ihre persönliche Identität aufbauen und sich als Teil des »Stammes« fühlen. Allerdings ist es ein Schlüsselproblem, dass sich Menschen isoliert fühlen, wenn sie lediglich einer von wenigen sind, die zu dieser Seite etwas beitragen, oder wenn sie keine Reaktion erhalten. Deshalb müssen Onlinehändler mit Facebook-Seiten dafür sorgen, dass es auf dieser Seite regelmäßig »nützliche« Einträge gibt, die zur Diskussion anregen. Und Sie sollten darauf achten, dass sie auf Beiträge der Kunden reagieren. Andernfalls fühlen sich die Kunden vernachlässigt und ignoriert und werden negative Assoziationen mit dem Shop verbinden.

Ein Unternehmen, das Facebook wirkungsvoll nutzt, ist das amerikanische Kaufhaus Target. Es postet regelmäßig, führt Dialoge mit Kunden und setzt die Website ganz klar als Werkzeug für Kundenbindung ein. Darüber hinaus gibt es regelmäßig Werbeaktionen mit Rabatten und Sonderangeboten ausschließlich für Personen, die diese Seite »liken«. Dies ist ein wichtiger psychologischer Faktor, denn die »Follower« fühlen sich dadurch wie »VIPs«, die sich von anderen unterscheiden, die zwar auch bei Target einkaufen, dem Unternehmen aber nicht auf Facebook folgen.

Um Käufern die Möglichkeit zu geben, Freunde an ihren Anschaffungen teilhaben zu lassen, sollten Händler auf ihren Websites Links zu ihrer Facebook-Seite haben sowie Links in ihren E-Mail-Auftragsbestätigungen und »Bestellung abgeschlossen«-Seiten, damit die Menschen anderen sofort mitteilen können, was sie gekauft haben.

TIPP: Nutzen Sie Facebook nur dann als Mittel der Kundenbindung, wenn Sie in der Lage sind, regelmäßig zu reagieren und mindestens einmal täglich frische Inhalte zu posten.

Twitter ist der Traum jedes Nörglers

Wenn Sie Facebook nutzen, um eine Bindung zu Ihren Kunden herzustellen, dann müssen Sie unbedingt auch Twitter im Auge behalten. Der Hauptgrund hat mit dem zu tun, was die Menschen hauptsächlich twittern – Beschwerden. Twitter ist wie geschaffen für Menschen, die ein Ventil für ihren Ärger wollen.

Natürlich haben sich Menschen immer schon beschwert. Als erste erklärte die Universität von Florida etliche Jahre vor der Einführung von Twitter dieses Phänomen in einer Studie.[98] Bei dieser Untersuchung wurde festgestellt, dass sich Menschen vor allem beschweren, um von ihrer sozialen Gruppe das Feedback zu erhalten, dass ihre Beschwerde gerechtfertigt ist. Anders ausgedrückt beschweren sich die meisten Menschen nicht, weil sie eine Entschädigung wollen, sondern um darin bestätigt zu werden, dass sie die ganze Zeit recht hatten.

Von daher ist es kein Wunder, dass Twitter ein beliebter Ort ist, um sich über Geschäfte und unsere Erfahrungen mit ihnen zu beschweren. Ein paar Sekunden investiert, um 140 Zeichen auf Twitter einzutippen, und nur Augenblicke später hören wir von vielen Followern »stimme zu« oder »richtig gemacht« oder irgendeine andere Information, die unseren Eindruck bekräftigt.

Für Händler besteht das Problem darin, dass Twitter eine Flut von Negativem auslösen kann. Der britische Modeshop Celeb Boutique setzte einen Tweet an seine Follower ab, woraufhin es Beschimpfungen und wütende Kommentare hagelte. Celeb hatte ein Kleid namens »Aurora« im Angebot und bekam mit, dass dieser Name am 20 Juli 2012 »trending« war, das heißt von Tausenden von Twitter-Usern genutzt wurde. Celeb sprang auf diesen Zug auf und twitterte:

> »#Aurora ist trending, natürlich wegen unseres von Kim Kardashian inspirierten #Aurora Kleides«

Problem war, dass das Unternehmen nicht nachgeforscht hatte, warum dieser Name an jenem Tag so oft gewittert wurde. Es hatte nämlich einen Amoklauf in einem Kino in Aurora gegeben. Die Menschen fanden schnell Gefallen daran, sich auf Twitter über Celeb Boutique zu beschweren, was so weit ging, dass eine Facebookseite eingerichtet wurde, um das Unternehmen zu boykottieren. Celeb Boutique reagierte, aber es dauerte eine Stunde, den anstößigen Tweet zu entfernen, ausreichend Zeit, damit noch mehr Beschwerden gepostet werden konnten.

In diesem Beispiel war der Ausgangskontext für das Senden des Tweets ein unschuldiger Irrtum, aber andere Beispiele sind wesentlich dubioser. Im Oktober 2012 zog der Hurrikan Sandy die Ostküste von Amerika hinauf und zerstörte große Bereiche. Aber obwohl Sandy Tod und Zerstörung in historischem Ausmaß hinterließ, schickte das Bekleidungsunternehmen GAP diesen Tweet:

> »Alle, die ihr von #Sandy betroffen seid, haltet durch. Auf Gap.com gibt es heute jede Menge Angebote. Was ist mit dir?«

Und das Designerlabel Kenneth Cole twitterte während der Proteste des Arabischen Frühlings in Ägypten:

> »Aufruhr von Millionen in #Kairo. Gerüchten zufolge wurde dort bekannt, dass unsere neue Frühjahrskollektion jetzt online erhältlich ist.«

Das sorgte für einen Aufschrei bei Twitter. Solche Ereignisse sind lehrreich für Händler. Erstens wenden sich die Menschen bei Beschwerden schnell an Twitter. Und wenn es eine Beschwerde gegeben hat, muss schnell reagiert werden, oder es wird eine Lawine losgetreten, die im Nu außer Kontrolle gerät. Das bedeutet, dass Händler Twitter kontinuierlich überwachen müssen. Der amerikanische Experte für Onlinemarketing David Meerman Scott sagt in seinem Buch *Real-Time Marketing und PR*, dass soziale Medien wie Twitter nur die Werkzeuge seien, die wir benutzen – was sich wirklich ändern muss, ist unsere Denkweise, damit wir in »Echtzeit« handeln.[99]

Menschen werden von anderen Twitter-Nutzern und durch Medienberichterstattung über Menschen, die damit etwas bewirkt haben, dazu ermutigt, sich mithilfe dieses Mediums zu beschweren. Es gibt also so etwas wie eine sich selbst bestärkende Spirale. Aber wenn Ihr Unternehmen in der Lage ist, schnell zu reagieren, kann es auch von Twitter profitieren. Und denken Sie daran: Auch wenn Ihre Firma keinen eigenen Twitter-Account hat, die Menschen können dennoch über Sie twittern, indem sie Ihren Namen nennen oder einen Hashtag davor setzen – zum Beispiel #grahamjones –, eine Twitter-Abkürzung für ein Schlüsselwort, wodurch dieses schneller zu finden ist.

Ein gutes Beispiel ist der britische Telekommunikationsanbieter o2, der im Juli 2012 mit immensen Netzproblemen zu kämpfen hatte. Die Folge waren Tausende negativer Tweets, die schätzungsweise 1,7 Millionen Menschen erreichten. Die Reaktion des Unternehmens veränderte jedoch die Stimmung in der Twitter-Sphäre und bot den Leuten viel Stoff zum Lachen. Zum Beispiel hieß es in einem Tweet, dass der Betroffene bis Italien reisen musste, um wieder Empfang zu haben. Die Antwort von o2 lautete: »Sie können jetzt zurückkommen. Es funktioniert wieder.« Die Antworten waren nicht bürokratisch, sondern humorvoll, »kumpelhafte« Tweets, die dazu beitrugen, den schlechten Ruf zu entschärfen, den der zweitägige Ausfall verursacht hatte.

TIPP: Um sicherzugehen, dass Sie Twitter im Hinblick auf Echtzeitbeschwerden über Ihren Shop überwachen können, sollten Sie sich ein Twitter-Managementtool wie HootSuite zulegen.

Trotzdem ist es nicht unbedingt einfach, Twitter für Marketingzwecke zu nutzen. Die Menschen sind misstrauisch gegenüber Werbe-Tweets, auch wenn sie von Unternehmen kommen, die sie mögen. Das liegt daran, dass skrupellose Onlinemarketingexperten Twitter dazu missbraucht haben, Tweets zu versenden, die interessant wirkten. Wenn die Empfänger sie jedoch anklickten, erschien etwas in der Art von »Jetzt kaufen«. Das hatten sie nicht erwartet und reagierten deshalb verärgert. Auf Twitter sind die Leute in Plauderlaune und nicht in Kaufstimmung. Von daher haben Werbe-Tweets, die rein auf Verkauf aus sind, keinen Wert.

Eine Begleiterscheinung von Twitters Potenzial, Beschwerden zu verbreiten, ist die Fähigkeit, Vertrauen zu zerstören. Wie wir in Kapitel 8 sehen werden, ist im Internet Vertrauen unerlässlich. Wenn Ihre Kunden Ihnen nicht vertrauen, dann können Sie den Laden genauso gut wie dicht machen.

Die Psychologie des Vertrauens ist komplex, aber die eindeutigste Erklärung, die ich je hörte, war auf einer Konferenz in Singapur. Einer meiner Rednerkollegen war Dr. Vincent Covello, damals von der University of Columbia, New York, der sich darauf spezialisiert hatte, wie Vertrauen und Glaubwürdigkeit in Krisenzeiten vermittelt werden. Er entdeckte bei seinen Forschungen eine grundsätzliche Komponente beim Kommunizieren von Vertrauen: Zeigen, dass einem der andere wichtig ist. Sein Vortrag war überzeugend, und ich dachte hinterher, dass er selbst genau das auch seinen Zuhörern vermittelt hatte. Er ließ seinen Worten Taten folgen!

Je wichtiger Sie also Ihre Kunden nehmen, desto mehr werden sie Ihnen vertrauen. Guter Kundenservice bewirkt wesentlich mehr, als die Leute nur dazu zu bringen, nette Dinge über Sie zu sagen: Er sorgt dafür, dass die Menschen Ihnen vertrauen. Allerdings ist Vertrauen ein höchst zerbrechliches Phänomen. Ein Fehler genügt, um es zu zerstören. Deshalb kann alles, was auf einen Mangel an Interesse für den Käufer verweist, das Vertrauen schwächen – und über Twitter verbreitet werden.

Lassen Sie mich das veranschaulichen. Im Jahr 2011 nahm ich meinen damals elfjährigen Sohn mit, um den Großvater abzuholen, der eine Tour mit dem Reisebus gemacht hatte. Die verabredete Haltestelle war eine Raststätte an der Autobahn nicht weit von unserem Zuhause. Es war Samstag gegen fünf Uhr nachmittags, und als mein Schwiegervater aus dem Bus stieg, war er hungrig, genauso wie mein Sohn. Deshalb gingen wir in die Raststätte, um dort etwas zu essen. Obwohl zu der Tageszeit sehr viel los war, gab es nur einen Kellner für das ganze Restaurant. Er musste nicht nur die Bestellungen aufnehmen, Essen und Getränke bringen, sondern auch noch kassieren und die Tische sauber machen. Während wir in der Schlange warteten und mein Frust wuchs, entdeckte ich den Restaurantmanager, der in der Nähe seines einzigen Mitarbeiters stand und diesem dabei zusah, wie er versuchte, unter diesem Druck zu arbeiten.

»Können Sie servieren?«, fragte ich den Manager.

Er warf mir einen verächtlichen Blick zu, grummelte etwas und verschwand durch die Tür mit der Aufschrift »Nur für Personal«. Er war nicht nur unfähig, mit der Situation umzugehen, er war auch nicht bereit zu helfen oder irgendwelches Interesse an seinen Kunden zu zeigen. Als wäre es unter seiner Würde, uns zu bedienen.

Ich nahm mein Smartphone, loggte mich auf Twitter ein und verschickte einen Tweet, in dem ich den Laden anprangerte. Mein Vertrauen in dieses Unternehmen war gebrochen, weil meine Familie und ich ihm egal waren. Und nun verbreitete ich dieses Misstrauen, sodass andere es sich zweimal überlegen würden, dort essen zu gehen.

Pinterest ist der Traum jedes Händlers

Pinterest ist das soziale Netzwerk, das am schnellsten berühmt wurde. Drei Jahre lang befand es sich in der Betatest-Phase, bevor es im August 2012 offiziell als öffentliche Website eingeführt wurde. Aber sogar in der Betatest-Phase wuchs es in einem unglaublichen Tempo, hatte schneller 10 Millionen User als jede andere Website. Heute verzeichnet es etwa 70 Millionen Nutzer.

Im Unterschied zu Facebook oder Twitter, die ein Haupttextelement haben, geht es bei Pinterest um das Austauschen von Bildern. Das können Fotos sein, die Sie selbst geschossen haben, oder auch Bilder, auf die Sie bei Ihren Streifzügen durchs Internet gestoßen sind, die Ihnen gefallen haben und die Sie gern anderen zeigen möchten. Dieses Mitteilen ist für die Nutzer eine Bestätigung ihrer Identität, aber auch eine wirkungsvolle Möglichkeit für Händler.

Unternehmen können Pinterest leicht für Werbezwecke nutzen. Wenn Sie ein Produktfoto oder Verkaufsangebot »pinnen«, steht die Preisinformation unter dem Bild. Das bedeutet, Werbepins sind leicht zu erkennen, und wenn jemand in Kauflaune ist und ihm das abgebildete Produkt gefällt, wird er nach dem Anklicken des Bildes mit viel geringerer Wahrscheinlichkeit sauer reagieren.

Als Beispiel dafür, was man damit erreichen kann, nehmen wir Ana White. Ihr Shop verkauft Produkte für Heimwerker. Aus Facebook hat sie über 197.000 Follower, aber die Hauptquelle von Empfehlungen ihres Webshops ist Pinterest. Sie verkauft anschauliche Produkte, wie Möbel und Baupläne für Möbel, wodurch die Website selbst anschaulich wird.

TIPP: Wenn Ihre Produkte anschaulich sind, stellen Sie diese in Pinterest, um Ihren Website-Traffic zu steigern.

Google+ ist der Traum jedes Spezialisten

Google+ ist für Computerfreaks, vor allem im Vergleich zu anderen Netzwerken wie Facebook. Zu Beginn des Jahres 2013 hatte Google+ zunächst nur etwa ein Fünftel der Anzahl von Nutzern von Facebook. Bei einer Analyse der Top-500-Internethändler waren 473 stolz, ihren Facebook-Like-Button zeigen zu können, während nur 128 von ihnen erwähnen, sie seien auf Google+.[100]

Diese Seite hat jedoch einige ausgezeichnete Funktionen, die es wert sind, dass Händler sie in Betracht ziehen. Eines ist das Konzept des Google Hangouts. Dieses bietet kostenloses Video Streaming und automatisches Speichern auf YouTube (natürlich ebenfalls Teil des Unternehmensriesen Google). Das bedeutet, dass Händler In-Store-Vorführungen abhalten und kostenlos auf die Onlinewelt erweitern können, und als Folge ein Video auf YouTube haben, das für weitere Marketingaktivitäten genutzt werden kann.

Auf ähnliche Weise kann das Google+-Konzept der »Kreise« genutzt werden, um Kunden zu VIP-Gruppen zusammenzufassen und ihnen exklusiv Neuigkeiten zu Produkten oder Werbeaktionen zukommen zu lassen. Man macht sich das Gefühl sozialer Exklusivität zunutze, was wiederum die Bindung des Konsumenten an das Unternehmen festigt.

Das Problem ist, dass nur wenige Händler sich an Google+ versuchen, und diese sich anscheinend hauptsächlich auf den Gebrauch für interne Kommunikation konzentrieren statt auf die Verknüpfung mit dem Kunden. Zum Beispiel hat der australische Elektronikfachhandel Dick Smith angefangen, Google+ bei seinen 4.500 Mitarbeitern einzusetzen, um optimale Geschäftsabläufe publik zu machen. Das ist natürlich eine tolle Idee, aber Google+ bietet Händlern so viel mehr Möglichkeiten.

Zum Beispiel eine Erweiterung der Idee von Dick Smith: Erfahrung mitteilen. Wenn es um hochwertige Produkte geht, haben Kunden gern das Gefühl, von jemandem zu kaufen, der weiß, wovon er redet. Funktionen wie Google Hangout bieten Händlern die perfekte Möglichkeit dazu.

Eine Social-Media-Strategie

Ob Sie nun Google+, Pinterest oder Facebook nutzen, eines ist sicher – Sie müssen bei jedem dieser sozialen Netzwerke wissen, *wie* man es nutzt. Wenn ich Klienten besuche, frage ich sie, wofür sie Social Media nutzen, und die Antwort lautet fast immer gleich: »Da bin ich mir nicht ganz sicher. Wohl hauptsächlich fürs Marketing.« Anders ausgedrückt scheinen nur wenige Unternehmen einen richtigen Plan für Social Media und damit verbundene strategische Vorgehensweisen zu haben. Sich einfach nur bei jedem sozialen Netzwerk anzumelden, ein Profil zu erstellen und dann zu hoffen, dass dies zu verstärkter Wahrnehmung Ihres Geschäfts und Ihrer Produkte führt, zieht wahrscheinlich sowohl für Kunden als auch für Mitarbeiter nur Verwirrung nach sich.

Stellen Sie sich vor, Sie betreiben ein Ladengeschäft, in dem Sie nur an einer zentralen Stelle Verkäufer platzieren, die für alles zuständig sind: Verkauf, Beschwerden entgegennehmen und Probleme beim Kundenservice beheben, Regale auffüllen, Reklamationen umtauschen, Pakete für den Versand bestellter Waren fertig machen und das Telefon bedienen. Die Katastrophe wäre vorprogrammiert. Stattdessen würden Sie also in Ihrem Geschäft dafür sorgen, dass Mitarbeiter wissen, ob sie für Kundendienst oder Verkauf zuständig sind. Dieses System würde auch für den Kunden klare Verhältnisse schaffen, denn er will wissen, wohin er sich wenden muss, wenn er etwas kaufen oder reklamieren will. Aber in der Welt der Social Media bieten viele Händler alles in jedem sozialen Netzwerk an. Sie handeln zum Beispiel Kundendienst, Verkauf und Mitarbeiterkommunikation gleichzeitig auf Twitter ab. Das geht auf Kosten der Klarheit und macht alles unnötig kompliziert.

Das Ganze strategisch anzugehen und soziale Netzwerke für klar definierte Zwecke zu nutzen, kann für die Kunden einfacher und für die Mitarbeiter leichter zu handhaben sein. Zum Beispiel nutzt die amerikanische Fluggesellschaft JetBlue Twitter als schnellen Informationsdienst, eine Website für den Kundenservice und Facebook für Werbung. Das Unternehmen liefert den Kunden eine klare Vorstellung davon, wohin sie sich mit speziellen Anliegen wenden können. Und wenn Mitarbeiter etwas mitzuteilen haben, wissen sie ebenfalls genau, welche Methode anzuwenden ist.

KONZEPT

Obwohl Social Media für Onlineshops auf unterschiedliche Weise nützlich sein kann, ist dafür ein strategisches Vorgehen nötig, und der Händler muss sich entscheiden, für welchen Zweck und welches Ziel er die einzelnen sozialen Netzwerke einsetzt.

1. Die Menschen wollen mitteilen, was sie in Ihrem Geschäft gekauft haben. Sorgen Sie dafür, dass die Kunden die Möglichkeit haben, das über Social-Media-Add-ons zu tun.
2. Denken Sie daran, dass der Einsatz von Social Media Planung und Überwachung in Echtzeit erfordert, was bedeuten kann, dass Sie neue Mitarbeiter brauchen sowie andere Arbeitsmethoden und -prozesse.
3. Facebook ermöglicht den Leuten, sich mit Ihrer Marke zu beschäftigen, aber Sie müssen sich dann auch mit den Leuten beschäftigen.
4. Twitter bietet die Möglichkeit, dass sich negative Kommentare über Ihr Unternehmen rasend schnell verbreiten, es sei denn, Sie überwachen die Website und reagieren entsprechend schnell.
5. Pinterest kann genutzt werden, um offen an Kunden heranzutreten, die in Kauflaune sind.
6. Google+ bietet Händlern verschiedene potenzielle Vorteile, vor allem beim Zeigen von Fachkompetenz gegenüber informationssuchenden Käufern.

8. Ist der Händler vertrauenswürdig?

Eine Hauptsorge beim Shoppen im Internet beruht darauf, dass quasi jeder einen Onlineshop einrichten kann. Manchmal sind Webshops nur vorgetäuscht und richtiger Betrug.

2009 fielen etliche Leute auf einen Onlineshop herein, der angeblich das neue Nintendo Wii Fit vorrätig hatte. Die Käufer erkannten den Betrug erst, als das Spiel nie bei ihnen ankam. Bis zum Jahr 2012 wurden Scheingeschäfte im Internet zu einem derart großen Problem, dass Lars Schmidt Larsen, CEO der E-Commerce-Foundation in Dänemark, eine Warnung an die Kunden herausgeben musste, die sich speziell auf drei bekannte betrügerische Shops bezog.

Laut britischem Trading Standards Institute ziehen allein betrügerische Websites für Luxusartikel jedes Jahr weltweit mehr als 120 Millionen Besucher an, und 82 Milliarden britische Pfund werden für Fälschungen ausgegeben. Mittlerweile findet jedes Jahr ein World Counterfeiting Day (Weltjahrestag gegen Fälschungen und Piraterie) statt, um dieses Problem in das Bewusstsein der Öffentlichkeit zu bringen. Als Folge davon wollen die Konsumenten sicher sein, dass der Shop, von dem sie etwas kaufen möchten, auch wirklich existiert.

Eye-Tracking-Studien zeigen, dass Menschen zum Beispiel darauf achten, ob oben rechts auf Ihrer Website gut sichtbar eine Telefonnummer steht. Falls ja, so signalisiert das Ihre Bereitschaft, Anrufe entgegenzunehmen. Folglich muss Ihr Unternehmen tatsächlich existieren – so der Gedankengang. Manche Menschen scrollen auch nach unten und verweilen dort einen Moment. Anscheinend suchen sie nach Dingen wie einer Adresse oder einem E-Mail-Link, den man anklicken kann – beides Möglichkeiten, Kontakt zu Ihnen aufzunehmen.

Immerhin senden viele seriöse Websites Signale für physische Existenz und die Bereitschaft aus, kontaktiert zu werden: einfache, aber wichtige Mittel, die das Vertrauen in Ihren Shop steigern, vor allem, wenn diese Punkte auf jeder Seite (oben oder unten) auftauchen und nicht nur auf der Start- oder der Kontaktseite.

Wenn Sie ein eingetragenes Unternehmen sind, so ist es in vielen Ländern gesetzlich vorgeschrieben, die Kontaktdaten auf jeder Website aufzuführen.

Vertrauen andere diesem Shop?

Wenn Menschen aufgrund der physischen Signale Ihren Shop für real halten, dann wollen sie als Nächstes wissen, ob andere Ihnen trauen.

Um eine Analogie mit der realen Welt herzustellen, stellen Sie sich vor, Sie machen Urlaub auf Lanzarote, und zwar in Puerto del Carmen an der Südostküste. Dies ist ein beliebter Ferienort mit vielen Restaurants. Nach einem Tag in der Sonne, geduscht und umgezogen, sind ganze Gruppen von Urlaubern unterwegs, um ein Lokal zu finden, in dem sie zu Abend essen können. Man sieht, wie sie auf- und abgehen, die Speisekarten lesen und dann einen Blick ins Restaurant werfen, bevor sie hineingehen. Wonach halten sie Ausschau? Sie wollen sehen, ob andere Gäste in dem Restaurant sind. Nur wenige Leute sind gern die ersten, und davon abgesehen könnte es ein Zeichen dafür sein, dass das Essen hier nicht schmeckt. Man will einen »Social Proof«, dass ein bestimmtes Lokal lohnenswert ist. Viele Leute haben auch ihr Mobiltelefon in der Hand und checken Sites wie TripAdvisor nach zusätzlichen Hinweisen.

Genauso wollen Menschen bei Käufen im Internet sehen, dass sie nicht die Ersten sind, die dieses Produkt erwerben – es sei denn, sie befinden sich in einem Wettlauf, in dem es zum Beispiel darum geht, das neueste Smartphone zu ergattern. Im Großen und Ganzen kaufen Menschen nur Dinge, die andere auch kaufen. In Ladengeschäften tun wir das unbewusst, weil wir mitbekommen, was andere tun. Social Media kann uns ebenfalls helfen, zu entscheiden, was wir kaufen wollen, sei es offline oder online. Wenn Menschen jedoch online im »Kaufe jetzt«-Modus sind, wollen sie nicht losziehen und ihre Freunde fragen, was die davon halten. Sie brauchen den Social Proof, dass das Produkt den Kauf wert ist, sofort.

Deshalb sind Bewertungssysteme mit Sternen und Kundenbewertungen so wichtig. Sie liefern den Beweis von Dritten, dass dieses Produkt den Kauf lohnt. Seien Sie aber vorsichtig, wie Sie diese Bewertungen präsentieren. Eine australische Studie gab Freiwilligen zwei Sets mit Informationen über fiktive Kaffeemarken.[101] Eine Marke war positiv bewertet, die andere negativ. Nachdem die Freiwilligen die Informationen gelesen hatten, wurde ihnen gesagt, dass die Angaben vertauscht seien, dass die negativ bewertete Marke in Wahrheit positiv sei und umgekehrt. Eine andere Gruppe von Freiwilligen erhielt dieselben Informationssets, ihnen wurde jedoch nicht gesagt, dass die dazugehörigen Marken vertauscht seien. Dann baten die Forscher der Universität von Melbourne die Teilnehmer, Bewertungen über die Kaffeemarken abzugeben. Die Teilnehmer, denen man gesagt hatte, die Informationen seien vertauscht, bewerteten dennoch die Marke gut, zu der angeblich in Wahrheit die negativen Bewertungen gehörten. Anders ausgedrückt: Die ursprüngliche Information bestand fort. Was Menschen als Erstes über eine Marke hören oder lesen, scheint ihre Gefühle bezüglich dieser Marke zu beeinflussen, auch wenn die nachfolgenden Informationen diese in einem anderen Licht erscheinen lassen.

Folglich müssen Onlinehändler darauf achten, dass Ihre besten Bewertungen oben auf der Liste stehen. Einige Softwares für Bewertungen im Internetshop listen die Bewertungen und Ratings einfach chronologisch auf. Sie verkaufen mehr, wenn Sie das nicht tun, sondern stattdessen die positivsten Bewertungen nach oben stellen.

TIPP: Nehmen Sie unmittelbare Bewertungsmöglichkeiten mit Sternen und Beurteilungssystem in Ihre Website auf. Das hält die Leute vielleicht davon ab, zentrale Beurteilungsseiten zu besuchen, bei denen Sie keine Kontrolle über die Reihenfolge der Kommentare haben.

Ratings sind nicht alles

Jeder Autor wünscht sich überschwängliche Kritiken zu seinem Buch. Also hoffe ich natürlich, dass Sie auf die Website von Amazon gehen, dieses Buch aufrufen und mit fünf Sternen bewerten. Danke. Mir ist allerdings auch klar, dass andere Bücher sich ebenfalls mit den Themen beschäftigen, über das ich geschrieben habe. Ein paar dieser Autoren mögen meine Konkurrenz vielleicht nicht, sie könnten also auf die Amazon-Website gehen und ein paar hässliche Dinge über mein Buch schreiben und ihm nur ein oder zwei Sterne geben. Sie täten das in der Hoffnung, mein durchschnittliches Rating zu drücken und möglicherweise einige potenzielle Käufer abzuschrecken.

Das Problem gefälschter Bewertungen und Ratings im Internet nimmt zu, vor allem seitens skrupelloser Unternehmen, die glauben, sie könnten sich wirtschaftliche Vorteile verschaffen, indem sie die Konkurrenz schlechtmachen. Firmen wie Amazon versuchen, Schein-E-Mail-Adressen und von dort kommende, fingierte Rezensionen zu verhindern. Aber viele Onlineshops leiden unter fingierten Beurteilungen ihrer Produkte. Eine Nutzerregistrierung hilft, das Problem bis zu einem gewissen Ausmaß zu vermeiden, aber es muss ein einfacher Prozess sein, andernfalls schreckt er die ehrlichen Kritiker ab, auf die Sie angewiesen sind.

Und es gibt noch ein wachsendes Problem: Bezahlung von Beurteilungen. Viele große Marken bezahlen Blogger und Leute mit guten Beziehungen in sozialen Netzwerken dafür, positive Bewertungen über sie zu schreiben. Laut der Beratung Gartner Inc. waren bis 2014 15 Prozent aller Beurteilungen »gekauft«.

Dennoch lesen Menschen gern Kritiken. Eine Nachrichtenseite der Reisebranche, Tnooz, behauptet, dass 95 Prozent der Hotelbewertungen nicht vertrauenswürdig seien; dennoch sagen 53 Prozent aller Leute, dass sie ohne Bewertungen nicht buchen würden. Obwohl viele Menschen diesen Bewertungen nicht trauen und der ausgeprägten Gefahr potenziellen Betrugs wollen sie diese Bewertungen trotzdem lesen. Für Onlinehändler bedeutet das, zu akzeptieren, dass es auch ein paar schlechte oder gefälschte Bewertungen gibt – besser als gar keine. Social Proofs funktionieren auf der unbewussten Ebene, sodass die Leute einen Eindruck bekommen, wie Ihr Shop im Großen und Ganzen bewertet wird. Nur selten wird dem im Detail nachgegangen.

Vertrauen ist ein Bauchgefühl

Trotz der komplizierten Wege zur Entscheidungsfindung in unserem Gehirn, die man im Magnetresonanztomografen bei der Arbeit sehen kann, agieren wir in hohem Maße nach unserem »Bauchgefühl«. Das liegt daran, dass die emotionalen Zentren unseres Gehirns in der Regel Informationen schneller bekommen als die Denkbereiche. Die emotionalen Zentren haben ihre Erkenntnisse bereits an unser Unterbewusstsein weitergegeben, bevor unser Bewusstsein auch nur die Ahnung eines Gedankens hat.

Dies wurde in einem cleveren Experiment von Professor Marius Usher an der Tel Aviv University gezeigt.[102] Er zeigte Testpersonen auf einem Computerbildschirm für jeweils einen kurzen Moment Zahlenpaare und ließ die Probanden diese beiden Zahlen addieren. Allerdings werden die Zahlen nur so kurz gezeigt, dass die Versuchspersonen eigentlich gar keine Chance haben, die Berechnung durchzuführen: Sie können nur raten. Je mehr Zahlen sie sahen, desto genauer rieten sie. Die Studie zeigte, dass Menschen sehr gut darin sind, intuitiv etwas einzuschätzen, wenn ihnen viele Daten präsentiert werden.

Deshalb ist Intuition oder Bauchgefühl online so wirkungsvoll. Die Menschen bewerten ein komplexes Aufgebot an Informationen, wenn sie sich Ihren Onlineshop ansehen. Sie wollen wissen, ob der Shop tatsächlich existiert, ob es Social Proofs gibt und ob sie sich auf der Website zurechtfinden können. Gleichzeitig versuchen sie herauszufinden, ob der Shop für sie geeignet ist, abhängig davon, welche Art von Käufer sie sind. Und all das läuft ab, bevor geschriebene Informationen überhaupt verarbeitet worden sind. Sie bewältigen so viele Daten, dass ihre Intuition gefragt ist und ihr Bauchgefühl sagt, ob es lohnt, auf dieser speziellen Website zu bleiben oder nicht.

Für Händler bedeutet das: Wenn Ihre Website nicht alle »Bauchgefühl-Kriterien« erfüllt, werden die Leute innerhalb von Sekundenbruchteilen mit einem Klick von Ihrer Site verschwinden. Folglich hängt das Vertrauen zu Ihrer Website von mehr Dingen ab als dem Signalisieren von Sicherheit – es baut auf dem kompletten Bild auf. Wie können Sie Ihre Website mit diesem Wissen im Hinterkopf gestalten?

Natürlich möchten Sie, dass Ihre Seite schön aussieht. Aber wichtiger als Ästhetik ist, sich auf den gefühlsmäßigen Eindruck zu konzentrieren, den das Design hervorruft. Wenn Sie zum Beispiel Designeruhren im Wert von mehreren Tausend Euro verkaufen, dann müssen Design und Typografie das nahelegen. Wenn Sie jedoch auf derselben durchgestylten Website preiswerte Uhren zu 10 Euro das Stück anbieten, entsteht für potenzielle Kunden eine psychologische Nichtübereinstimmung, bekannt als kognitive Dissonanz. Passen Sie das Design den Erwartungen des Betrachters an, sodass dieser instinktiv weiß, dass er auf der richtigen Website ist, und sich darauf verlässt. Wenn Sie einen 1-Euro-Shop haben, muss Ihre Website auch entsprechend aussehen, sonst lässt die kognitive Dissonanz den Betrachter annehmen, dass irgendetwas faul ist an Ihrem Geschäft. Das Design Ihrer Website ist ein wesentlicher Faktor für das Übermitteln unbewusster Signale für Vertrauenswürdigkeit.

KONZEPT

Wenn die Menschen Ihrem Onlineshop nicht trauen, dann wird auch das cleverste Marketing oder jedwede Verkaufsstrategie sie nicht dazu bringen, etwas von Ihnen zu kaufen. Deshalb müssen Sie Vertrauen bei Ihren Kunden wecken, und das ist zum Glück nicht schwierig.

1. Setzen Sie Adresse, Telefonnummer und E-Mail-Adresse auf jede Seite.
2. Stellen Sie auf Ihre Seite Social Proofs mit Bewertungen und Ratings.
3. Nehmen Sie hin, dass Sie fingierte Bewertungen erhalten werden, aber versuchen Sie, diese auszusortieren.
4. Listen Sie Ihre Beurteilungen entsprechend des positiven Feedbacks auf und stellen Sie die besten nach ganz oben.
5. Sorgen Sie dafür, dass Ihre Website professionell aussieht, aktuell und fehlerfrei ist, da hierdurch das Bauchgefühl des Besuchers beeinflusst wird.
6. Ihre Website muss gestalterisch zu dem passen, was Sie verkaufen.

9. Die Nachteile vermeiden

Zu meinen kostbarsten Besitztümern zählt ein goldener Classic-Century-Kugelschreiber von Cross, dem Hersteller von Qualitätsschreibgeräten. An der Seite sind meine Initialen eingraviert, und ich besitze diesen Stift seit 1979. Es war ein Geschenk des Musikers Bryan Ferry. Damals arbeitete ich als Pressesprecher bei Polydor Records, wo ich mich unter anderem um die Berichte über Roxy Music kümmerte. Damals hatte ich mitgeholfen, den Song »Angel Eyes« bekannt zu machen, der in jenem Jahr auf Platz 49 der meistverkauften Singles landete. Ich schätze diesen Stift bis heute und weiß, dass ich ihn als Anerkennung für meine damalige Leistung bekommen habe.

Nur selten erhält man ein Geschenk, das nicht an eine Leistung oder ein Ereignis gebunden ist, und doch wollen viele Onlineshops Ihren Kunden genau das glauben machen. Sie wollen den Kunden einreden, etwas umsonst zu bekommen, manchmal sogar eine ganze Palette kostenloser Prämien.

Viele der sogenannten Experten für Internetmarketing werden Ihnen sagen, dass Dreingaben helfen, Ihre Produkte zu verkaufen. Steve Salerno, der in seinem Buch *SHAM* die Selbsthilfebranche entlarvte, hob hervor, dass auf einer Website ein E-Book mit dem Titel *Should You Stay or Should You Go?* mit nicht weniger als sieben Dreingaben verkauft wurde.[103] Derartige Angebote sind im Netz tatsächlich nicht unüblich, und es scheint bei den Marketingexperten einen richtigen Wettbewerb zu geben, wie viele Prämien man auf eine Verkaufsseite packen kann.

In der Theorie geht man davon aus, dass die Leute denken: »Wow, da bekomme ich aber eine Menge! Ich bezahle nur für eine Sache und bekomme den ganzen Rest umsonst.« Schöne Theorie, aber leider nicht die Realität. Forschungen zur Psychologie der Entscheidungswahl zeigen, dass sich Bonusprodukte sogar nachteilig für die Onlineshops auswirken können. In einer Studie an der Stony Brook University, New York, fand der Marketingprofessor Michael Kamins heraus, dass Werbegeschenke dazu beitragen können, Produkte abzuwerten.[104] Dreingaben basierend auf »Kauf dies und bekomm das alles noch kostenlos dazu« gibt den Menschen nicht das Gefühl, etwas dazuzugewinnen.

Stellen wir uns einmal vor, Sie bieten einen Lehrgang an und geben drei Bücher kostenlos dazu, die Ihrer Schätzung nach 150 Euro wert sind. Wenn jemand nicht an dem Lehrgang interessiert ist, aber dennoch gern die Bücher kaufen würde, wird er wohl kaum bereit sein, 150 Euro dafür auszugeben, wenn Sie die Bücher auch kostenlos abgeben. Bonusgegenstände können nicht später zu ihrem angestrebten Preis verkauft werden, weil die Kunden sie mental bereits entwertet haben: »Wenn Sie bereit sind, etwas umsonst abzugeben, kann es nicht so viel wert sein, wie Sie behaupten.«

Das legt nahe, dass die in Supermärkten so beliebten »Zwei zum Preis von einem«-Kampagnen langfristig der Profitabilität schaden. Für kurzfristigen Geldfluss mögen sie gut sein, aber wenn die Kampagne vorbei ist, werden die Konsumenten nicht wieder den ursprünglichen Preis zahlen, weil sie das einzelne Produkt mental abgewertet haben. Online gilt das Gleiche. Wenn Sie ein Produkt verkaufen und einen Bonus dazugeben, entwerten Sie diesen Bonus für zukünftige Verkäufe. Gleichzeitig entwertet das Vorhandensein des Bonus die Marke und alles andere, was Sie verkaufen wollen. Bonusgegenstände scheinen zu helfen, ein Geschäft dingfest zu machen, wenn jemand unschlüssig ist, von daher können sie den Umsatz steigern, aber Sie müssen auch an die Rentabilität denken, und dafür scheinen Boni nicht gut zu sein.

Hinter der Fülle von Websites, die »kostenlose Geschenke« und Boni anbieten, steckt vermutlich die Überzeugung, das psychologische Prinzip des wechselseitigen Gebens und Nehmens anzusprechen – wenn Ihnen jemand etwas Gutes tut, fühlen Sie sich verpflichtet, sich zu »revanchieren«. Aber Wechselseitigkeit funktioniert nur zwischen Individuen: Die Menschen erwidern eine Gefälligkeit nicht anonym.

TIPP: Um das Abwerten Ihrer Marke, Ihrer Produkte und Ihres Onlineshops zu vermeiden, sollten Sie auf »Überredungsgeschenke« verzichten. Diese mögen zwar einen kurzfristigen Gewinn bringen, haben aber langfristig negative Auswirkungen.

Schade, leider nicht gewonnen

Frank Furness ist mit Leib und Seele Verkäufer: Er verkörpert die Tour de Force des Verkaufens. Man trifft ihn auf Marketing- und Verkaufsveranstaltungen auf der ganzen Welt, wo er den Menschen erzählt, wie sie online Produkte vermarkten und verkaufen können. Frank verkauft selbst Dutzende von Produkten, wie DVDs und Bücher, Mini-Musikanlagen und Software. Sobald er mit seinem Vortrag fertig ist, stehen die Leute Schlange, um seine Produkte zu kaufen.

Frank erzählte mir, dass er eine Lieblingstechnik habe, um mehr zu verkaufen. Bei jedem Vortrag stellt er eine Frage, die nach sich zieht, dass jemand aus dem Publikum die Hand hebt. Er kündigt vorher an, dass der Erste, der die Antwort auf seine Frage weiß, einen Preis bekommen wird – eines seiner Bücher oder eine DVD. Natürlich kann er in einem Saal mit mehreren Hundert Leuten gar nicht erkennen, wer sich zuerst gemeldet hat. Er sucht jemanden ganz hinten aus, steigt von der Bühne herunter, reicht das Produkt einer Person in der ersten Reihe und bittet ihn oder sie, es nach hinten durchzureichen. Das verschenkte Buch wandert dann durch Dutzende von Händen und wird von vielen Leuten aus der Nähe gesehen. Sie alle fühlen sich dadurch dem Produkt wesentlich näher und sind stärker daran interessiert, es im Anschluss an den Vortrag zu kaufen.

Nur wenige Preise rentieren sich derart, vor allem online. Bei vielen der übelsten Internetmaschen wird so getan, als hätten Sie einen Preis gewonnen. Sie müssen nur noch »hier klicken« oder Ihre E-Mail-Adresse angeben, und schon gehört er Ihnen – gut gemacht! Die schlimmsten dieser Schwindel installieren auf Ihrem Rechner Software, die private Daten sammelt oder den Computer mit einem Virus infiziert, um ihn dann als Teil eines groß angelegten Hackerangriffs zu nutzen. Natürlich sind solche Versuche, Sie mit einem angeblichen Preis zu ködern, illegal. Aber dennoch finden sich legale Websites, die nach der gleichen Methode vorgehen, um mehr Leute auf ihre Mailingliste zu bekommen. Tatsächlich können Sie sogar Websites finden, die behaupten, dies sei eine gute Methode für Sie, um Ihre Liste zu erstellen. Glauben Sie das bloß nicht. Die einzige Mailingliste, die es sich zu haben lohnt, ist eine, auf der die Leute stehen wollen, weil ihnen gefällt, was Sie anbieten.

Darüber hinaus legt die Forschung nahe, dass diese Methode für die Firma, die den Gewinn vergibt, nicht funktioniert. Eine Studie an der Case Western Reserve University in Cleveland, Ohio, betrachtete das Verhalten von Menschen, nachdem sie bei einem Glücksspiel einen Überraschungsgewinn erhalten oder verloren haben. Die Forscher entdeckten, dass anschließend kurzzeitig die Risikobereitschaft (in diesem Fall in Bezug auf Glückspiele) reduziert war, und zwar unabhängig davon, ob die Überraschung positiv oder negativ ausgefallen ist.[105] Das hat natürlich Bedeutung für Menschen, die online verkaufen wollen, denn auch das Kaufen kommt häufig dem Eingehen eines Risikos gleich – die Menschen riskieren ihr Geld in der Annahme, dass ihnen das, was sie kaufen, in irgendeiner Weise nutzt. Anders ausgedrückt reduziert das Vergeben von Preisen Ihr Verkaufspotenzial, zumindest kurzfristig.

TIPP: Zwischen Vergeben von Gratisprodukten und Verkaufsangeboten muss angemessen Zeit verstreichen. Andernfalls sind Gratisprodukte nicht verkaufsfördernd.

Niemand will Ihnen wirklich helfen

So ähnlich wie der »Sie haben gewonnen«-Trick ist die »Wir können Ihnen helfen«-Masche. En typisches Beispiel dafür findet sich, wenn Sie eine Website besuchen und plötzlich öffnet sich ein Fenster mit dem Wortlaut: »Ihr Computer ist mit einem gefährlichen Virus infiziert. Klicken Sie hier und wir entfernen ihn für Sie.« Das klingt plausibel und legal, ist es aber nicht. Das Fenster, das sich geöffnet hat, weist vielleicht verschiedene offiziell wirkende Zeichen, Namen und Links auf und ist so gestaltet, dass Sie es für seriös halten. Tatsächlich handelt es sich jedoch um einen Schwindel, mit dem Ihnen Angst gemacht werden soll, damit Sie bestimmte Software kaufen.

Das psychologische Prinzip, das die Betrüger hierbei nutzen wollen, ist Autoritätshörigkeit. Von dem amerikanischen Psychologen Stanley Milgram in den 1960ern durchgeführte Experimente zeigten, dass Menschen dazu neigen, autoritären Anweisungen Folge zu leisten, auch wenn diese im Widerspruch zu ihrem Gewissen stehen. In seinem Experiment in Yale musste die Versuchsperson einen anderen Probanden für falsch beantwortete Fragen mit einem Stromschlag bestrafen. Die Voltzahl wurde nach jeder falschen Antwort erhöht. 65 Prozent der Teilnehmer steigerten die Voltzahl bis zur Maximalstärke und brachen das Experiment nicht vorher ab. Die Antwortenden waren Schauspieler und erhielten in Wahrheit keine »Elektroschocks«, aber der Versuch zeigte, dass die Versuchspersonen bereit waren, die Schocks zu verabreichen, weil sie von einer Person in einer Autoritätsposition dazu aufgefordert wurden.[106]

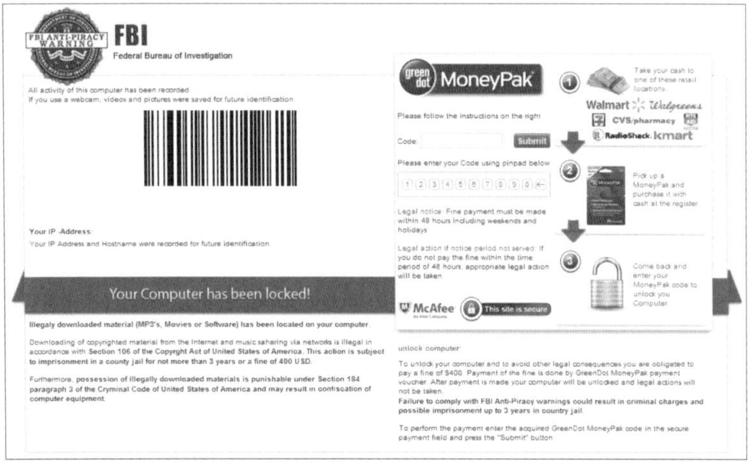

Abbildung mit freundlicher Genehmigung der http://www.bleepingcomputer.com/virus-removal/remove-fbi-anti-piracy-warning-ransomware

Diese klassische Studie wird oft von skrupellosen Marketingexperten verwendet, um zu behaupten: Wenn Ihre Website eine Autorität darstellt, werden die Menschen tun, was die Website vorgibt. Die Pop-ups, in denen behauptet wird, dass der Computer infiziert sei, verwenden diese Technik. Pop-ups sind kleine Fenster, die sich selbst über die Browserseite legen und häufig für Werbung benutzt werden, aber diese spezielle Variante verfolgt ein noch übleres Ziel. Solche betrügerischen Pop-ups versuchen autoritär und offiziell zu wirken und vermitteln den Anschein, sie wären vom FBI, und enthalten die Logos von Antivirus-Softwarefirmen.[107] Sie behaupten, Ihr Computer sei blockiert und Sie müssten eine Geldstrafe zahlen. Diese Art von Betrügereien hat Folgen: Je ausgeprägter skrupellose Unternehmen versuchen, die Psychologie der Autoritätshörigkeit einzusetzen, desto weniger glauben wir, dass es diese Autorität tatsächlich gibt, denn unsere Erfahrung wächst, dass alles nur Lug und Trug ist.

Im Jahr 2008 war die Situation eine andere: Laut einer von der North Carolina State University durchgeführten Studie haben Menschen die betrügerischen Nachrichten oft gar nicht wahrgenommen.[108] 2011 sah das schon anders aus. Die Leute entwickelten ein zunehmendes Bewusstsein für Pop-up-Nachrichten und reagierten verärgert, wie eine Studie des Florida Institute of Technology zeigte.[109] Mittlerweile verfügen Webbrowser standardmäßig über eingebaute Pop-up-Blocker. Die Konsequenz für ehrliche Shopeigentümer ist, dass ihre Pop-ups wegen skrupelloser Machenschaften unredlicher Marketingexperten weniger wert sind als früher.

TIPP: Verzichten Sie bei Ihrer Website auf Pop-up-Fenster – sie verringern den Respekt der Leute gegenüber Ihrer Firma und reduzieren dadurch das Verkaufspotenzial.

Bis zum Gehtnichtmehr ausquetschen bringt nichts

Eine der häufigsten Verwendungen von Pop-ups im Internet ist die Squeeze-Technik. Eine Squeeze-Page ist eine Website, die Ihnen nur die Alternativen lässt, Ihre E-Mail-Adresse anzugeben oder die Seite zu schließen. Es gibt keine weiterführenden Links, keinen Homepage-Button und keine Navigation. Sie können nur das dafür vorgesehene Feld für mehr Informationen ausfüllen. Sobald Sie das getan haben, werden Sie zur Hauptwebsite geleitet oder zu irgendeiner anderen Seite, von der Sie das Werbegeschenk herunterladen können, für das Sie sich nun registriert haben. Diese Technik ist nur konzipiert, um Informationen aus Ihnen herauszupressen. Nachdem Sie erst einmal Ihren Namen in ein solches Feld eingegeben haben, werden Sie für gewöhnlich mit E-Mails überschwemmt, die Ihnen den Kauf aller möglichen Produkte vorschlagen, in der Regel von angegliederten Links.

Dahinter verbirgt sich die Theorie, dass man nur genügend Traffic zu einer Squeeze-Page generieren muss, und den unglückseligen Personen, die sich dort registrieren, Hunderte von E-Mails schicken muss, damit am Ende ausreichend Menschen Ihre Produkte kaufen, sodass Sie gut davon leben können. Das mag in einigen Fällen funktionieren, aber die Misserfolgsquote ist sehr hoch.

Werfen wir einen Blick auf die Zahlen. Die durchschnittliche Konversionsrate im Internet liegt bei 2 Prozent. Das bedeutet, dass nur 2 Prozent der Leute, die auf einer Squeeze-Page landen, sich dort auch registrieren. Bei dem folgenden E-Mail-Prozess beträgt die Wahrscheinlichkeit, dass die Leute einen Link anklicken, wieder 2 Prozent, und im Schnitt kaufen 2 Prozent von ihnen etwas. Wenn Sie es also geschafft haben, durch die Squeeze-Page 2.500 Leute auf Ihre E-Mail-Liste zu bekommen, so werden wahrscheinlich 50 Leute auf einen Link klicken und nur einer von ihnen wird ein Produkt kaufen. Um jedoch die 2.500 Leute auf Ihre Mailingliste zu bekommen, brauchen Sie 125.000 Besucher auf Ihrer ursprünglichen Squeeze-Page – das sind verdammt viele Leute für einen Verkaufsabschluss.

Darüber hinaus besagt die psychologische Grundlagenforschung, dass Squeeze-Pages überhaupt keine gute Idee sind. In einer Studie mit Vorschulkindern in den 1970ern prägte der Yale Professor Mark Lepper den »Overjustification Effect« (etwa: Effekt der Überrechtfertigung). Dieser tritt auf, wenn sich der Erhalt einer Belohnung demotivierend auf eine Handlung auswirkt. Anders ausgedrückt: Wenn Sie auf einer Squeeze-Page Ihre E-Mail-Adresse eingeben, um irgendetwas kostenlos zu bekommen, interessieren Sie sich am Ende weniger für das Produkt, das Ihnen zugeschickt wird, und die Seite, auf die Sie weitergeleitet werden. Für wie viele kostenlose Angebote haben Sie sich eingetragen, das E-Book heruntergeladen und bisher noch nicht einmal das Inhaltsverzeichnis gelesen? Squeeze-Pages verringern die Bindung zu Ihren Kunden, statt sie zu intensivieren.

TIPP: Verzichten Sie auf Squeeze-Pages, denn ohne sie werden Sie Ihr Ansehen behalten oder gar verbessern und darüber hinaus einen Rückgang der Bindung zu Ihren Produkten verhindern.

Heute Nachmittag werden Sie keine Million mehr verdienen

Einer der größten Irrtümer im Hinblick auf das Internet besteht in dem Glauben, Sie könnten einen Onlineshop eröffnen und wären im Nu Millionär. Das Web ist übersät mit geplatzten Träumen jener, die davon überzeugt waren, sie wären spätestens zum Fünfuhrtee Millionär. Der Trick besteht übrigens darin, ein einfaches E-Book zu verkaufen, das Ihren Kunden sagt, sie sollen eine Website einrichten, die das »Geheimnis« verkauft, wie man Millionen verdient – nämlich mit einem E-Book, das den Kunden sagt, sie sollen eine Website einrichten, auf der ein E-Book verkauft wird, das das »Geheimnis« verrät, wie man Millionen verdient – und immer so weiter. Das Versprechen von Millionen funktioniert nur für die erste Person in der Kette, die Millionen von Bücher an jene Pechvögel verkauft, die glauben, sie könnten reich werden, ohne dafür arbeiten zu müssen.

Aber Sie wussten, dass das nicht geht, oder? Sie mussten nicht einmal darüber nachdenken – sie »wussten« es einfach. Es gibt hinreichend psychologische Untersuchungen, die bestätigen, dass Ihr Bauchgefühl wesentlich häufiger recht hat, als dass es sich irrt. Wenn Sie im Herzen spüren, dass etwas nicht stimmt, dann ist das höchstwahrscheinlich auch der Fall.

2012 führten Forscher an der Universität von Exeter Forschungen zum Bauchgefühl bei Finanzangelegenheiten durch. Dabei stellte sich heraus, dass wir bei der letztendlichen Entscheidung sogar dann manchmal auf unser Gefühl statt auf unseren Kopf hören, wenn wir sehr wahrscheinlich von dem, was uns angeboten wird, finanziell profitieren würden.[110] Wenn Sie also eine Website sehen, die Ihnen die Möglichkeit verheißt, in Windeseile Millionär zu werden, denken Sie vielleicht, dass Sie das Geld schon gern hätten – logisch, wer nicht? –, aber Ihr Bauch rät Ihnen, die Sache zu vergessen. Falls Sie auch nur den geringsten Zweifel haben, von einer Website etwas zu kaufen, dann hören Sie auf Ihr Bauchgefühl. Wenn Ihr Shop also übertriebene Behauptungen zu Ihren Produkten oder Dienstleistungen aufstellt, werden potenzielle Kunden vermutlich von einem Kauf absehen, weil ihr Bauchgefühl ihnen sagt, dass das Angebot zu gut ist, um wahr zu sein.

TIPP: Stellen Sie keine Behauptungen auf, die nicht bewiesen werden können oder zu wild und extrem klingen. Die Leute werden Ihnen nicht glauben, und Sie entwerten Ihr Geschäft als solches.

Neid ist ein negatives Gefühl

Ein anderer Trick vieler Marketingexperten funktioniert so, dass Ihnen Bilder Ihres neues Ferrari, Ihrer Villa am Strand auf irgendeiner idyllischen Insel und Ihren gut aussehenden Partner mit einer Rolex am Handgelenk gezeigt werden. Das soll Ihren Neid wecken und Sie anspornen. Es funktioniert nicht. Auf ähnliche Weise kann es sich gegen Sie wenden, wenn Ihr Geschäft die Botschaft aussendet, was Kunden gewinnen können, indem sie Ihre Produkte kaufen.

Eines der Probleme beim Erzeugen von Neid besteht darin, dass es zur Ausschüttung von Stresshormonen kommen kann, was wiederum die Denkfähigkeit beeinflusst. Wie Dr. Art Markman, ein Psychologe von der Universität von Texas, es auf der Website *Psychology Today* ausdrückte:

> »Wenn Sie Neid verspüren, so scheint sich das jeglichem anderen Denken in den Weg zu stellen. Viele Forschungsergebnisse weisen darauf hin, dass stressige Emotionen das Denken blockieren können. Neid ist insofern wie Stress, als es ein negatives Gefühl ist.«[111]

Wenn Sie versuchen, etwas zu verkaufen, gehört zu den schlimmsten Dingen, die Sie tun können, das Hervorrufen negativer Gefühle – Sie müssen positive Gefühle bei Ihren Kunden wecken. Wie bereits erklärt, werden viele Kaufentscheidungen letztlich mit dem Bauch gefällt – womit wir die Gefühlszentren im Gehirn meinen. Wecken Sie also positive Gefühle, indem Sie bei Ihrer Werbung und auf der Website zum Beispiel mit Humor arbeiten.

TIPP: Eine der positivsten Emotionen ist Humor. Wenn Sie Ihre Kunden zum Lächeln bringen, wird sich das sehr wahrscheinlich positiv auf Ihre Verkaufszahlen auswirken. Zu den am meisten auf YouTube gezeigten Videos gehören lustige Werbespots.

Betrug funktioniert nicht

Die Unmengen von Onlinesünden, Betrügereien und Schwindeleien scheinen alle in unser Gehirn kriechen und uns auf die eine oder andere Weise dazu bringen zu wollen, zu kaufen, was auch immer in dem jeweiligen Shop zu erwerben ist. Aber entweder wurden die psychologischen Prinzipien, auf die sie sich stützen, bis zur Unkenntlichkeit verzerrt, oder aber sie funktionieren einfach nicht auf die Weise, in der diese Betrüger es wollen.

Da es im Internet viele negative Verkaufsmethoden gibt, entsteht sogar für anständige, seriöse Shops eine negative Verkaufsumgebung, in der es für sie schwierig ist, so viel zu verkaufen, wie sie gerne möchten, da die Betrügereien und das unseriöse Verhalten zu einem allgemein steigenden Misstrauen gegenüber dem Onlineshopping führen.

KONZEPT

Es gibt eine Unmenge betrügerischer Shops im Internet, und diese beeinflussen die Verkäufe seriöser Geschäfte, da alle über einen Kamm geschoren werden. Damit Sie nicht mit kriminellen Verkaufspraktiken in Verbindung gebracht werden, ist es wichtig, Ihren Onlineshop so aufzustellen, dass er die Wirkung guter Verkaufspraktiken maximiert.

1. Ignorieren Sie jegliche Verkaufstechnik, die Ihr »Bauch« für eine schlechte Idee hält.
2. Verwenden Sie keine Pop-ups.
3. Verwenden Sie keine Gratisprodukte, die nur über Squeeze-Pages erhältlich sind.
4. Gestalten Sie Ihre Website und Ihr Marketingmaterial so, dass es ausschließlich positive Gefühle hervorruft.

10. Der perfekte Onlineshop

Als der amerikanische Kaufmann Harry Gordon Selfridge 1909 sein Geschäft an der Oxford Street in London eröffnete, tat er etwas, das vor ihm kein anderer großer Einzelhändler getan hatte. Er gestattete den Kunden, die Waren anzufassen, um zu spüren, was sie kauften. Zu den radikalen Veränderungen, die er herbeiführte, gehörte auch, den Eingangsbereich mit Düften zu erfüllen, die Frauen in den Laden ziehen würden. Heute noch betreten Sie bei Selfridges – und vielen anderen Kaufhäusern auf der ganzen Welt – zuerst die Parfümabteilung, wo Sie eine breite Palette angenehmer Düfte empfängt. Harry Selfridges Methode, die gerade erst emanzipierten Frauen in den Laden zu holen, hat die Zeiten überdauert.

Wenn Sie den Laden dagegen aus westlicher Richtung betreten, von der Orchard Street aus, heißen Sie die köstlichen Düfte der Food Hall willkommen. Treten Sie aus östlicher Richtung ein, über die Duke Street, finden Sie sich entweder vor der Champagner- und Kaviarbar wieder oder inmitten der neuesten Damenmode. Durch welche Tür Sie auch immer eintreten, Sie sehen sofort, was es zu kaufen gibt. Vielleicht hat Selfridges deshalb 2012 den Titel »Bestes Kaufhaus der Welt« verliehen bekommen.

Machen Sie deutlich, was Sie verkaufen

Online geben Ihnen die Menschen nur wenige Sekunden: Wenn Sie nicht schnell und deutlich zeigen können, was Sie auf Ihrer Website anbieten, werden die Besucher gehen, weil sie keine Zeit verschwenden wollen.

Zweifellos sind Ihnen auch schon Onlineshops untergekommen, die schlecht gestaltet waren und nicht erkennen ließen, was sie eigentlich verkaufen. Ich will hier niemanden in Verlegenheit bringen, indem ich konkrete Beispiel nenne, aber die Website »Web Pages That Suck« verleiht jedes Jahr Preise für »The World's Worst Websites«. Seitenbesitzer schenken dem anscheinend jedoch nicht viel Beachtung, denn die Preise werden seit nunmehr 18 Jahren verliehen.

Zum Glück gibt es genügend andere Websites, auf denen vom ersten Moment an klar erkennbar ist, was gekauft werden kann. Zum Beispiel ist das deutsche Fahrradgeschäft Myownbike.de völlig klar bei dem, was es verkauft. Sie können gar nicht auf die Idee kommen, dass es hier um etwas anderes als Fahrräder geht.

Auf ähnliche Weise ist von dem Moment an, in dem Sie die Website der New Zealand Wine Society geöffnet haben, deutlich zu erkennen, was hier angeboten wird. Sie können auf das Bild einer Weinflasche klicken und direkt auf der ersten Seite eine Kiste bestellen.

Websites wie diese funktionieren hervorragend für praktisch ausgerichtete Käufer – wie in Kapitel 3 erklärt, sind das Leute, die genau wissen, was sie wollen, und genau das möglichst schnell erwerben wollen – denn sie zeigen auf Anhieb, dass der Kunde hier richtig ist. Andere Websites richten sich an Information suchende Kunden, indem sie sofort zeigen, dass sie informationsbasiert sind. Die Anglerwebsite gofishing.co.uk macht das sehr gut. Es gibt etliche Links zum Shop des Unternehmens, falls Sie etwas kaufen wollen, aber die Startseite ist eindeutig informativ, mit Links zu verschiedenen ausführlichen Artikeln übers Angeln sowie Seiten mit Tipps und Hinweisen. Diese Seite spricht Kunden an, die sich in erster Linie informieren und erst in zweiter Linie kaufen wollen.

Als weiteres Beispiel konzentriert sich der Juicemaster-Shop in Australien auf das Anbieten von Informationen für den informationsinteressierten Käufer, macht aber gleichzeitig deutlich, wo man etwas kaufen kann, nachdem man sich genügend informiert hat.

Voraussetzung für dieses Vorgehen ist, zu entscheiden, für was für eine Art von Käufern die Seite konzipiert werden soll. Zielen Sie auf den »Kaufe jetzt«-Kunden ab oder auf den Informationssucher? Natürlich hält Sie das nicht davon ab, zwei unterschiedliche Websites zu haben, jeweils einem der beiden Ausprägungen von Onlineshoppern angepasst.

TIPP: Machen Sie deutlich, was Sie verkaufen, machen Sie aber auch deutlich, was für eine Art von Website Sie betreiben – einen »Kauf jetzt«-Shop oder eine »Informations«-Website.

Gestalten Sie den Kaufprozess simpel

Darüber hinaus muss es unkompliziert und mühelos sein, in Ihrem Shop einzukaufen – es muss komfortabel sein. Das bedeutet, dass der ganze Prozess, vom Auswählen des Produkts über das Hinzufügen zum Warenkorb und Bezahlen reibungslos und ohne Schwierigkeiten zu handhaben ist. Wie wir in Kapitel 5 gesehen haben, passiert es oft, dass Warenkörbe einfach zurückgelassen werden, und das liegt häufig an der Komplexität des Kaufprozesses. Der perfekte Onlineshop hat einen Warenkorb, der schnell und effizient arbeitet.

Leider ist der einfachste Weg des Onlineshoppens – mit einem einzigen Klick – nicht möglich, da Amazon hierauf das Patent hat. Aber wie bereits erklärt, funktioniert es nur dann mit einem Klick, wenn der Kunde bereits ein Konto eingerichtet hat, in dem die Bankeinzug- oder Kreditkartendaten hinterlegt sind. Um von der nächstbesten Möglichkeit – zwei Klicks – zu profitieren, braucht Ihr Warenkorb entweder eine Kontenverwaltung oder muss alle erforderlichen Felder einschließlich Kreditkartendetails auf der Bezahlseite aufführen. Einige Warenkorbprogramme bieten das, andere jedoch nicht.

Wir werden in diesem Kapitel noch erfahren, nach welchen Kriterien man ein Warenkorbsystem aussucht.

TIPP: Minimieren Sie die Anzahl an Klicks von der Produktauswahl bis zum Bezahlen. Je weniger Klicks, desto besser.

Der perfekte Warenkorb gewährleistet auch, dass Kunden vom Warenkorb zu Produktdetails und wieder zurück wechseln können. Wie in Kapitel 5 gezeigt, legen Kunden häufig Artikel in den Warenkorb und wollen noch einmal zurückgehen, um ein paar Details zu überprüfen, bevor sie bezahlen. Wenn der Warenkorb die Waren dabei »verliert« oder es nicht möglich ist, zu den Produktdetails (oder einer anderen Stelle auf der Website) zurückzukehren, ist es gut möglich, dass der Kunde den Kauf abbricht. Sie brauchen eine nahtlose Verbindung zwischen den beschreibenden Websites und dem Abwicklungssystem, sodass Kunden tun können, was sie wollen, ohne unterwegs Waren zu verlieren oder sich zu verirren.

Ein Bereich, in dem sich Konsumenten besonders schwertun, sind die Formulare, in die sie persönliche Angaben, Kreditkarteninformationen und so weiter eingeben müssen. Untersuchungen haben gezeigt, dass die Leute schnell verwirrt sind, wenn diese Formulare zweispaltig organisiert sind. Gestalten Sie also besser ein einspaltiges Formblatt, sodass alle Informationen in einem linearen Prozess eingegeben werden können. Das verringert die Komplexität.

Zahlreiche Studien haben belegt, dass »Jetzt kaufen«-Buttons abschreckend wirken können. Stattdessen funktioniert eine Formulierung wie »Jetzt bestellen« häufig besser. Solche subtilen Veränderungen sind oft abhängig von Ihrem Markt und der demografischen Gruppe, deshalb überprüft der perfekte Shop jedes Element seines Shoppingsystems mit einem Split-Test, um sicherzustellen, dass es für Kunden gut zu handhaben ist (siehe Kapitel 5). Zum Beispiel könnte eine Seite einen »Jetzt kaufen«-Button und eine andere Seite einen »Jetzt bestellen«-Button haben. Besucher landen alternativ bei der einen oder der anderen Variante. Mithilfe von Webanalytics-Software ist dann leicht ersichtlich, welche Variante zu mehr Verkäufen geführt hat, und sie verrät Ihnen auf diese Weise, welche Formulierung bei den Kunden besser ankommt.

Es gibt keine Patentrezepte für das Gestalten von Shoppingseiten oder Shoppingprozessen. Jede Kundengruppe ist anders, und der einzige Weg, einen perfekten Shop zu gestalten, geht über kontinuierliches Testen.

Eine Möglichkeit, den Kaufprozess zu vereinfachen, besteht darin, auf Ihrer Website eine umfassende Suchmaschine zu haben. Kürzlich ging ich mit einem potenziellen Klienten die Probleme mit seinem Onlineshop durch und erklärte, wie diese meiner Meinung nach zu beheben seien. Diese Firma wollte wissen, warum so viele Menschen etwas in ihre Suchmaschine eintippten, dann aber keines der Ergebnisse anklickten. Ich testete dieses Suchsystem, indem ich ein paar Wörter eintippte, die zu den von dieser Firma verkauften Produkten passten. Das Ergebnis meiner Suche verriet mir alles, was ich wissen musste. Die Suchmaschine suchte lediglich nach Produkten, aber nicht nach Informationen an anderen Stellen auf der Website. Kunden sehen die Produkte bereits in dem relevanten Bereich des Onlineshops, deshalb suchen sie oft nach weiteren Informationen.

Ein perfekter Onlineshop hat eine umfassende und ausgezeichnete Suchmöglichkeit. Und vor allem befindet sie sich an der Stelle, wo die meisten Menschen nach ihr suchen würden, in der Mitte oder – falls das nicht geht – oben rechts auf der Seite. Googles Suchmaschine ist in der Mitte, ähnlich wie bei Amazon, eBay und Facebook. Das bedeutet, dass die meisten Menschen vertraut sind mit einer zentralen Suchmaschine und der perfekte Shop sie an genau dieser Stelle platzieren wird – und sie wird schnell und umfassend sein.

Ein weiterer Aspekt der Einfachheit betrifft das Prozedere bei Rücksendungen, wie in Kapitel 6 besprochen. Menschen kaufen in der Regel öfter auf einer Website ein, wenn die Rücksendemöglichkeit klar beschrieben ist und sie die Sicherheit haben, etwas zurückschicken zu können, wenn es zum Beispiel nicht passt. Wenn Ihr Shop nicht anzeigt, wie ungewollte Artikel zurückgeschickt werden können, oder den Kunden das Finden dieser Information erschwert, möchten die Leute vermutlich weniger gern mit Ihnen Geschäfte machen. Der perfekte Shop hat deshalb ein System, bei dem die Rücksendung leicht gemacht wird und das gut erkennbar ist.

Ein letzter Aspekt des perfekten Shops ist das Nennen einer Telefonnummer – die Gründe dafür finden Sie in Kapitel 8. Das ist weniger wichtig für Megashops wie Amazon, die fest integrierte und halbautomatisierte Kundendiensteinrichtungen haben. Bei den meisten Onlineshops wissen die Kunden aber gern, dass sie bei Fragen anrufen können. Es gibt sogar Leute, die werden Ihren Shop durchstöbern und dann telefonisch bestellen. Deshalb wird der perfekte Onlineshop dort eine Telefonnummer angeben, wo die meisten Leute hinschauen – oben auf der Seite – und zwar in großer, gut lesbarer Schrift.

Die Zahlungsarten müssen klar ersichtlich sein

Die Marks-&-Spencer-Filiale in meinem Heimatort war eine der ersten Filialen in Großbritannien, die vor ein paar Jahren komplett überholt wurde. Wir hatten geduldig gewartet, solange die Umbauarbeiten liefen, und als das Geschäft in neuem Gewand eröffnete, war ich begierig, mir die Veränderungen anzusehen. Einige davon waren ausgezeichnet, wie bessere Ausschilderungen und effizientere

Wege durch den Laden, aber als ich etwas kaufen wollte, konnte ich nirgendwo eine Kasse entdecken. Wohin ich auch schaute, nirgendwo konnte ich ein Schild »Kasse« sehen. Also tat ich das, was Menschen in dieser Situation normalerweise tun, ich ging in Richtung Ausgang, weil sich in den meisten Geschäften dort die Kasse befindet. Tatsächlich befanden sich seit dem Umbau die Kassen jedoch in der Mitte des Geschäfts – nicht da, wo man üblicherweise sucht. Die Suche wurde zusätzlich erschwert, weil es keine Beschilderung gab und Kleiderständer die Sicht versperrten.

Es ist frustrierend, wenn man nicht die Stelle findet, an der man bezahlen kann. Wie der Einzelhandelsexperte Paco Underhill betont, »besteht das größte Dilemma bei den Kassentheken darin, wo man sie hinstellt«[112]. Underhill warnt davor, die Kassen zu nah am Eingang zu platzieren, weil das die Leute dazu bringen könnte, den Laden schnell wieder zu verlassen. Dennoch platzieren die meisten Händler sie genau dort. Wenn die meisten Geschäfte die Kassen an einer ähnlichen Stelle stehen haben, handelt es sich um einen Fall von Vertrautheit schaffender Benutzerfreundlichkeit und schadet nicht. Es bedeutet, dass die Menschen sich nicht in jedem Geschäft neu orientieren müssen.

Online besteht das Problem, dass Kasse und Warenkorb überall sein können. Und weil die Menschen keine Zeit auf die Suche verwenden – wie sie es in einem Ladengeschäft tun würden – verlassen sie die Website und wechseln zu einem anderen Shop, dessen Handhabung einfacher ist.

Wo sollte also der perfekte Onlineshop seinen »Kauf abschließen«- oder »Bezahlen«-Button haben? Die meisten Leute suchen rechts oben auf der Seite danach, denn dort findet man ihn bei Amazon und eBay, den Seiten, auf denen die meisten Onlineshopper einen Großteil ihrer Onlinekäufe tätigen.

Machen Sie sich keine Sorgen, wenn Ihre Website dann aussieht wie viele andere auch. Ihre Webdesigner sagen vielleicht Dinge wie: »Andere Websites platzieren es hier, heben Sie sich davon ab.« Was diesen Aspekt angeht, ist Unterscheidung jedoch gleich Unsichtbarkeit. Ihre Kasse von oben rechts wegzubewegen ist in etwa so, als würden Sie jemanden auffordern, ein Auto zu fahren, in dem es keine Pedale oder kein Lenkrad gibt. Natürlich kann derjenige trotzdem herausfinden, wie es funktioniert – wenn er sich die Mühe macht, es wäre jedoch einfacher, wenn der Prozess so abläuft, wie er ihn kennt.

Verwenden Sie die wirkungsvollsten Farben

In Anbetracht dessen, dass Besucher bei Desinteresse innerhalb von Sekundenbruchteilen wieder von Ihrer Website verschwinden können, ist Farbe eine der wenigen psychologischen Waffen, die Sie haben, um die Aufmerksamkeit zu fesseln und Konsumenten zum Bleiben zu bewegen. Die Farben auf einer Website werden vom menschlichen Auge sofort wahrgenommen, auch wenn der Besucher nicht bewusst realisiert, dass er Blau, Rot oder Grün vor sich hat. Die Farbwahrnehmung wird vom Sehzentrum geleistet, gleichzeitig nehmen jedoch andere Bereiche zum Beispiel Bewegung und Oberflächenbeschaffenheit wahr. Weil verschiedene Teile des Gehirns dabei zusammenarbeiten, können Menschen, die unter Farbenblindheit leiden, zwar keine Farben sehen, sie sind jedoch in der Lage, Farb*unterschiede* wahrzunehmen.

Farben sind der am schnellsten erkannte Aspekt auf jeder Website. Über »Farbpsychologie« wurde jede Menge geschrieben. Sie finden zahlreiche Interpretationen, was Farben bedeuten und wie Sie diese in Ihrem Onlineshop einsetzen sollen. Bedauerlicherweise beruhen viele dieser »Ratschläge« auf Vermutungen und Hörensagen statt auf echten Beweisen. Überlegen Sie zum Beispiel einmal, was

Sie über die Farbe Grün denken. In Europa verbinden die Menschen Grün mit Natur und Recycling, aber in Südamerika denkt man an Tod. Auf ähnliche Weise steht Blau in den USA für Patriotismus, in China dagegen für Heilen. Farbe ist eine derart subjektive Angelegenheit, dass die richtige Farbwahl für Ihre Website abhängt von der Kultur und den spezifischen Umständen, unter denen sie betrachtet wird.

Über die Onlinewirkung von Farbe ist noch nicht viel geforscht worden, insbesondere im Zusammenhang mit dem Handel. Die Studien, die es bereits gibt, sind widersprüchlich und verwirrend. Bei einigen Tests führte ein roter Warenkorb-Button zu mehr Käufen als ein grüner, auf ähnliche Weise wie bei der Farbe der Preisschilder (siehe Kapitel 4); andere Studien besagen wiederum, dass Rot nicht gut funktioniert; einige behaupten, dass Blau verkaufsfördernd sei, während andere das nicht feststellen konnten. Farbe bringt auch nicht immer das hervor, was wir als »naheliegende« Reaktion annehmen würden. Wenn Sie zum Beispiel die Farbe der Beleuchtung in einem Raum untersuchen, in dem die Leute Rotwein probieren, würde man vermuten, dass rotes Licht beim Trinken von Rotwein eine Verbundenheit herstellt und zu einer positiveren Betrachtung des Weins führt. In einem Experiment hatte die Farbe des roten Lichts jedoch keine Auswirkung auf den wahrgenommenen Geschmack. Wenn die Leute denselben Wein jedoch bei blauer Beleuchtung tranken, fanden sie den Geschmack leicht bitter.[113]

Und welche Farbe die Leute sehen, hängt darüber hinaus von der Art von Monitor oder Bildschirm ab, den sie verwenden, den Einstellungen ihres Webbrowsers, ob natürliches Licht durch ein Fenster fällt und wie der Raum beleuchtet wird. Sie können Ihre Website mit leuchtend rotem Hintergrund gestalten, aber der Betrachter sieht bedingt durch die zahlreichen beeinflussenden Faktoren möglicherweise Orange.

Dennoch sind für viele Händler wie Modeshops Farben entscheidend – wenn Kunden ein rotes Top kaufen wollen, dann möchten Sie kein pinkfarbenes betrachten, auch wenn es in Wirklichkeit rot ist. Damit die Besucher die Farben der Waren möglichst naturgetreu sehen, ist die Website des Modehändlers Asos vorrangig weiß und schwarz. Die einzigen Farben, die die Besucher sehen, sind die der Waren. Darüber hinaus wurden die Produkte vor einem weißen oder neutralen Hintergrund fotografiert, sodass es nicht zu Beeinflussungen oder Verzerrungen kommt.

Dieser ganze Bereich ist so voll mit widersprüchlichen Ratschlägen, dass nur eine Lösung bleibt – testen, testen und nochmals testen, um zu sehen, welche Farben und Strategien in Ihrer speziellen Umgebung und in Ihrem speziellen Markt am besten funktionieren.

Entscheiden Sie sich für den am besten geeigneten Warenkorb

Geben Sie die Suchkette »best shopping cart« in Google ein und Sie erhalten fast eine halbe Million Ergebnisse. Wenn Sie die verschiedenen Beurteilungsseiten oder Ergebnisverzeichnisse durchgehen, entdecken Sie zwei Dinge: Die meisten Bewertungsseiten enthalten keine echten Bewertungen, da es sich um Partnerprogramme handelt, über die Leute Geld verdienen wollen, indem sie Sie von einem bestimmten Produkt überzeugen; und zweitens enthalten diese Verzeichnisse sehr unterschiedliche Auflistungen. Tatsächlich präsentiert eine Auflistung der Top-Ten-Warenkörbe völlig andere Produkte als eine andere sogenannte Top-Ten-Liste. Verwirrend, nicht wahr?

Der wichtigste Aspekt bei der Wahl eines Warenkorbprogramms besteht in der Sicherstellung, dass es flexibel ist und Ihnen ermöglicht, genau das zu tun, was für Ihren Markt das Richtige ist. Um Ihnen bei der Entscheidung für das richtige E-Commerce-System für Ihr Geschäft zu helfen – einschließlich der am besten geeigneten Zahlmethoden –, sollten Sie zehn Fragen beantworten:

1. Brauchen Sie ein Händlerkonto?

Ein Händlerkonto ist eine besondere Art von Bankkonto, für das eine Verifikation Ihrer Person und Ihres Unternehmens benötigt wird und das besonders sicher ist. Um Onlinegeschäfte durchzuführen und Geld einzunehmen, ist ein Händlerkonto nicht zwingend nötig. Wenn Sie jedoch Folgendes tun wollen, werden Sie wahrscheinlich eines benötigen:

- Bestellungen per Telefon oder Fax entgegennehmen.
- Bestellungen persönlich entgegennehmen wie in einem Ladengeschäft.
- Schnell Geld erhalten.
- Ihre monatlichen Gebühren und Vermittlungsprovisionen reduzieren.
- Bestimmte Produkte oder Dienstleistungen verkaufen (wie »Produkte für Erwachsene«).
- Größere Einzelhandelsgeschäfte betreiben.

2. Welche Art von Händlerkonto brauchen Sie?

Es gibt zwei Arten von Händlerkonten: eines, bei dem das Konto Ihnen gehört und Sie eine direkte Beziehung zu der Bank haben, bei der es geführt wird, und ein Drittanbieter-Konto, bei dem Ihnen eine andere Firma die Mitnutzung von deren Konto einräumt. Zum Beispiel bietet PayPal Drittanbieter-Händlerkonten als Teil seines Geschäfts, das die Website Payments Pro anbietet.

Der Unterschied zwischen Händlerkonten betrifft vor allem die Preisgestaltung. Drittanbieter-Händlerkonten können normalerweise kostenlos eingerichtet und schnell in Betrieb genommen werden, manchmal sofort nach dem Unterschreiben. Sie ziehen jedoch wesentlich höhere Gebühren je Transaktion und monatliche Kontoführungsgebühren nach sich, manche Firmen halten Ihr Geld sogar 30 Tage fest, bevor Sie darüber verfügen können. Ein Standard-Händlerkonto weist wesentlich niedrigere Monatsgebühren und weniger Gebühren für jede Transaktion auf. Es ermöglicht Ihnen zudem Zugriff auf eingehende Mittel innerhalb von drei Tagen. In der Regel gibt es jedoch eine Startgebühr und es dauert länger, das Konto einzurichten, wegen der notwendigen Sicherheitsüberprüfungen Ihrer Person und Ihres Geschäfts. Das Standard-Händlerkonto bietet Ihnen dennoch mehr Flexibilität.

3. Benötigen Sie einen Zahlungsabwickler?

Ein Zahlungsabwickler ist ein Service, der Kreditkarteninformationen von Ihren Kunden entgegennimmt und das Geld von deren Konto abbucht, um es auf Ihr Händlerkonto zu überweisen. Bei einigen Firmen, die Händlerkonten anbieten, wie zum Beispiel RBS WorldPay, gehört ein Zahlungsabwickler zum Service. Andere Firmen, wie SagePay, sind reine Zahlungsabwickler, sodass Sie ein separates Händlerkonto von einem zweiten Anbieter benötigen. PayPal Business ist ein Komplettpaket, bestehend aus Zahlungsabwickler und Händlerkonto.

Wenn Sie bereits ein Händlerkonto für ein vorhandenes Offlinegeschäft haben, wie zum Beispiel ein Einzelhandelsgeschäft, benötigen Sie einen Onlinezahlungsabwickler. Wenn Sie jedoch ausschließlich online Handel betreiben, dann können Sie einen kombinierten Service verwenden – Sie brauchen kein separates Händlerkonto und einen separaten Zahlungsabwickler – es sei denn, Sie wollen sich verschiedene Optionen für die Zukunft offenhalten. Wenn Sie zum Beispiel ein kombiniertes Zahlungsabwickler-/Händlerkonto haben, dann besteht das Risiko – wenn auch ein geringes – dass Sie von den Kunden kein Geld empfangen können, wenn das System zusammenbricht oder den Betrieb einstellt. Wenn Sie beides voneinander trennen, können Sie die Onlinezahlmöglichkeit schneller wieder in Gang bringen.

Für die meisten Nischengeschäfte läuft die Entscheidung auf PayPal oder einen anderen Komplettanbieter wie RBS WorldPay oder SagePay hinaus. Denken Sie daran, dass PayPal das weltweit anerkannteste Onlinebezahlsystem ist, mit mehr als 100 Millionen aktiven Nutzern, sodass der Name allein schon von Vorteil sein kann. Den getrennten Weg mit eigenem Händlerkonto und Zahlungsabwickler einzuschlagen, ist mühsamer und technisch schwierig. Dennoch wird diese Methode von größeren Unternehmen oft bevorzugt, weil sie für sicherer gehalten wird.

4. Brauchen Sie ein virtuelles Terminal?

Falls Sie Bezahlungen per Telefon, Fax oder E-Mail entgegennehmen wollen, statt eine Website oder einen Warenkorb zu verwenden, und Sie kein komplettes Standard-Händlerkonto haben, brauchen Sie ein virtuelles Terminal. Dabei handelt es sich um eine sichere Website, in die man sich einloggt und dann die Kreditkartendetails per Hand eingibt. Einige Zahlungsabwicklungsfirmen, wie SagePay, bieten standardmäßig ein virtuelles Terminal an. RBS WorldPay berechnet eine einmalige Freischaltgebühr für diesen Service. PayPal bietet es innerhalb seiner Website Payments Pro oder als eigenständige Funktion an.

5. Können Sie eine Alternative zu Händlervorgaben nutzen?

Es ist möglich, Produkte und Dienstleistungen übers Internet zu verkaufen, ohne ein Händlerkonto oder einen Zahlungsabwickler zu haben. Viele Hosting-Unternehmen bieten komplette E-Commerce-Pakete wie Webshops an, und es gibt auch spezialisierte Firmen, die Online-»Shops in a Box« anbieten. Bei beidem ist es üblicherweise so, dass Sie für eine monatliche Gebühr Produkte und Dienstleistungen verkaufen können, indem Sie das systemeigene Händlerkonto und den systemeigenen Zahlungsabwickler benutzen.

Zu den Vorteilen dieser Möglichkeit gehört, innerhalb weniger Minuten eingerichtet und in Betrieb zu sein. Dazu müssen Sie sich lediglich anmelden, ein vorformatiertes Template verwenden, Ihre Produkte hinzufügen und los geht's. Es gibt jedoch Einschränkungen. Sie sind auf das Design des Shops und die angebotenen Layouts beschränkt, was bedeutet, dass Sie vielleicht nicht den perfekten Shop für Ihre spezifischen Kunden gestalten können. Viele dieser Dienstleistungen bieten zwar Hunderte möglicher Designs an und die Möglichkeit, Ihr eigenes Logo und Ihre eigenen Abbildungen einzufügen, aber das ist längst nicht so flexibel wie das Gestalten einer eigenen Website. Außerdem berechnen Firmen, die eine Zahlungsabwicklung anbieten, in der Regel relativ hohe Gebühren und halten Einnahmen relativ lange fest, bevor Sie diese auf Ihr eigenes Konto holen können.

6. Möchten Sie wiederkehrende Zahlungen einnehmen?

Wenn Sie monatliche Beiträge berechnen wollen oder eine Art Mitgliederseite haben, für die Sie regelmäßige Gebühren erheben, müssen Sie bei der Wahl Ihres Händlerkontos oder Zahlungsabwicklers besonders sorgfältig sein. Einige bieten diese Möglichkeit nicht an und andere berechnen dafür extra. Zum Beispiel verlangt RBS

WorldPay Gateway Plus eine Freischaltgebühr, um regelmäßige Zahlungen einzuziehen.

Auch müssen Sie sicher sein, dass die von Ihnen verwendete Warenkorbsoftware Mitgliedsbeiträge oder regelmäßige Zahlungen abwickeln kann. Einige sind zwar dazu in der Lage, aber nur mit bestimmten Zahlungsabwicklern. Daraus lernen wir: Wenn Sie wiederkehrende Zahlungen einnehmen wollen, müssen Sie die Möglichkeiten gründlich prüfen.

7. *Brauchen Sie überhaupt einen Warenkorb?*

Wenn Sie verschiedene Produkte verkaufen und die Kunden möglicherweise mehr als einen Artikel erwerben, dann ist ein Warenkorb praktisch. Wenn Sie jedoch nur ein einziges Produkt anbieten oder die Kunden immer nur jeweils ein Produkt oder eine Dienstleistung bei Ihnen kaufen, kann ein Warenkorb ein überflüssiger Umweg sein. Es kann durchaus genügen, einen »Jetzt kaufen«-Button anzuzeigen und diesen mit PayPal zu verbinden.

Allerdings bieten Warenkörbe auch Vorteile. Erstens sind viele von ihnen automatisch mit Online-Zahlungsabwicklern verbunden. Wenn Sie PayPal-Buttons oder einen ähnlichen Service nutzen, müssen Sie die Buttons jedes Mal programmieren. Mit einem Warenkorb brauchen Sie die Verbindung für gewöhnlich nur einmal herzustellen, und jedes Mal, wenn Sie ein Produkt oder eine Dienstleistung hinzufügen, automatisiert die Software den Prozess für Sie. Darüber hinaus finden Kunden Warenkörbe angenehm, weil es sie überall im Web gibt und man daran gewöhnt ist. Einen Warenkorbservice auf Ihrer Website zu haben, zusätzlich zu einem »Jetzt kaufen« Button, kann das Vertrauen des Kunden in Sie stärken.

8. Was für eine Art von Warenkorb brauchen Sie?

Es gibt drei Arten von Warenkörben:

- Bei einem *gehostet*en Warenkorb, wie 1ShoppingCart oder DPD befindet sich die Dienstleistung auf dem Server des Unternehmens und Sie mieten die Nutzung. Für gewöhnlich ist Ihre Nutzung begrenzt auf die Anzahl von Kunden oder Produkten und Transaktionen, die Sie haben können.
- Ein *eigenständig*er Warenkorb ist eine Software, die heruntergeladen und in Ihrem System installiert werden kann, wie ShopFactory oder Coffee Cup Shopping Cart Creator.
- Ein *vorbereiteter* Warenkorb ist ein System, das Sie auf Ihrem eigenen Webserver installieren müssen. Zu solchen Services zählen VirtueMart oder ClickCartPro.

Ein gehosteter Service ist am besten, wenn Sie technisch nicht sonderlich versiert sind; die vorbereiteten Warenkörbe erfordern ein gewisses technisches Know-how. Ein gehosteter Service ist in der Regel weniger flexibel, weil er auf eine Vielzahl von Nutzern ausgerichtet sein muss. Wenn Sie etwas wollen, dass nur wenige andere Nutzer ebenfalls wollen, kann ein gehosteter Service das möglicherweise nicht bieten und es für Sie noch schwieriger machen, den perfekten Onlineshop zu gestalten.

9. Verkaufen Sie Downloads?

Falls Sie E-Books, Software, Musik, Videos oder andere digitale Waren verkaufen, muss Ihr Warenkorb oder Zahlungsabwickler in der Lage sein, mit dieser Art von Produkten umzugehen. Viele verfügen jedoch nicht über diese Fähigkeit. Genauso verfügen viele nicht über zeitlich begrenzte Download-Links oder andere Sicherheitsvorkehrungen, die davor bewahren helfen, dass digitale Waren weitergegeben oder gestohlen werden. Zum Beispiel erlaubt PayPal das Verkaufen von Downloads, aber Sie müssen selbst eine Sicherheitssoftware, wie DLGuard, hinzufügen. Wenn Sie digitale Waren effizient vertreiben wollen, brauchen Sie in der Regel ein vorbereitetes Warenkorbsystem.

10. Sind Sie technisch interessiert?

Eine Online-Zahlungsabwicklung einzurichten erfordert technische Fähigkeiten. Entweder müssen Sie ein vorbereitetes Handelssystem einschließlich einiger Programmierungselemente einrichten oder Sie müssen in der Lage sein, verschiedene unterschiedliche Dienstleistungen zu verbinden, wie ein Händlerkonto, einen Zahlungsabwickler und einen Warenkorb. Falls Sie technisch nicht begabt sind, kann die Zeit, die Sie dafür aufbringen müssen, kontraproduktiv sein; selbst gehostete Komplettsysteme, wie zum Beispiel 1ShoppingCart, erfordern gewisse technische Kenntnisse. Bei großen Händlern managt das natürlich die IT-Abteilung. Allerdings kann das Schreiben maßgeschneiderter Software und Erstellen des perfekten Warenkorbsystems extrem teuer und zeitaufwendig sein.

Zweifellos ist es nicht einfach, das richtige Shoppingsystem für den perfekten Onlineshop auszuwählen; es ist wesentlich komplexer als die meisten Unternehmen, mit denen ich zusammengearbeitet habe, gedacht hätten. Wenn Sie die zehn Fragen beantworten, werden Sie die Punkte, die Sie beachten müssen, effizient handhaben. Sollten Sie mit diesen Aspekten nicht sorgsam umgehen, besteht die Gefahr, dass Sie nicht die richtige Shoppingsoftware haben werden, die es Ihnen ermöglicht, für Ihre Kunden genau die richtige Art von Shop aufzubauen.

Stellen Sie Kundenbindung her

Angenommen, Sie haben ein tolles Warenkorbsystem, das Ihnen maximale Flexibilität ermöglicht, um den Bedürfnissen Ihrer Kunden zu entsprechen. Dann besteht das nächste Element des perfekten Shops in der Überlegung, wie Sie Kunden an Ihren Onlineshop binden können. Wie wir in Kapitel 7 gesehen haben, sind die Menschen begierig darauf, Freunden zu zeigen, was sie gekauft haben. Das bedeutet, dass Ihre Website über Möglichkeiten verfügen muss, mit denen die Menschen auf sozialen Netzwerken wie Facebook, Twitter, Pinterest und Google+ zeigen können, was sie gekauft haben.

Nehmen Sie unbedingt auch die Möglichkeit mit auf, dass jemand twittern kann, wenn er etwas gekauft hat, zum Beispiel auf Ihrer Auftragsbestätigungsseite. Gut ist auch, Social-Sharing-Links in Auftragsbestätigungen aufzunehmen und den Menschen dadurch eine weitere Möglichkeit zu bieten, ihre Käufe kundzutun.

Bindung entsteht andererseits auch dadurch, dass die Leute Ihnen mitteilen, wie sie Ihre Produkte und Dienstleistungen finden. Da diese Feedbacks zumeist positiv sein werden, sollten Sie die Menschen dazu ermutigen. Zum Beispiel ermunterte im Jahr 2012 TruffleShuffle, der Onlineshop für Retro-T-Shirts, seine Besucher, Bewertungen abzugeben, indem er ihnen dafür den Erhalt eines Gutscheins versprach.

Gutscheine, Rabattcoupons oder Geschenke können Besucher zwar ermutigen, Kommentare abzugeben, vor allem müssen Sie ihnen das jedoch erleichtern. Manche Websites verlangen eine getrennte Registrierung im Anmeldebereich, bevor ein Kunde eine Bewertung abgeben kann. Warum sollte sich jemand die Mühe machen, wenn er nur einen oder zwei kurze Sätze dazu sagen will, dass ihm das Gekaufte gefällt? Sie reduzieren Unübersichtlichkeit und machen es wahrscheinlicher, dass Sie Beurteilungen und Bewertungen erhalten, wenn Sie eine einzelne Seite in einspaltiger Form haben, die leicht zugänglich ist. Denken Sie daran: Wenn die Menschen Ihre Produkte und Dienstleistungen auf Ihrer eigenen Seite nicht ohne große Mühe bewerten können, gehen sie womöglich zu einer externen Website, bei der sie sich lediglich einloggen müssen, um Produkte der unterschiedlichsten Geschäfte und Hersteller zu bewerten.

Betrachten wir einmal das Beispiel von Baker's Oven, einem Brotbackautomaten, der von Breville in Australien verkauft wird. Dieses Gerät wurde viel häufiger auf der Product-Review-Australia-Website bewertet als auf Brevilles eigener Website. Um auf der Breville-Seite einen Kommentar abzugeben, muss der Kunde »Add Your Review« anklicken, woraufhin er zu einem Punkt gelangt, an dem er aufgefordert wird, sich einzuloggen. Nach dem Anklicken landet der Kunde auf einer Benutzerkonto-Anmeldeseite, und falls der Kunde noch kein Benutzerkonto hat, muss er eines anlegen. Mittlerweile ist die

Motivation, eine Bewertung zu schreiben, beträchtlich geschrumpft. Im Unterschied dazu können sie bei Product Review Australia eine Bewertung schreiben, ein Benutzerkonto anlegen oder sich auf einer Seite einloggen, zu der man mit einem einzigen Klick gelangt.

Der perfekte Onlineshop braucht ein leicht handhabbares Bewertungssystem sowie erkennbare und einfache Möglichkeiten, Käufe auf sozialen Netzwerken kundzutun.

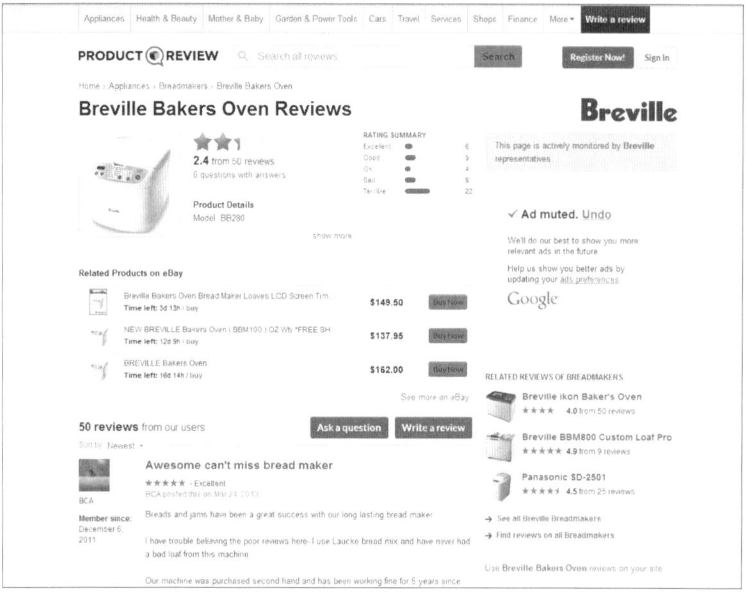

Zeigen Sie Sicherheitsbewusstsein

Sicherheit ist eine zentrale Sorge von Onlineshoppern. Wie in Kapitel 8 beschrieben, sind die Menschen vorsichtig gegenüber Geschäften, die sie nicht sonderlich gut kennen. Große, bekannte Websites können durch ihr Markenimage kombiniert mit einer erheblichen Menge an Erfahrung ein hohes Maß an Vertrauen schaffen. Aber viele Käufe werden auf kleineren Websites oder als einmalige Sache getätigt, wobei der Kunde keine Vorstellung von der Marke oder Firma hat und auch keine Erfahrung, nach der er sich richten kann. Unter diesen Umständen muss ein Onlineshop deshalb deutliche Signale der Vertrauenswürdigkeit aussenden, die zeigen, dass er verantwortungsbewusst ist.

Wie bereits besprochen, helfen kleine Dinge wie das Vorhandensein einer Adresse, Telefonnummer und einem anklickbaren E-Mail-Link unten auf jeder Seite. Diese zeigen, dass Sie real existieren und bereit sind, kontaktiert zu werden. Stellen Sie auch sämtliche Logos von Branchen- oder Berufsverbänden, denen Sie angehören, in die Fußzeile, um Ihre Legitimation zu demonstrieren – und achten Sie darauf, dass solche Logos verbunden sind mit Ihren Profilseiten bei diesen Organisationen, sodass Ihre Besucher darauf klicken und Details zu Ihrem Unternehmen nachlesen können. Die Logos von Zahlungsabwicklern oder Kreditkarten, die Sie akzeptieren, können mit den relevanten Seiten von Bankeninformationswebsites verlinkt sein, um Ihrem Shop zusätzliche Glaubwürdigkeit zu verleihen.

Am wichtigsten bei der Sicherheit im Onlineshopping ist jedoch das https-Protokoll, ein Verschlüsselungsprotokoll zur sicheren Datenübertragung, zum Beispiel von Kreditkartendaten oder persönlichen Informationen, im Internet, bekannt unter dem Namen Secure Sockets Layer (SSL). Webshopper wissen, dass dieses System das visuelle Zeichen eines Vorhängeschlosses in ihrer Browserzeile hat. Wenn Sie ein Händlerkonto oder einen Zahlungsabwickler haben, müssen Sie in der Tat als Bestandteil Ihrer Vereinbarung eine Sicherheitswebsite haben. Mit SSL bekommen Sie ein Sicherheitszertifikat von einer Organisation wie GeoTrust, Thawte oder Verisign zusammen mit einem Logo, das bestätigt, dass Ihr Shop sicher ist.

Darüber hinaus ist es eine gute Idee, eine Sicherheitsseite auf Ihrer Website zu haben, die bestätigt, was Sie tun, um Käufer zu schützen. Eine der Arten, wie Kreditkartendaten gestohlen werden, besteht darin, dass sie physisch aus den Geschäftsräumen von Onlineshops gestohlen werden statt durch Hacking von Kundenkonten. Zum Beispiel könnten sich skrupellose Mitarbeiter in das interne System einloggen, Kreditkartendetails von Kunden ausdrucken, und dann mit diesen Informationen in der Tasche aus dem Büro marschieren. Ein perfekter Onlineshop hat eine Seite, die nicht nur über die Sicherheitsvorkehrungen im Web informiert, sondern auch bezüglich der Sicherheitsmaßnahmen in Ihren Geschäftsräumen. Bei großen Firmen gehen die Leute davon aus, dass es Sicherheitspersonal gibt, aber für kleinere Firmen lohnt es sich hervorzuheben, was sie in puncto Sicherheit unternehmen. Auf diese Weise können Sie Ihre Kunden zusätzlich beruhigen und dadurch wiederum die Wahrscheinlichkeit von Käufen steigern.

KONZEPT

In sieben Schritten zum perfekten Onlineshop:

1. Zeigen Sie deutlich, was Sie verkaufen, und zwar mit den richtigen Bildern und Worten, die auf Anhieb vermitteln, was Ihr Shop bietet.
2. Vereinfachen Sie den Produktauswahlprozess, gestalten Sie ihn so reibungslos und einfach wie möglich, mit einer umfangreichen Suchmöglichkeit.
3. Zeigen Sie den Menschen, wo sie kaufen und wie sie bezahlen können, und machen Sie diese Elemente auf Ihrer Website klar erkennbar.
4. Testen Sie das Design und die Farben der Website – was in dem einen Markt funktioniert, muss nicht zwangsläufig auch in einem anderen klappen.
5. Verwenden Sie einen Warenkorb und einen Bezahlprozess, die beide für Ihren Markt die richtige Ausstattung haben.
6. Nehmen Sie Social-Engagement-Tools mit auf, wie Kommentar- und Bewertungsmöglichkeiten, sowie die Möglichkeit, dass Kunden ihre Käufe mühelos in sozialen Netzwerken präsentieren können.
7. Zeigen Sie Sicherheitsbewusstsein und dass Sie verantwortungsbewusst mit Kundendaten umgehen.

11. Die Zukunft des Onlineshoppings

Das Phänomen des Onlineshoppings wird uns zweifellos erhalten bleiben. Im Jahr 2012 stieg der Verkauf von Waren über das Internet im Vergleich zu den zwölf Vormonaten – die bereits ein Rekordjahr darstellten – um 18 Prozent. Sogar in China, wo der Großteil der Bevölkerung keinen Internetzugang hat, ist Onlineshopping eine Multimilliarden-Industrie. In jeder Sekunde shoppen Zehntausende Menschen im Internet und einige Firmen verdienen schwindelerregende Summen. Laut Amazon-Jahresbericht von 2012 lag der Nettoproduktumsatz in jenem Jahr bei knapp 52 Milliarden US-Dollar, was 1.640 je Sekunde entspricht. Gleichzeitig kommen bei eBay jede Sekunde 4.600 US-Dollar in die Kasse, und das Unternehmen geht davon aus, dass das derzeitige Handelsvolumen von 145 Milliarden Dollar im Jahr bis 2015 auf 300 Milliarden US-Dollar ansteigen wird, mehr als das Bruttoinlandsprodukt vieler Länder.

Dennoch finden sogar in Großbritannien, der weltweit führenden Nation im Onlineshopping mit im Jahr pro Kopf durchschnittlich 1.083 Pfund, 90 Prozent der Käufe nach wie vor in Ladengeschäften statt. Und viele Unternehmen sind unsicher und verwirrt, da sie feststellen, dass das, was offline funktioniert, nicht auch zwangsläufig zu einem Erfolg beim Onlinehandel führt und umgekehrt.

Onlineshopping ist auch generationsabhängig. Ältere Menschen sind weniger damit vertraut, deshalb denken sie als Erstes an ein konventionelles Ladengeschäft, wenn sie etwas brauchen. Aber auch das verändert sich. Kürzlich unterhielt ich mich mit dem Geschäftsführer einer großen Modekette, die Hunderte von Ladengeschäften hat, aber auch online präsent ist. Der Internetshop ist nicht so erfolgreich, wie die Firma es gerne hätte, was dem Durchschnittsalter der Kunden zugeschrieben wird, die in der Regel in den Sechzigern sind. Trotzdem verzeichnet der Shop seit der wachsenden Beliebtheit von iPad und anderen Tablet-PCs ein starkes Wachstum. Tablet-PCs sind einfach zu handhaben und ältere Menschen finden sie weniger technisch, was zur Folge hat, dass mehr Senioren online shoppen.

Der aktuelle Trend der Inanspruchnahme mobiler Kommunikationsgeräte bedeutet nicht nur gesteigerte Verkaufszahlen über den Onlinekanal Ihrer Firma, er steht auch für demografische Veränderungen bei den Besuchern Ihrer Website. Nicht nur die Merkmale der Käufer verändern sich, die Zahl der Käufer wächst und ihre Bedürfnisse sind anders. Nie zuvor befanden sich Händler in einer Situation, in der so viele verschiedene Veränderungen gleichzeitig und in solch extremem Tempo stattfanden.

In seinem Buch *Managing at the Speed of Change* weist Daryl Connor darauf hin, dass wir zwei Möglichkeiten haben, was rasche Veränderung anbelangt: Wir können ablehnend und besorgt reagieren, oder wir betrachten die Veränderung als Chance.[114] In vielen Unternehmen macht sich die erste Option breit. Ein Untergangsszenario greift um sich, und die Leute machen sich Sorgen wegen der vielen Arbeit, um ihr Geschäft an die aktuellen Veränderungen anzupassen, ganz zu schweigen von den Veränderungen, die hinter der nächsten Ecke bereits lauern. Das zeigt sich in vielen Studien. Zum Beispiel kaufen in Australien mehr Menschen übers Handy ein als in jedem anderen Land, was vielleicht nicht überrascht, wenn man an die dortigen Entfernungen denkt. Trotzdem berichtete die Medienwebsite mUmBRELLA zu Beginn des Jahres 2013, dass nur 36 Prozent der Onlineshops in Australien mobilfunkfähige Websites hätten. Das ist ein Symptom für das Ausmaß, in dem die Veränderung viele Wirtschaftsunternehmen überwältigt und dazu bringt, zu zögern statt zu handeln.

Im Jahr 2012 kontaktierte mich ein großes traditionelles Unternehmen, das auf das Verkaufen von Produkten an Firmen spezialisiert ist. Das Unternehmen hatte auch eine Art Onlineshop, stützte sich aber immer noch hauptsächlich auf Vertreter, die mit einem Katalog in der Hand potenzielle Kunden besuchten und auf Bestellungen hofften. Die Vorstände hatten erkannt, wie altmodisch und kurios dieses Vorgehen war und dass ihre Kunden nach einem Komplettservice-Onlineshop verlangten. Also wandte man sich an mich, um ein Konzept für die Strategieanpassung zu entwickeln. Ich hatte mehrere Treffen mit dem CEO und dem zuständigen Vorstandsmitglied und unterhielt mich mit zahlreichen Mitarbeitern über ihre Ideen. Ich führte sogar Gespräche mit einigen Kunden des Unternehmens. Und dennoch waren meine Vorschläge auch ein Jahr später noch nicht umgesetzt worden. Ich fragte den Geschäftsführer, warum das Unternehmen noch immer keinen vollständigen Onlineshop habe. Er sagte mir, dass die dafür nötigen Veränderungen bedeuten würden, dass einige der Vertreter nicht mehr gebraucht würden, wohingegen man neue Mitarbeiter für die technische Abwicklung einstellen müsse. Zudem müsse das Unternehmen die Art und Weise verändern, wie es die zu verkaufenden Produkte bewerbe und wie es seine Aktivitäten analysiere. All diese Punkte hatte ich natürlich angesprochen und in meinen Bericht aufgenommen. Faktisch war die erforderliche Veränderung einfach zu groß.

Der Onlineverkauf von Musik hätte von der Musikindustrie selbst vorangetrieben werden müssen, aber die Musikunternehmen waren zu sehr damit beschäftigt, die Leute davon abzuhalten, digital Musik zu hören. Stattdessen wurde das Onlinemusikgeschäft also von einem Nischen-Computerunternehmen eingeführt, das damals Macintosh-Tischcomputer und -Laptops vor allem für den Einsatz im kreativen Bereich verkaufte. Auf ähnliche Weise wurde die Suchmaschine nicht von Yellow Pages oder Kelly's erfunden, sondern von ein paar Studenten, die an ihrer Doktorarbeit saßen. Der erste Onlinebuchhandel war die Idee eines Computernetzwerkspezialisten an der Wall Street. Warum überlassen Leute, denen eine Branche quasi »gehörte«, die Kontrolle jemandem, der sozusagen ein Eindringling ist? Größtenteils liegt das an der mangelnden Bereitschaft, Veränderung zu akzeptieren.

Wirtschaftsunternehmen, die in dieser sich schnell bewegenden Handelsumgebung gedeihen wollen, müssen offen für Veränderungen sein und sowohl aus Online- wie auch aus Offlineerfahrungen lernen. Tun sie das nicht, laufen sie Gefahr, von flexibleren Konkurrenten überflügelt zu werden – oder pleitezugehen.

Anders ist nicht immer neu

Vor fast zehn Jahren begegnete ich bei einer Geschäftsveranstaltung in Newbury, Südengland, dem PR-Experten Nigel Morgan zum ersten Mal. Ich hielt einen Vortrag zum Thema Bloggen, einer damals vergleichsweise neuen Onlinetechnologie. Zu Beginn des Vortrags fragte ich die Zuhörer, wie viele von ihnen bereits aktive Blogger seien, und Nigel war der Einzige im Raum, der die Hand hob. Dann sagte ich, dass Bloggen für den Erfolg kleiner, regionaler Firmen unerlässlich werden würde. Tatsächlich prophezeite ich den anwesenden Firmen, wenn sie nicht innerhalb der nächsten zwölf Monate mit Bloggen beginnen würden, dann gäbe es sie in fünf Jahren nicht mehr. Heutzutage erzählt Nigel diese Geschichte selbst und fügt zwei interessante Fakten hinzu: Erstens war er der Einzige von den Teilnehmern, der mit Bloggen weitermachte und es sogar ausbaute. Zweitens existiert von den anderen Firmen keine mehr.

Ich erzähle das nicht, um Sie mit meinen prophetischen Fähigkeiten zu beeindrucken, sondern um zu zeigen, dass diese Unternehmen Bloggen für etwas Neues und Fremdes hielten, eine absonderliche Sache, die nur etwas für Computerfreaks sei. Diese neue Technologie beunruhigte sie höchstens und wurde abgetan als etwas, mit dem man sich »irgendwann einmal« beschäftigen könne, wenn man etwas mehr Zeit habe. Letztlich ignorierten sie es.

Tatsächlich ist Bloggen lediglich eine andere Form von Content Marketing. Diese Formulierung ist heutzutage sehr beliebt, dabei betreiben Politiker und Religionen dies schon seit Jahrhunderten, verbreiten ihre Botschaften auf Zetteln, Postern und in Zeitungen; und die Unternehmen haben schon immer ihre Marketingpublikationen hergestellt.

Diese Art von Problem hält sich auch hartnäckig in verschiedenen anderen Bereichen des Onlineshoppings. Zum Beispiel klingt Web Analytics hochtrabend, kompliziert und technisch, und tatsächlich ist es technisch gesehen auch kompliziert. Das Konzept des Analysierens, wie Menschen Ihren Shop nutzen, wofür sie sich interessieren, wie lange sie sich mit bestimmten Dingen aufhalten und welches die beliebtesten Produkte sind, ist schon seit Jahrzehnten eine Standardübung für Händler. Dennoch treffe ich Onlinefirmen, die besorgt sind wegen Analytics, weil sie es als etwas Neues und Fremdes betrachten, was zur Folge hat, dass sie es nicht übernehmen und eine potenziell wichtige Information nicht bekommen, die ihren Erfolg ankurbeln könnte.

Wenn ich Unternehmen frage, was sie auf ihren Websites messen, dann lautet die häufigste Antwort »Zugriffe«. Wenn Sie aber nur die Zugriffe erfassen, dann messen Sie lediglich, wie oft jedes Element Ihrer Website aufgerufen wurde, was vergleichbar ist mit dem Zählen der Personen, die in einem Ladengeschäft durch die Tür treten. Nur weil ein Besucher auf der Website war, heißt das nicht zwangsläufig, dass er sich auf aussagekräftige Weise damit beschäftigt hat.

Die Haltung, dass Neues immer komplex ist und vor allem Probleme verursacht, ist eine beträchtliche Hemmschwelle für viele Unternehmen, den tatsächlichen Nutzen des Onlinehandels zu erfassen. Es ist keineswegs die Psychologie des Internetshoppers, die ein Hindernis darstellt, sondern die des Händlers ist das Problem.

Wir haben die Technologie

Als Beispiel für diese Uneinsichtigkeit möchte ich Ihnen von meinem kürzlichen Besuch in der Buchhandlung meines Heimatortes erzählen. Ich wollte ein Buch über Marketing von Kleinunternehmen, hatte jedoch keinen speziellen Titel im Kopf, sodass mein erstes Problem darin bestand, die richtige Abteilung zu finden. Ich ging in den Bereich für allgemeine Wirtschaftsliteratur, aber es war unmöglich, Bücher über Marketing zu finden, weil die Bücher alle alphabetisch nach dem Nachnamen der Autoren sortiert waren. Das ist wunderbar, wenn Sie den Namen des Autors kennen, andernfalls ist die Suche jedoch zeitaufwendig und frustrierend. Ein Buch zu Führungskompetenz steht neben einem zu Vertrieb, worauf eines zu Buchhaltung folgt. Online bin ich es gewohnt, Bücher in Sekundenschnelle zu finden, indem ich ein Stichwort in die Suchmaschine eines Onlinebuchhandels eingebe. Ich kann das Buch anklicken, hineinsehen und es bestellen; falls es als E-Book vorliegt, kann ich schon nach kaum mehr als einer Minute mit dem Lesen beginnen. Zurück zu meinem Buchgeschäft: Es dauerte mehr als eine Minute, die richtigen Regale zu finden, geschweige denn das richtige Buch.

Aber genau da liegt der Hase im Pfeffer: Die Technologie existiert – sogar schon seit einige Jahren – dass Buchläden Suchmöglichkeiten anbieten könnten, mit denen Sie im Geschäft auf einen Bildschirm tippen und direkt zum richtigen Regal geführt werden. Buchhandlungen bieten diesen Service nicht an, weil sie nicht registriert haben, dass sich die Bedürfnisse der Menschen verändert haben. Sie lassen zu, dass effiziente Onlineshops mit Suchmöglichkeiten ihnen die Kunden vor der Nase wegschnappen.

Natürlich ist Technologietransfer keine Einbahnstraße. Für Bekleidungsgeschäfte ist ein wesentlicher Punkt, dass Kunden die Ware berühren können. Gehen Sie in ein Modegeschäft und Sie werden sehen, dass Kunden genau das die ganze Zeit tun. Oft ist es ihnen nicht einmal bewusst, weil die Händler die Kleiderständer eng zusammenstellen und die Leute die Ware beim Vorbeigehen automatisch streifen.

Textileinzelhändler verkaufen viel übers Web, aber berühren kann der Kunde die Ware erst, wenn sie bei ihm zu Hause ankommt, und oft gefällt ihm dann nicht, was er fühlt. Eine Studie der Bank Credit Suisse stellte fest, dass etwa die Hälfte der Kleidungsstücke, die kurz vor Weihnachten gekauft werden, im Januar zurückkommen.[115] Das könnte natürlich auch mit falschen Größen oder den Wechselfällen beim Schenken zu tun haben, aber eine engere Zusammenarbeit mit Internettechnologen kann helfen, das Problem zu verringern.

Seit mehr als einem Jahrzehnt ist es möglich, Berührung via Internet zu spüren, und einige ziemlich verrückte Projekte demonstrieren das darin verborgene Potenzial.[116]

Zum Beispiel war Professor Adrian Cheok von der Keio Universität in Tokio der erste Mensch, der virtuell ein Huhn streichelte. An dem einen Ende steckte ein Huhn in einer winzigen Jacke, die mit dem Internet verbunden war. Am anderen Ende hielt Professor Cheok eine spielzeugähnliche Nachbildung dieses Huhns in der Hand, das ebenfalls mit dem System verbunden war. Professor Cheok konnte spüren, wie sich das Huhn bewegte, obwohl er kein lebendiges Tier in der Hand hielt. Dieses Beispiel mag verrückt anmuten, aber mittels dieser haptischen Technologie können wir jemandem am anderen Ende der Welt die Hand schütteln und dessen Händedruck spüren.

Mittlerweile sind scheinbar unerreichbare Möglichkeiten näher gerückt, wie Roboter als Verkäufer und virtuelle Umkleidekabinen.

FALLSTUDIE: FITS.ME

Das Technologieunternehmen Fits.me glaubt, mit seiner innovativen »virtuellen Umkleidekabine« eine Lösung gegen die hohe Zahl von Rücksendungen bei online bestellter Kleidung gefunden zu haben. Bei der virtuellen Umkleidekabine geben Kunden ihre Maße auf einer Bekleidungswebsite ein und wählen dann ein Kleidungsstück, um zu sehen, wie es ihnen steht. Sie können zum Beispiel sehen, wie das Kleidungsstück in einer bestimmten Größe sitzt, ob es eng oder weit ausfällt. Schließlich kann das, was der eine Hersteller als Medium bezeichnet, bei einem anderen als Small durchgehen.

Laut Fits.me können Online-Bekleidungseinzelhändler ihre Rückläuferrate um 77 Prozent verringern.

Hinzu kommt, dass Bekleidungseinzelhändler, die mit der virtuellen Umkleidekabine arbeiten, die Konvertierungsrate bei ihren Onlineverkäufen um 57 Prozent gesteigert haben.

Fits.me verwendet Roboter-Mannequins, die alle Körperformen und -größen simulieren, sodass am Ende jedes Kleidungsstück Tausende von Malen fotografiert wurde. Das bedeutet, dass es immer ein Bild gibt, das auf der Website gezeigt werden kann und das der Figur und Körpergröße einer individuellen Person entspricht. Es ist so, als hätten Sie in der Umkleide einen Spiegel vor sich, aber eben online.

Und das ist noch nicht alles. Als ich 1994 zum ersten Mal über das Internet schrieb und auf das Potenzial des »Internet-Kühlschranks« hinwies, hielten mich die Leute für verrückt. Ich hatte jedoch einige Prototypen eines Kühlschranks gesehen, die einen Bildschirm in der Tür hatten. Die Idee war, sich während des Kochens ins Internet einzuloggen und fehlende Lebensmittel bei einem Onlineshop zu bestellen. Mittlerweile kann man einen solchen Kühlschrank von Herstellern wie Samsung kaufen. Man kann auf dem Bildschirm Nachrichten hinterlassen, Rezepte speichern oder abrufen und einkaufen; man kann sich sogar beim Kochen Musik anhören. Es wird nicht mehr lange dauern, bis solche Kühlschränke automatisch Verfallsdaten auf den Lebensmitteln überprüfen können, Ihnen eine Nachricht senden: »Essen Sie das nicht«, und automatisch einen Ersatz bei Ihrem bevorzugten Onlinesupermarkt bestellen.

Das »Internet der Dinge« ist nun da. Das koreanische Elektronikunternehmen LG stellt Waschmaschinen und Spülmaschinen her, die mit dem Internet verbunden sind, und Sie können sogar Sofakissen bekommen, die überwachen, ob Ihr Haustier auf das Sofa springt. Wo auch immer auf der Welt Sie sich gerade aufhalten, Sie werden alarmiert und können zum Beispiel ein bestimmtes Geräusch verschicken, um das Tier dazu zu bewegen, wieder vom Sofa herunterzugehen.

Das Vorhandensein dieser wie Science Fiction anmutenden Produkte wirft für viele Onlinehändler eine Frage auf: Welche neuen Technologien sollen sie verwenden, um ihr Angebot zu verbessern? Das Einzige, was das Internetshopping bremst, ist ein Mangel an kreativem Denken. Existierende Firmen, die es versäumen, sich anzupassen, können schon bald durch opportunistische Spieler von außerhalb des Handelssektors ausmanövriert werden, die Start-ups entwerfen, die verschiedene Technologien kombinieren und den Vorteil des Pionierunternehmens auf ihrer Seite haben.

Nischenseiten werden Auswahl und Komfort bieten

Viele Ladengeschäfte verschwenden Zeit, indem sie versuchen, ihre Offlineshops online neu zu erschaffen, statt etwas zu tun, das den Bedürfnissen und Erwartungen ihrer Kunden entspricht. Einige von ihnen haben sich der Onlineherausforderung noch gar nicht gestellt. Währenddessen wird der Onlineraum dominiert von einigen Hauptakteuren wie Amazon und eBay, und neben anderen auch Google, die mit ihrer App-Distributionsplattform Google Play ebenfalls anfangen mitzumischen.

Am anderen Ende der Skala finden sich viele Nischenspieler, die sich auf bestimmte Produkte für einzelne Märkte und Kundengruppen spezialisiert haben. Wenn Sie zum Beispiel plötzlich entscheiden, dass Sie einen falschen Schnurrbart brauchen, so gibt es dafür eine Nischenseite: facetache.com. In der Vergangenheit haben Sie so etwas höchstens im Kostümhandel oder in einem Spielwarengeschäft bekommen. Und da es vermutlich nicht das gefragteste Produkt war, hielt der Laden nur die drei gängigsten Modelle vorrätig. Auf facetache.com sind jedoch 60 verschiedene falsche Schnurrbärte im Sortiment. Solche Onlinenischenshops wie dieser können eine große Auswahl anbieten, was andernfalls nicht möglich wäre und ein Grund dafür ist, warum Onlineshopping so erfolgreich ist.

Das kleine Geheimnis hinter facetache.com ist jedoch, dass der Inhaber, der australische Webdesigner Andrew Dyster, überhaupt keine Schnurrbärte auf Lager hat. Er kauft sie auch nicht, um sie Ihnen dann zu schicken. Stattdessen sind sämtliche Produkte in seinem Shop Affiliate-Links zu einer Vielzahl verschiedener Lieferanten. Er erspart Ihnen, das Internet nach einem speziellen Schnurrbart abzusuchen, indem er eine Auswahl in einem komfortablen Nischenshop zusammenfasst. Das ist ein weiterer Grund für die Popularität des Onlineshoppings: Komfort. Tatsächlich ist das eine so wichtige Art und Weise des Anbietens eines Nischenshops, dass spezielle Software wie PopShops und Datafeedr es den Händlern ermöglicht, aus einer Vielzahl von verschiedenen Produktlinien und Lieferanten auszuwählen, um einen Shop automatisch mit Nischenprodukten zu befüllen. Das bedeutet, dass kleine Händler Onlineshops einrichten können, die offline nicht möglich wären: In einer Stadt oder einer Gegend gäbe es schlichtweg nicht genügend Kundenfrequenz für ein Ladengeschäft das künstliche Schnurrbärte verkauft.

Kundenservice verbessert sich

Da jeder für ein paar Euro einen Nischenshop einrichten kann, werden die Kunden anspruchsvoller. Wenn der Shop nicht gut arbeitet, können Sie ihn wegklicken und sich eine Alternative suchen. Deshalb sind erfolgreiche Onlineshops diejenigen, die sich auf den Kundenservice konzentrieren.

Trotzdem ist der Kundenservice bei manchen Internethändlern unzureichend. In vielen Fällen liegt das daran, dass die Ladenbesitzer ihr Geschäft von zu Hause aus betreiben und Affiliate-Marketing-Techniken anwenden, um etwas dazuzuverdienen. Für sie ist es kein echtes Unternehmen, sondern etwas, von dem Sie sich zum Beispiel einen Extraurlaub pro Jahr leisten können. Leider ist es für Kunden nicht einfach, zwischen einer solchen Seite und einem richtigen Geschäft zu unterscheiden. Deshalb zieht es Käufer zu bekannteren Onlineshops, wenn diese guten Kundenservice bieten.

Kürzlich kaufte ich etwas bei einem großen Onlineshop. Als ich das Produkt erhielt, war der Preis auf der Rechnung jedoch doppelt so hoch wie erwartet. Ich vergewisserte mich auf der Website und hatte tatsächlich recht. Also loggte ich mich auf der Kundendienstseite ein und wählte den entsprechenden Bereich für Beschwerden. Dort wurden mir drei Alternativen angeboten, wie ich fortfahren wolle, empfohlen wurde jedoch der Onlinechat. Ich nahm das Angebot an und innerhalb von 30 Sekunden hatte ich die Entschuldigung eines Mitarbeiters auf dem Bildschirm und der fälschlicherweise zu viel erhobene Betrag wurde meiner Kreditkarte wieder gutgeschrieben. Nach weiteren 30 Sekunden erhielt ich von besagter Person eine E-Mail, in der unser Gespräch und die Rückbuchung bestätigt wurden.

Eine ähnliche Situation erlebte ich vor ein paar Jahren in der Filiale einer großen Bekleidungskette. Nachdem ich mit meiner Neuerwerbung zu Hause angekommen war, stellte ich fest, dass mir zu viel berechnet worden war. Ich rief in dem Geschäft an. Als ich endlich jemanden an den Apparat bekam, sagte man mir, dass man mir nur helfen könne, wenn ich in den Laden zurückkäme. Das bedeutet für mich eine kleine Rundreise von 24 Meilen. Ich musste warten, bis ich endlich von einem Mann bedient wurde, der kein einziges Mal lächelte oder sich für den Fehler entschuldigte. Ich verließ den Laden mit der Rückerstattung, aber das Ganze hatte mich mehr als eine Stunde gekostet und bei mir einen äußerst negativen Eindruck von dem Shop hinterlassen. Noch heute vermeide ich es, dort einzukaufen.

Schnelligkeit ist unerlässlich

Einige Ladengeschäfte heben ihre Fähigkeit hervor, alle sechs Wochen ihre Waren auszutauschen, denn das ist eine grundlegende Veränderung verglichen mit den saisonbedingten Wechseln, die es nur zwei- oder dreimal im Jahr gab. Online sind die Leute aber mittlerweile gewohnt, jede Woche und manchmal sogar jeden Tag neue Ware zu sehen.

Ladengeschäfte können mit dieser Geschwindigkeit kaum konkurrieren, mit der im Internet Produkte gefunden und gekauft werden. Abgesehen von der Zeit, die man braucht, um zu einem Ladengeschäft zu gehen oder zu fahren, stellen Kunden dann oft fest, dass der gewünschte Artikel nicht vorrätig ist und bestellt werden muss. Ein typisches Logistik- und Distributionssystem eines Endabnehmerbetreibers kann bedeuten, dass der Artikel erst eintrifft, wenn das nächste Mal der Lkw mit Waren kommt, was vielleicht erst in einer Woche der Fall ist und bedeutet, dass ich noch einmal zu dem Geschäft muss. Online werden Sie in der Regel schnell fündig, sogar wenn es etwas Ausgefallenes ist, und bekommen es am nächsten Tag, manchmal sogar noch schneller. Die Menschen gewöhnen sich zunehmend daran, die Dinge zu bekommen, wenn sie sie brauchen, und das wird die Zukunft des Onlinehandels nur noch rosiger machen.

Der Handel wird abhängig sein vom Onlineshopping

Es gibt nahezu nichts, das nicht online verkauft werden kann. Im Jahr 2007 verkaufte Carys Coperstake aus Manchester in Großbritannien ihre Jungfräulichkeit via eBay für 10.000 britische Pfund, weil sie Probleme hatte, ihre Studiengebühren aufzubringen. Der Manager, der das Angebot ersteigerte, nahm es jedoch nicht tatsächlich an, sondern zahlte ihr nur das Geld, weil sie ihm leidtat. Ebenfalls auf eBay verkaufte Melissa Heuschkel aus Connecticut das Recht am Namen ihres ungeborenen Kindes. Das Onlinekasino Golden Palace zahlte ihr 15.500 Dollar, damit sie ihre Tochter »Golden Palace Benedetto«, kurz Goldie, nannte.

Und nicht nur auf eBay können Sie seltsame Dinge erwerben. Auf skullsunlimited.com zum Beispiel gibt es echte menschliche Schädel oder, wenn Sie zu viel Geld haben, können Sie sich bei vladi-private-islands.de Ihre eigene Insel kaufen.

Wenn Menschen etwas möchten, dann sehen sie in der Regel als Erstes online nach, ob es dasjenige zu kaufen gibt – meistens ist das der Fall. Das bedeutet, dass Onlinekunden zunehmend daran gewöhnt sind, alles zu finden, was sie haben wollen, es in ihren Warenkorb zu legen und auf der Stelle zu kaufen.

Onlineshopping ist also zweifellos beliebt, aber da der Großteil der Käufe immer noch offline erfolgt, liegt auch noch ein weiter Weg vor uns.

Die Technologieberatung Garner prägte den Begriff des Hype-Zyklus, der das Interesse an Technologien im Laufe der Zeit abbildet.[117] Die Hype-Zyklus stellt dar, welche Aufmerksamkeitsphasen neue Technologien in der Öffentlichkeit durchlaufen, angefangen von einer Welle des Ausgangsinteresses bis zum Erreichen des »Gipfels überzogener Erwartungen«, gefolgt von einer Phase, in der die Menschen mehr über diese Technologie in Erfahrung bringen und sie mit neueren Entwicklungen vergleichen, und dem Absturz in ein »Tal der Enttäuschungen«. Sie treten ein in die Phase »Pfad der Erleuchtung«, bevor sie auf dem »Plateau der Produktivität« damit zurande kommen.

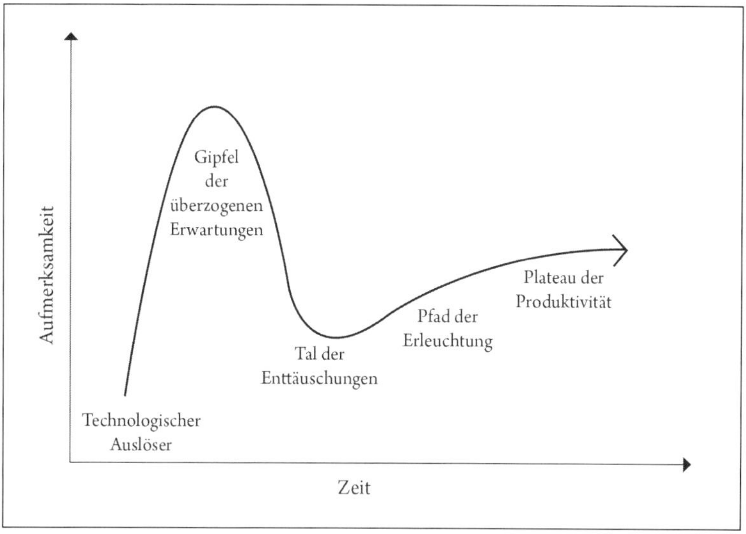

Unterschiedliche Technologien brauchen unterschiedlich lange, um diesen Zyklus zu durchlaufen. Das Ziel eines jeden, der eine neue Technologie einführt, besteht darin, das Produkt möglichst schnell zum Plateau der Produktivität zu bringen. Allerdings schaffen manche Technologien das nicht, sie bleiben für immer im Tal der Enttäuschungen stecken.

Laut Gartner müssen viele Aspekte des Onlineshoppings das Plateau der Produktivität erst noch erreichen. Tatsächlich sind viele Komponenten eines erfolgreichen Onlineshops bisher nicht einmal am Gipfel der überzogenen Erwartungen oder befinden sich derzeit im Tal der Enttäuschungen. Zum Beispiel gilt E-Mail-Marketing als am tiefsten seit Jahren angekommenen Punkt, wohingegen das Mobile-Couponing immer noch im Aufstieg begriffen ist.

Die variierende Akzeptanz von Onlineshopping-Technologien verwirrt für die Händler das Bild nur noch mehr, etwas richtig zu machen, und bringt die Firmen dazu, Veränderungen aufzuschieben, bis sich der Staub gelegt hat und die Technologien akzeptabel geworden sind. All das führt jedoch zu weiteren Verzögerungen, denn wenn etwas endlich das Plateau der Produktivität erreicht hat, befindet sich bereits eine andere Technologie auf dem Weg zum Gipfel der überzogenen Erwartungen.

Es lohnt sich, einmal darüber nachzudenken, an welcher Stelle des Hype-Zyklus' sich das Onlineshopping insgesamt befindet. Viele Käufer bleiben skeptisch gegenüber dem Onlinehandel. Da sind Ereignisse wie die verzögerten Lieferungen von Onlinebestellungen vor Weihnachten 2012 in Großbritannien nicht gerade hilfreich. Und mit vielen Ländern wie China, die sich noch im Vorland des Internetshoppings befinden, gibt es weltweit noch reichlich Potenzial zu erschließen. In Anbetracht all dessen muss das Onlineshopping erst noch den Gipfel der überzogenen Erwartungen erklimmen.

Solches Wissen kann Onlinehändlern planen helfen. Es bedeutet, dass sie fortfahren können, Onlineshops und Dienstleistungen zu schaffen, mit denen sie wirklich Kunden binden können. Es bedeutet, dass sie mit neuen Technologien experimentieren und sehen können, was passiert. Es bedeutet, dass sie wissen, dass es noch dauert, bis das Onlineshopping ins Tal der Enttäuschungen fällt. Und bis dahin sollten Sie genügend Anpassungsfähigkeit bei Ihren Systemen entwickelt haben, um dieses Tal schnell zu überwinden und das langfristige Ziel zu erreichen: das Plateau der Produktivität.

Und was wird aus den Ladengeschäften?

Betrachten wir kurz, wo Ladengeschäfte auf der Kurve anzusiedeln sind: auf dem Weg ins Tal der Enttäuschungen. Die Leute haben genug von hohen Parkgebühren und Benzinkosten, wenn sie in Ladengeschäften einkaufen wollen. Sie sind zunehmend unzufrieden mit zu wenig vorrätigen Waren und der geringen Auswahl im Vergleich zu Onlineshops. Und sie sind unzufrieden mit dem Mangel an Informationen und der Unmöglichkeit, Produkte so schnell zu finden, wie es ihnen im Internet möglich ist. Wenn Ladengeschäfte diese grundsätzlichen Probleme nicht in den Griff bekommen, können sie ins Trudeln geraten und bereiten den Weg für effiziente Onlinefirmen, die kommen und ihnen noch mehr Kunden abspenstig machen.

Der Beginn davon ist bereits am Untergang vieler Plattenläden wie HMV zu beobachten, die in Großbritannien mehr als 100 Läden schließen mussten, als die Onlinemusikverkäufe ihr traditionelles Geschäft schmälerten. Auch die Fotokette Jessops schloss 187 Läden, als es nicht länger gegen die Onlinekonkurrenz ankam, die Digitalkameras verkauft. Das Scheitern von Händlern ist aber nicht allein auf den Anstieg des Onlineshoppings zurückzuführen. Das Beratungsunternehmen Aspley formulierte es Anfang 2012 so:

> »Nicht das Internet ließ diese Firmen scheitern. Es war die Langsamkeit, mit der sie sich an die Realität des Internets anpassten (im Vergleich zu ihren Konkurrenten), was das Scheitern verursachte.«[118]

Sowohl HMV wie auch Jessops wurden in der Folgezeit zum Teil gerettet, und sie legen heute ein viel stärkeres Gewicht auf die Onlinelieferung, während sie der Zukunft entgegensehen. Solche Ereignisse zeigen jedoch, dass traditionelle Händler es schwer haben werden, wenn sie sich nicht rasch auf den stetigen Zuwachs des Onlineshoppings einstellen. Die Vorteile des Onlineshoppings wie Auswahl, Komfort, Produktinformationen und Geschwindigkeit werden die Menschen immer mehr dem Internet zuführen, es sei denn, konventionelle Ladengeschäfte reagieren und bieten dieselbe Art von Einkaufserlebnis.

Voneinander lernen

Die Reaktion vieler Händler mit Ladengeschäften besteht darin, so weiterzumachen wie bisher, weil es das ist, was sie kennen. Sie bieten zusätzlich einen gedruckten Katalog an für die Kunden, die das wollen, und sind online präsent. Dahinter steckt die Vorstellung, den Leuten das anzubieten, was sie wollen, über den jeweiligen Kanal, den sie bevorzugen. Aber dieses »Multikanal«-Verkaufen ist eine Art Ausweichmanöver, bei der man den leichten Weg wählt, statt mit den seismischen Verschiebungen in der Shoppingwelt umzugehen, die nun einmal stattfinden.

Viele gute Händler wissen das, weshalb sie sich vom Multikanal wegbewegt haben zu dem, was als Omnikanal bekannt ist. Hierbei wird anerkannt, dass die Kunden gleichzeitig verschiedene Kanäle benutzen möchten, um einen vollständigen Eindruck von diesem Händler zu bekommen. Sie können also in einem Ladengeschäft sein, ihr Tablet dabeihaben, um zu bestimmten Produkten Informationen nachzuschlagen, und sich über ihr Smartphone mit einem Verkaufsberater unterhalten – alles zur selben Zeit.

FALLSTUDIE: CLICK AND COLLECT

Im September 2013 gaben eBay und die Katalogladenkette Argos ihre Zusammenarbeit bekannt. Von nun an konnten Käufer ihre auf eBay erworbenen Produkte in der örtlichen Argos-Filiale abholen, statt sich die Ware nach Hause liefern zu lassen. Dies ist eine neue Form von »Click and Collect«, bei der sich eBay einen Konkurrenzhändler zunutze macht. An diesem Programm nehmen nur 50 von eBays Händlern teil – und bedenken Sie, dass Argos selbst einen großen Shop bei eBay hat. Was macht es also für die teilnehmenden Firmen so attraktiv?

eBay steigert natürlich das Maß an Service und Komfort für die Kunden, indem es Waren zu der vom Kunden bevorzugten Art und Weise liefern kann. Argos rechnet vermutlich mit einer erhöhten Kundenfrequenz, über die es zusätzliche Käufer gewinnen kann. Und ganz sicher wird es eBay eine Servicegebühr in Rechnung stellen.

Wie in Kapitel 2 erklärt, wollen Kunden Lieferungen zu ihren Bedingungen, und dieser Zusammenschluss trägt sicher dazu bei. Die Zusammenarbeit von eBay und Argos signalisiert jedoch noch etwas anderes. Es zeigt, dass die Grenzen zwischen Marken und Händlern verschwimmen, da das Internet eine stärker integrierte Option des Kaufens bietet. Das bedeutet, dass eBay-Produkte über Argos geliefert werden, Amazon-Bestellungen bei der örtlichen Filiale von Staples abgeholt werden können sowie andere Kombinationen, von denen wir bisher nicht einmal zu träumen wagen. Der Käufer übernimmt zunehmend die Kontrolle, und Händler müssen ein komplettes Paket von Dienstleistungen anbieten, um der großen Palette individueller Bedürfnisse zu entsprechen. Sie müssen über Omnikanal hinausdenken in Richtung »Überallkanal«.

Forschungen zeigen, dass die Loyalität der Menschen zu Marken abnimmt, vor allem, je mehr das Maß an Informationen zunimmt. Was Käufer nun am meisten schätzen, ist Qualität, Komfort und dass man ihre individuellen Bedürfnisse akzeptiert. Und sie wissen Zugang zu Auswahl und Information zunehmend zu schätzen.

Das bietet konventionellen Shops eine Riesenmöglichkeit. Mit dem Aufstieg des Showrooming als Phänomen, wie in Kapitel 3 besprochen, werden Ladengeschäfte, die sich in Showrooms mit Webanschluss, Onlinebestellpunkten und Informationszugang über QR-Codes verwandeln, gut laufen. Allerdings ist das ziemlich genau das, was Omnikanal jetzt schon bietet. Was die Shops der Zukunft brauchen, sind Experten: hervorragend informiertes Verkaufspersonal, das nicht nur Geld entgegennimmt oder oberflächliche Ratschläge erteilt, sondern das fundierte Informationen bieten, Produkte erklären und Zeit mit den Kunden verbringen kann.

Wenn Sie heutzutage ein Ladengeschäft betreten, werden Sie oft ignoriert, und wenn Sie angesprochen werden, stellen Sie möglicherweise fest, dass der Verkäufer keine Ahnung hat. Sie können stundenlang in der Schlange warten, bis Sie endlich bezahlen können, und ernten nicht einmal ein Lächeln. In dem Fall sollten Sie in Zukunft vielleicht den Onlineshop dieser Firma ausprobieren oder gar die Konkurrenz.

Stellen Sie sich vor, Sie gehen wieder in dieses Ladengeschäft, nachdem Sie sich online über das Produkt informiert haben, das Sie kaufen wollen. Sie stellen fest, dass es in dem Ladengeschäft statt vollgestopfter Regale nun gemütliche Sitzecken gibt, wo man sich unterhält, Kaffee trinkt und wo die Kunden Touchscreens nutzen. Ein Verkäufer tritt auf Sie zu und fragt, womit er Ihnen behilflich sein kann. Sie erklären, für welches Produkt Sie sich interessieren. Der Verkäufer bittet Sie, Platz zu nehmen, bietet Ihnen einen Kaffee an und plaudert mit Ihnen, warum Sie sich für dieses Produkt entschieden haben und was Sie davon erwarten. Währenddessen hat er ein paar Tasten auf seinem Tablet gedrückt und ein paar Muster aus dem Lager bestellt. Kurz darauf kommt ein Verkaufsassistent mit dem Produkt, das sie gern kaufen würden, und der Verkäufer erklärt Ihnen die Handhabung. Sie dürfen das Produkt ausprobieren, während der Verkäufer vorschlägt, dass Sie sich ein Video anschauen. Das zeigt, wie Menschen diesen Artikel verwenden. Er ruft das Video auf seinem Tablet bei YouTube auf und reicht Ihnen dann das Gerät, damit Sie sich den Film anschauen können. Anschließend geben Sie ihm das Tablet wieder zurück, und der Verkäufer möchte wissen, ob Sie weitere Fragen haben. Sicher, ein paar schon, also stellen Sie sie. Sie bekommen intelligente, durchdachte, gut informierte Antworten, der Verkäufer druckt Ihnen sogar aus dem FAQ-Bereich der Website ein Dokument mit weiteren Informationen aus.

Klingt das ansprechend? Bekommt man damit Umsatz? Darauf können Sie wetten – genau dieses Modell wendet Apple in seinen kultigen Shops an.

Die John-Lewis-Kaufhausfilialen in Großbritannien betrachten ebenfalls die Online- und Offlinewelten als vernetzt. Online erwirtschaftete Verkäufe werden eher der örtlichen Ladenfiliale zugeschrieben als der Website des Unternehmens, was bedeutet, dass die Mitarbeiter die Website als eine Erweiterung des Ladengeschäfts betrachten und nicht als Konkurrenz.

Aber nicht jeder Händler muss seine Ladenlokale in Showrooms verwandeln. Ihre Lebensmittel werden Sie vermutlich nicht auf diese Weise kaufen. Und auch wenn Bekleidungseinzelhändler mithilfe von Technologie clevere Dinge tun, werden die Menschen auch weiterhin die Sachen anprobieren wollen. Davon abgesehen: Wie würden Sie mit Notfallkäufen umgehen, wie mit einem neuen Paar Schuhe wegen eines abgebrochenen Absatzes? Sie werden nicht in einen Showroom gehen und mit einem Schuhexperten plaudern, das gewünschte Modell anschauen, online bestellen wollen und dann bis zur Lieferung herumhumpeln. Showrooms werden zunehmend an Beliebtheit gewinnen, und sie haben durchaus ihre Berechtigung, aber sie werden traditionelle Geschäfte nicht völlig ersetzen.

Eine Studie der Unternehmensberatung PWC von 2012 zeigte, dass eine beträchtliche Anzahl von Leuten immer noch die »altmodischen« Geschäfte haben will, und berichtete, dass die Vorstellung, die »Geschäfte würden in der Zukunft hauptsächlich Showrooms sein«, ein Märchen sei.[119] Forschungen zeigten auch, dass, wenn die Leute sich online über Produkte informieren, die sie kaufen möchten, dennoch ein Großteil von ihnen das Produkt in einem Ladengeschäft erwerben möchte.

Folglich werden sich die erfolgreichen Händler der Zukunft nicht auf Omnikanal oder Multikanal oder online statt offline konzentrieren, sondern voneinander lernen und sich kontinuierlich an ein dynamisches und sich stets weiterentwickelndes Handelsumfeld anpassen.

12. CLICK.OLOGIE

Konsumenten verhalten sich anders, wenn sie online kaufen statt in Ladengeschäften. Die Unterschiede zu verstehen und sie sich zunutze zu machen, ist wesentlich für den Erfolg des Onlinehandels – dem Zeigen wahrer Klickologie.

Der Schlüssel zu diesem Verständnis ist das Anerkennen der Bedeutung von Aufmerksamkeit, Glaubwürdigkeit, Wahrnehmung, Selbstachtung, Sozialpsychologie, Überlebensinstinkt und Vertrauen. Diese psychologischen Prinzipien steuern das Konsumverhalten und untermauern das CLICK-System, auf dem dieses Buch basiert.

Convenient (komfortabel): Echte Auswahl und Kontrolle bieten

Es besteht kaum ein Zweifel, dass Onlineshoppen komfortabel ist. Schließlich können Sie es bequem von zu Hause aus erledigen und müssen nicht raus in die Kälte oder in den Regen. Sie müssen auch keine Tüten zum Auto, Bus oder nach Hause schleppen.

Aber wie in Kapitel 2 erklärt, ist das nur oberflächlicher Komfort. Tatsächlich verbringen wir häufig mehr Zeit beim Onlineshopping als beim Einkaufen in der realen Welt, von daher ist die Zeitersparnis nur Illusion.

Wichtiger sind die tiefenpsychologischen Elemente von Komfort, wie das Gefühl, die Kontrolle zu haben. Ein Faktor, der sich diesen Antrieb zunutze macht, ist die online zur Verfügung stehende größere Auswahl. Menschen suchen gern aus, was sie haben wollen, statt dass der Händler vorgibt, was er verkaufen möchte. Eine große Auswahl (oder Angebotsdichte) befriedigt diesen Wunsch.

Folglich wird ein Onlineshop, der entweder signalisiert, dass er eine reiche Auswahl bietet oder einen speziellen Bereich bedienen kann, wahrscheinlich gut laufen.

Likeable (sympathisch): Wenn Sie Ihre Kunden mögen, mögen die Sie auch

Kunden muss die Onlineerfahrung mit einem Shop gefallen, aber wenn der Internetshop nicht zeigt, dass er seine Kunden mag, führt diese Reise ins Nichts. Ein Shop muss an das subtile psychologische Prinzip appellieren, dass Leute diejenigen mögen, von denen sie auch gemocht werden.

Ein guter Onlineshop zeigt, dass er seine Kunden mag, indem er ihnen versichert, dass das Geschäft aus ihrer Perspektive aufgebaut und auf ihre speziellen Bedürfnisse zugeschnitten ist, dass es eine einfache Navigation und eine effiziente Suchmaschine aufweist, wie in Kapitel 3 besprochen. Das Design muss natürlich stimmen, aber die Technologie hinter der Website, wie der Warenkorb, muss ebenfalls geeignet sein. Kapitel 5 und 10 zeigen, wie das aussieht. Darüber hinaus kommt es dem Bedürfnis der Menschen, gemocht zu werden, entgegen, wenn sie über soziale Netzwerke zeigen können, was sie gekauft haben. Um das bieten zu können, folgen Sie am besten den Hinweisen in Kapitel 7.

Informative (informativ): Liefern Sie nützliche und klare Informationen

Wie in Kapitel 3 besprochen, dreht sich eine große Zahl der Onlinesuche tatsächlich um das Einholen von Informationen. Wenn ein Onlineshop viele Informationen integriert, sieht er die Verkaufszahlen steigen: Kunden haben Zugang zu für sie relevante Informationen und fühlen sich sicherer, dass sie das richtige Produkt kaufen. Kunden mögen Websites, bei denen sie viele Informationen bekommen. Sie mögen nicht alle lesen, aber es weckt bei ihnen das Vertrauen, dass der Onlineshop nützlich ist und dass ihnen bei Bedarf geholfen wird. Gestalten Sie Ihre Seite informativ, und Sie machen sich den Wunsch der Kunden zunutze, gut informiert zu sein.

Klarheit ist ein weiterer Aspekt von Information, der einige Onlineshops in die Lage versetzt, erfolgreicher zu sein als andere. Das bedeutet Klarheit bei Produktbeschreibungen und der Preisauszeichnung, wie in Kapitel 4 beschrieben. Menschen möchten gern im Vorfeld wissen, was sie bezahlen müssen, und sie möchten darüber aufgeklärt sein, welche zusätzlichen Kosten wie Steuer und Versandkosten auf sie zukommen, bevor sie auf die »Bezahlseite« kommen.

Customized (kundenspezifisch): Personalisierten Service bieten

In einem Ladengeschäft sind gute Verkäufer in der Lage, einem Kunden das Gefühl zu geben, dass er als Individuum gesehen und behandelt wird. Tatsächlich kann ein Geschäft, das sich in dieser Hinsicht hervortut, für diese sehr persönliche Vorgehensweise entsprechende Preise verlangen. Onlineshops, die ein ähnliches Maß an Personalisierung und Kundenzuschnitt bieten, sind für Kunden attraktiv (siehe Kapitel 6).

Aber online ist Kundenspezifizierung wesentlich mehr als nur den Namen des Kunden oben auf die Website zu stellen, sobald er sich eingeloggt hat – es geht um die Technologie hinter der Bühne, die zeigt, wie der Shop den Kunden behandelt, und die für einen Onlineshop sorgt, den der Kunde entsprechend seiner Wünsche nutzen kann.

Auf Kunden zugeschnittene Webshops bieten auch flexible Liefermöglichkeiten an, die den Wünschen des Kunden entsprechen. Kapitel 2 liefert Beispiele der Umsetzung.

Knowledgeable (kompetent): Durch Kompetenz Vertrauen gewinnen

Einer Firma, die fundierte Kenntnisse über ihre Produkte und ihren Bereich zeigt, werden die Kunden eher vertrauen, und Vertrauen ist ein entscheidender psychologischer Motivator für Käufe. Käufer brauchen das Vertrauen, dass der Händler vertrauenswürdig ist, ein Thema, das in den Kapiteln 8 und 9 erörtert wird.

Beim Schaffen von Vertrauen im Onlinegeschäft geht es auch um die Art von Mund-zu-Mund-Propaganda, die entsteht, wenn eine Firma für ihre Kompetenz bekannt ist (siehe Kapitel 3). Wenn Sie sich zum Beispiel mit jemandem unterhalten wollen, der sich mit dem Megamarktgeschäft auskennt, dann würden Sie sich wohlfühlen, wenn dieser jemand von Walmart ist. Und wenn Sie einen Computer kaufen wollen, der vom Design zu den Spitzenprodukten zählt, werden Sie vermutlich als Erstes bei Apple suchen.

Die Bedeutung des Zeigens von Kompetenz und der führenden Rolle, die man auf seinem Gebiet spielt, findet sich in der Omnikanal-Arena, wie in Kapitel 3 und 10 dargestellt. Neue Ladengeschäfte tauchen auf, in denen Produkte nur »in Showrooms gezeigt werden« –

fachkundige Verkäufer helfen den Kunden, das richtige Produkt zu finden, was dann online erworben wird.

Das CLICK-System und die anderen in diesem Buch präsentierten Erkenntnisse in die Praxis umzusetzen, hilft Ihnen, eine Onlinebeziehung zu Ihren Kunden zu etablieren. Ihr Onlineshop wird den Kunden Komfort bieten und die Freiheit, das auszusuchen, was sie möchten. Er wird an ihre Selbstachtung appellieren und ihr Bedürfnis, gemocht zu werden. Er wird den Kunden die Sicherheit geben, dass sie aufgrund relevanter Informationen das Richtige gekauft haben. Er wird Interesse an Ihren Kunden zeigen und die Anpassung an deren Bedürfnisse und Wünsche. Und letztlich wird er Vertrauen und Autorität aufbauen, Kunden die Gewissheit geben, dass sie von einer Website kaufen, die entsprechend ihrer Bedürfnisse funktioniert.

Danksagung

Ein Buch wie dieses lässt sich nicht ohne Hilfe schreiben. Es mag ja mein Name auf dem Umschlag stehen, aber natürlich gibt es eine Menge Menschen und Unternehmen, die mich bei der Arbeit unterstützt haben. Ich bin dankbar für die Forschungen von eMarketer, Euromonitor und Statistica. Ebenso danke ich Derek Arden, Andrew Dyster, Frank Furness, Lawrence McGinty, Nigel Morgan und Philipp Webb, die mir erlaubten, Material über sie zu verwenden. Ich möchte auch meinen Klienten aus all den Jahren danken, die mich anspornten, mehr über die Psychologie des Onlineshoppers herauszufinden. Meine Kollegen an der Professional Speaking Association haben mich ebenfalls unterstützt und ermutigt, dieses Buch zu schreiben, und ich danke ihnen für die vielen Ratschläge. Ich danke auch all den Menschen, die meine Fragebögen ausgefüllt haben und mir dadurch halfen herauszufinden, was Onlineshopper denken. Mein Verlag hat mich stets ermutigt, vor allem danke ich Susannah Lear, die als mich als Erste ermunterte, *Klickologie* zu schreiben, und Nicholas Brealey, der beim Schreiben enorm hilfreich war, und meiner Lektorin Sally Lansdell. Und ich danke von Herzen meiner Familie, meiner Frau, die zuließ, dass ich mich stundenlang in mein Arbeitszimmer zurückzog und auf meiner Tastatur herumtippte. Dank gilt auch meinem 13-jährigen Sohn Elliot, der immer wieder den Kopf durch die Tür steckte, nicht stören wollte, sich aber dafür interessierte, wie es voranging, und mich stets ermunterte weiterzuschreiben.

Graham Jones

Reading, Berkshire
Oktober 2013

CLICK.OLOGY.BIZ

Weitere Informationen zu *Klickologie* finden Sie auf

http://click.ology.biz

Auf der Website finden Sie:

- Links zu in diesem Buch verwendeten Quellen.
- Noch mehr nützliche Information als Erweiterung des Materials in diesem Buch.
- Zusammenfassungen jedes Kapitels.

Darüber hinaus finden Sie Details zu *Klickologie* in Form von »CLICK«-Workshops und Kursen für Geschäfte, die online mehr verkaufen wollen. Es gibt zudem Material über den *Klickologie*-Beratungsservice, der Händlern hilft, eine erfolgreiche Strategie zu entwickeln, basierend auf dem Verständnis des Verhaltens bestimmter Kunden, unter Verwendung von »CLICK«, dem Klickologie-Fünf-Schritte-Prozess.

Click.ology.biz enthält kostenlose Downloads mit Hinweisen zu verschiedenen Aspekten des Onlinehandels, wie »Wie finden Sie die richtige Warenkorbsoftware?« und »Wie profitieren Sie vom Social Selling?«.

Für diese Anleitungen und mehr besuchen Sie bitte:

http://click.ology.biz

Über den Autor

Graham Jones ist einer der führenden Internetpsychologen und untersucht seit über 15 Jahren, wie sich das Verhalten von Käufern auf das Internet auswirkt. Er ist Lehrbeauftragter im Fachbereich Psychologie an der Open University und Gastdozent im Bereich eCommerce an der Universität von Buckingham. Darüber hinaus ist Graham als Berater tätig und hat bereits weltweit vielen Unternehmen dabei geholfen, sich besser mit ihren Onlinekunden zu vernetzten und somit Marken und Umsätze zu stärken.

Anmerkungen

[1] https://www.learningseed.com/p-400-supermarkets-aisles-of-persuasion.aspx

[2] Graves, P. (2010). *Conumer.ology*, London: Nicholas Brealey Publishing, 132

[3] http://www.dailymail.co.uk/femail/article-419077/Women-spend-years-of-life-shopping.html

[4] http://newsroom.bmo.com/press-releases/bmo-psychology-of-spending-report-impulse-shoppin-tsx-bmo-201209250821167001

[5] Euromonitor International (2012). *World Retail Data and Statistics*, 7. Ausgabe, London

[6] http://www.psychologytoday.com/blog/sold/201207/what-motivates-impulse-buying

[7] Lane, W. & Manner, C. (2011). The impact of personality traits on smartphone ownership and use, *International Journal of Business and Social Science*, 2 (11): 22

[8] http://thenextweb.com/apple/2012/09/14/one-third-americans-want-iphone-5-56-blackberry-users-32-android-users-survey/

[9] Defoe, D. (1726). The Complete English Tradesman, London

[10] http://www.davidjones.com.au/About-David-Jones/The -Story-of-David-Jones,

[11] Jamal, A.; Davies, F. M.; Chudry, F. & Al-Marri, M. (2006). Profiling Consumers: A Study of Qatari consumers' shopping motivations, *Journal of Retailing and Consumer Services*, 13: 67–80

[12] http://www.aldrichearchive.com/snowball.html

[13] American Marketing Association (1984). *Marketing News*, 18 (23): 3

[14] Bhatnagar, A.; Misra, S. 6; Raghav Rao, H. (2000). On risk, convenience, and internet shopping behavior, *Communications of the ACM*, 43 (11): 98–105

[15] http://www.pewinternet.org/Reports/2008/Online-Shopping, aspx

[16] Underhill, P. (2009). *Why We Buy*, New York: Simon & Schuster

[17] Corn, G. J.; Chattopadhyay, A.; Sengupta, J. & Tripathi, S. (2004). Waiting for the Web: How screen color affects time perception, *Jounal of Marketing Research*, XLI Mai: 215–225

[18] Mowen, J. C. (2004). Exploring the trait of competitiveness and ist consumer behaviour consequences, *Journal of Consumer Psychology*, 4: 52–63

[19] http://repub.eur.nl/res/pub/7438/

[20] http://www.memphismuseums.org/sub_exhibit-2590/

[21] Kostecki, M. (1996). Waiting lines as a marketing issue, *European Management Journal*, 14 (3. Juni): 205–303

[22] http://www.collectplus.co.uk/

[23] Jones, G. (1999). *Travel and Holidays on the Internet*, Plymouth: Internet Handbooks

[24] Kiel, C. G. & Layton, R. A. (1981). Dimensions of consumer information seeking behavior, *Journal of Marketing Research*, 18(2): 233-239

[25] Case, D. O. (2012). *Looking for Information: A Survey of Research on Information Seeking, Needs, and Behaviour*, 3. Auflage, Bingley: Emerald Group Publishing

[26] Interbrand (2012). *Best Retail Brands 2012*, London: Interbrand

[27] Jansen, B. J.; Booth, D. L.; & Spink, A. (2007). Determining the user intent of web search engine queries, 16. Internationale Konferenz zum World Wide Web, 1149–1150, New York: Association for Computing Machinery

[28] Compete.com (2012) *Seeing between the Lines oft he Search and the Click*, Boston, MA: Kantar Media

[29] Lau, T. & Horvitz, E. (1999). Patterns of search: Analysing and modeling web query refinement, Proceedings oft he seventh international conference on User Modeling, 119–128, New York: Springer-Verlag

[30] Sub, Q. & Spears, N. (2012). Frustration and consumer evaluation of search advertising and search engine effectiveness, *Journal of Electronic Consumer Research, 13 (2).*

31 Martin, C. (2011). The Third Screen; *Marketing to Your Customers in a World Gone Mobile*, London: Nicholas Brealey Publishing

32 http://www.scribed.com/doc/129119710/Retail-Showrooming-In-Canada-A-Report-from-GroupM-Next-and-Catalyst

33 http://www.nellymoser.com/action-cvodes/qr-codes-reatil-stores

34 http//informationweek.co.uk/report-online-shoppers-have-a-4-second-a/193502066

35 http://www.grahamjones.co.uk/2012/encyclopaedia/psychologyencyclopaedia/eye-tracking.html.

36 Crowder, R. G. & Wagner, R. K. (1992). *The Psychology of Reading*, Oxford: Oxford University Press

37 Grimes, J. (1996). On the failure to detect changes in scenes across saccade, in: K. Atkins, *Perception*, Vancouver Studies in Cognitive Science, 2, New York: Oxford University Press. 89–110.

38 http://en.wikipedia.org/wiki/Change-blindness

39 http://www.nngroup.com/topic/eyetracking/

40 http://www.nngroup.com/articles/scrolling-and-attention/.
Yu, H. H.; Chaplin, T. A.; Davies, A. J.; Verma, R. & Rosa, M. G. P. (2012). A spezialized area in limbic cortex for fast analysis of peripheral vision, *Current Biology*, 22 (12): 1351–1357

42 http://www.webcredible.co.uk/blog/checkout-usability-issue

43 http://www.poynter.org/extra/Eyetrack/.
Gullstrand, J. & Jörgensen, C. (2012) Local price competition: The case of Swedish food retailers

44 http://www.bbc.co.uk/blogs/thereporters/rorycellanjones/2011/03world_stores.html

45 Gullstrand, J. & Jörgensen, C. (2012). Local price competition: The case of Swedish food retailers, *Journal of Agricultural and Food Industrial Organization*, 10 (1)

46 Jupiter Research Economic Downturn Online Consumer Survey, Q4 2008

47 http://www.footfall.com/retail-traffic-global-indices/

48 http://www.responsenow.com/plans/compare-us-to-the-competition.html

49 http://www.statista.co/statistics/172685/monthly-unique-visitors-of-us-retail-websites/

50 Heim, G. R. & Kingshuk, K. S. (2001). Operational Drivers of customer loyality in electronic retailing: An empirical analysis of electronic food retailers, *Manufacturing and Services Operations Management*, 3 (3): 264

51 http://www.nytimes.com/2012/09/10/technology/google-shopping-competition-amazon-charging-retailers.html

52 Wang, Y. & Krishna, A. (2010). Einticing form e but nfair to her: Can targeted pricing evoke socially conscious behavior? *Journal of Consumer Psychology*, http://www.sciencedirect.com/science/article/pii/S1057740811001070

53 Huang, J.-H.; Chang, C.-T. & Chen. C. Y.-H. (2005). Perceived fairness of pricing on the internet, *Journal of Economic Psychology*, 26 (3): 343–361, http://www.sciencedirect.com/science/article/pii/S0167487004000558

54 Thomas, M. & Morwitz, V. (in Kürze erscheinend). Heuristics in numeral cognition: IMplications for pricing, in: Handbook of Research in Pricing, London: Edward Elgar; Johnson School Research Paper Series Nor. 1–08, http://ssrn.com/abstract=1082885

55 Eerland, A., Guadalupe, T. M. & Zwaan, R. A. (2011). Leaning tot he left makes the Eiffel Tower seem smaller: Posture-modulated estimation, *Psychological Science*, 22 (Dez.): 1511–1514

56 Switzer, J. (2007). *Instant Income*, New York: McGraw-Hill

57 Gitomer, J. (2006). *The Little Red Book of Sales Answers*, Upper Saddle River, NJ: Prentice Hall

58 http://www.smeal.psu.edu/cdt/ebrcpubs/res_papers/1999_04.pdf

59 http://www.valassis.co.uk/PressRelease/ac7a6908-docc-4511-b2cc-54f6edc3dc4b

60 Babukis, E.; Tat, P. & Cunningham, W. (1988). Coupon redemption: A motivational perspective, *Journal of Consumer Marketing*, 5 (2): 37–43

61 http://articles.businessinsider.com/2012-01-26/

62 Shor, M. & Oliver, R. (2006). Price discrimination through online couponing: Impact on likelihood of purchase and profitability, *Journal of Economic Psychology*, 27 (3): 423–440

63 Cialdini, R. (2013). Die Psychologie des Überzeugens: Wie Sie sich selbst und Ihren Mitmenschen auf die Schliche kommen, Bern: Verlag Hans Huber

64 http://www.youngentrepreneur.com/startingup/startup-business-ideas/overcoming-the-groupn-effect-how-wo-sell-merchants-on-your-start-up-deal-site/

65 http://Nielsen.com/us/en/newswire/2011/deal-with-it-discounts-drive-brand-love-on-social-media.html

66 http://marketingmagazine.co.uk/article/1156500/Email-marketing-approval-ratings-hit-time-high-claims-research

67 Teena, B. & Abhishek, S. (2012). A study of viral marketing phenomenon: Special reference to videos and e-mails, *International Journal of Marketing and Management Research*, 3 (5): 37–49.

68 Harmon, S. K. & Hill, C. J. (2003). Gender and coupon use, Journal of Product and bRand management, 12 (3): 166–179

69 Adcock, P. (2011). Supermarkt Shoppology, Shopping Behaviour, Tamworth: Xplained

70 http://on.wsj.com/12KASoC

71 Kannanm, P. K. & Kopalle; P. K. (2001). Dynamic Pricing on the internet: Importance and implications for consumer behavior, International Journal of Electronic Commerce, 5 (3): 63–83

72 http://anzmac.info/conference/2007/papers/McKechnie_2.pdf

73 http://www.cepr.org/meets/wkcn/6/6680/papers/Aguzzoni.pdf

74 http://baymard.com/lists/cart-abandonement-rate

75 http://www.internetretailer.com/2012/04/06/most-e-retailers-give-when-shoppers-abandon-carts

76 http://seewhy.com/blog/2012/10/10/97-shopping-cart-abandonment-rate-mobile-devices-concern-you/

77 http://econsultancy.com/uk/blog/10052-free-shipping-and-delivery-timing-key-for -customer-satisfaction

78 Ariely, D. (2010). Denken hilft zwar, nützt aber nichts. Warum wir immer wieder unvernünftige Entscheidungen treffen. München: Knaur TB

79 http://unbounce.com/conversion-rate-opzimization/case-study-your-slow-shopping-cart-pages-asre killing-conversions-heres-what-you-can-do-about-it/

80 http://www.wordstream.com/blog/ws/2011/08/23/page-speed-conversion-rate-optimization

81 http://blog.kissmetretics.com/loading-time/

82 http://www.qubitproducts.com/services/research/page/2/

83 http://www.marketingsherpa.com/article/new-ecommerce-reserach-website-tactics

84 http://www.forbes.com/sites/georgeanders/2012/04/04/bezos-tips/

85 http://blog.rejoiner.com/2012/06amazon-shopping-cart-experience/

86 http:// www.success.com/articles/391-how-i-do-it-tony-hsieh-zappos-com

87 http://www.ft.com/cms/s/o/9824oeg0-39fc-11eo-a441-oo144feabdco.html

88 http://www.sciencedirect.com/forums/post/37246032

89 http://www.dpeview.com/forums/post/37246032

90 http://www.independent.co.uk/life-style/gadgets-and-tech/features/ipad-manual-not-included-1956027.html

91 http://media.stellaservice.com/public/pdf/Customer_Experience_Impact_North_America.pdf

92 http://www.synthetix.com/website_documents/Synthetix_Onlöine_Customer_Service_Survey_2012.pdf

93 http://youtu.be/Y-pDjKAjV1g

94 Joinson, A.; McKenna, K.; Postmes, T. & Reips, U.-D. (Herausgeber) (2009). The Oxford Handbook of Internet Psychology, Oxford University Press, 245–247

95 http://www.eloqua.com/resources/marketing-insights/optimal-number-of-form-fields.html

96 Smith, L. J. (2012). *Relevant Selling*, New York: Executive Suite Press

97 http://nytmarketing.whsites.net/mediakit/pos/

98 Alicke, M. D. (1992). Complaining Behavior in social interaction, *Personality and Social Psychology Bulletin*, 18 (3): 286–295

99 Meerman Scott, D. (2010) Real-Time Marketing and PR, Hoboken, NJ: John Wiley

100 http://www.internetretailer.com/2013/02/08/google-spurs-retailers-use-google

101 Coker, B. L. (2012). Seeking the opinions of others online: Evidence of evaluation overshoot, *Journal of Economic Psychology*, 33 (6): 1033–1042

102 http://www.redorbit.com/news/science/1112728587/instinct-intellect-decisions-tel-aviv-university-110912/

[103] Salerno, S. (2005). *SHAM*, London: Nicholas Brealey Publishing
[104] Kamins, M. A.; Folkes, V. S. & Fedorikhin, A. (2009). Promotional bundles and consumers' price judgements; When the best things in life are not free, *Journal of Consumer Research*, 36 (4): 660–670
[105] http://cwru-daily.com/news/psychology-research-finds-surprise-win-loss-impacts-likelihood-of-risk-taking/
[106] http://en.wikipedia.org/wiki/milgram-experiment
[107] http://www.bleepingcomputer.com/virus-removal/remove-fbi-anti-piracy-warning-ransomware
[108] http://pro.sagepub.com/content/52/6/557.short
[109] Bahr, G. S. & Ford, R. A. (2011). How and why pop-ups don't work: Pop-up prompted eye movements, user affect and decision making, *Computers in Human Behavior*, 27 (2): 776–783
[110] Dunn, B. (2012). Gut feelings and the reaction to perceived inequity, *Cognitive, Affective, and Behavioral Neuroscience*, 12 (3): 419–429
[111] http://www.psychologytoday.com/blog/ulterior-motives/201109/the-upside-and-downside-envy
[112] Underhill, P. (2008). *Why we Buy*, New York: Simon & Schuster
[113] http://www.staff.uni-mainz.de/oberfeld/wine2.html
[114] Conor, D. (2006). *Managing at the Speed of Change*; New York: Villard Books
[115] http://thedrum.com/news/2013/01/04/research-shows-almost-half-all-clothing-purchases-made-online-are-returned-january
[116] http://www.smartplanet.com/blog/bulletin/how-to-hug-a-chicken-tatse-bitterness-via-the internet/3958
[117] http://www.gartner.com/technology/research/methodologies/hype-cycle.jsp
[118] http://www.aspleyconsultants.co.uk/why-do-some-high-street-brands-fail-and-others-thrive-clue-its-not-because-of-the-internet/
[119] http:// www.pwc.com/gx/en/retail-consumer/retail-consumer-publications/global-multi-channel-consumer-survey/country-snapshots.jhtml.

Stichwortverzeichnis